CYNNWYS

RHAGAIR

Mae gan CCETSW gyfrifoldeb dros hyrwyddo a chymeradwyo addysg a hyfforddiant ar gyfer gwaith a gofal cymdeithasol. Ei nod yw hyrwyddo safonau uchel ac ymarfer da yn y meysydd yma. Ar gyfer y gwaith yng Nghymru mae gan CCETSW ymrwymiad i:

- ddatblygu addysg a hyfforddiant trwy gyfrwng y Gymraeg.

- anelu at sicrhau addysg a hyfforddiant sy'n sensitif at iaith a diwylliant.

- anelu at sicrhau fod holl waith CCETSW yng Nghymru yn rhoi ystyriaeth lawn i'r Gymraeg.

Fel rhan o'r ymrwymiad yma gwelwyd yr angen am gyhoeddiadau a fyddai'n gosod cyd-destun cadarn ar gyfer deall ac arddel gwahanol agweddau ar ymarfer da mewn perthynas â defnyddwyr Cymraeg eu hiaith. Erbyn hyn, cyhoeddwyd pum cyfrol: **Gwaith Cymdeithasol a'r Iaith Gymraeg; They All Speak English Anyway - Yr Iaith Gymraeg ac Ymarfer Gwrth-Orthrymol; Cyfeiriadur Deunyddiau; Sain Deall - Cyflwyniad i Ymwybyddiaeth Iaith; Iaith a Hyfedredd: Canllawiau i'r DipSW yng Nghymru.**

Yn awr, dyma gyhoeddi Datblygiad Dynol, Iaith ac Ymarfer. Mae'n gyfrol sy'n adeiladu ar seiliau'r cyhoeddiadau cynt gan godi cwestiynau ac agor trafodaeth ynglŷn ag arwyddocad iaith a hunaniaeth i waith cymdeithasol ar wahanol adegau ym mywyd unigolion. Mae'n cyfeirio at doreth o ffynonellau, rhai ohonyn nhw yn deillio o lenyddiaeth Gymraeg, eraill yn perthyn i faes datblygiad dynol a theori ac ymarfer gwaith cymdeithasol. Mae hefyd yn dibynnu'n helaeth ar ddeunydd achos, peth o hwn yn perthyn i waith gyda phlant a theuluoedd a'r gweddill yn seiliedig ar waith gydag oedolion. Defnyddir yr achosion yma er mwyn edrych yn fanwl a dod i'r afael â rhai cwestiynau dyrys ynglŷn â'r cysylltiad rhwng iaith, hunaniaeth ac ymarfer da gyda defnyddwyr o bob oedran yng Nghymru.

Er bod y gyfrol yma wedi ei hanelu'n bennaf at fyfyrwyr sy'n dilyn cyrsiau DipSW y gobaith yw y bydd ynddi ddeunydd darllen perthnasol ar gyfer eraill hefyd, e.e. athrawon ymarfer; ymgeiswyr ar gyfer Cymhwyster Galwedigaethol Cenedlaethol ac Ôl Gymhwyso.

"Dim ond ymarfer sydd wedi ei seilio ar werthoedd, sy'n arddangos sgiliau ac sy'n cael ei gynnal gan wybodaeth, dadansoddi ymchwilgar a'r gallu i adlewyrchu sy'n ymarfer hyfedr."

(Sicrhau Ansawdd yn y Diploma Gwaith Cymdeithasol -1: Rheolau a Gofynion y DipSW, 1995)

Cyfrwng i annog ymarfer sy'n seiliedig ar y fath synthesis cadarnhaol rhwng gwybodaeth, sgiliau a gwerthoedd yw'r cyhoeddiad yma.

DIOLCHIADAU

Hoffai CCETSW ddiolch i bawb a fu'n gyfrifol am gefnogi a hyrwyddo'r cyhoeddiad yma. Diolch i June Barnes am ei hymroddiad diflino yn paratoi a golygu'r gwaith; i'r cyfranwyr eraill - Steve Morris, Llinos Dafis a Sian Wyn Siencyn; i'r Grŵp Llywio am eu harweiniad cyson - Cefin Campbell, Mark Drakeford, Mari Evans, Nigel Gower, Myrddin Jones, Sharon Thomas.

Diolch i ymarferwyr am rannu profiadau a deunydd achos a nifer ohonynt wedi dod i weithdy yng Nghastell Newydd Emlyn ym mis Mawrth 1995: Eirianwen Davies, Heulwen Davies, Janis Evans, Dafydd Frayling, Janice Henson, Janice Jones, Joyce Perkins, Ieuan Phillips, David Rhodes, Adrian Summers, John Thomas, Alun Williams.

A diolch i'r canlynol am eu sylwadau gwerthfawr a'u cefnogaeth: yr Athro Sonia Jackson, Nigel Thomas, Catherine Williams, Nia Elis Williams.

Diolch i'r Swyddfa Gymreig am ei chefnogaeth ariannol yn hyrwyddo'r prosiect.

Elaine Davies
Pennaeth Rhaglen Gymraeg CCETSW
Chwefror 1996.

CYFLWYNIAD

Datblygwyd deunydd y llyfr hwn ar gyfer myfyrwyr gwaith cymdeithasol sy'n gweithio yng Nghymru. Fodd bynnag, gobeithio y bydd o gymorth hefyd i weithwyr cymdeithasol a gweithwyr proffesiynol eraill sy'n ymwneud â meysydd gwasanaeth cymdeithasol, iechyd, addysg a'r sector gwirfoddol.

Er i'r deunydd gael ei ddatblygu yng Nghymru, gan ddelio gyda'r Gymraeg fel iaith leiafrifol, mae rhai o'r themâu yn fwy cyffredinol eu natur, ac yn berthnasol i gyd-destun ehangach gwaith cymdeithasol ble mae materion yn ymwneud ag iaith yn codi.

Mae'r llyfr hwn yn un o gyfres o gyhoeddiadau gan CCETSW Cymru i ddelio gyda themâu sy'n ganolog i ymarfer gwaith cymdeithasol a gofal cymdeithasol yng nghyd-destun Cymru a'r iaith Gymraeg.

Casgliad o gyfraniadau a geir yn y llyfr, a'r rheiny yn amrywiol eu cynnwys a'u harddull. Diben pennod un a dau, yn y bôn, yw codi ymwybyddiaeth, a chyflwynir ymarferion fel cyfrwng i ddatblygu cwestiynau - ni ddarperir unrhyw atborth. Mae pennod tri, pedwar a phump yn cynnig, gyda rhai eithriadau, atborth i'r darllenydd fel cyfrwng i osod y deunydd o fewn theori ac ymchwil ehangach.

Arweiniad i'r cynnwys

Ceir llawer o gynnwys Pennod 1 yn 'A Sound Understanding' (Sian Wyn Siencyn), ond cynhwyswyd rhai o themâu canolog y cyhoeddiad hwn er mwyn gosod sylfaen yn y bennod gyntaf i sbarduno dealltwriaeth sylfaenol o rai o ddamcaniaethau cymdeithaseg iaith/ dwyieithrwydd.

Ym Mhennod 2, mae Steve Morris yn cyflwyno themâu yn ymwneud â delwedd yr iaith Gymraeg, Cymru a siaradwyr Cymraeg. Mae hon yn thema bwysig i waith cymdeithasol am ei bod yn tynnu sylw at rai o'r materion cymhleth sy'n ymwneud â'r hunaniaeth Gymraeg:

- Beth mae bod yn siaradwr Cymraeg ac yn aelod o grŵp ieithyddol lleiafrifol yn ei olygu?
- Beth yw'r ddelwedd gyffredinol yng Nghymru a thu draw i Gymru?

Mae'r gwaith yn y tair pennod olaf, sy'n edrych ar dwf a datblygiad dynol ac effaith pynciau'n ymwneud â iaith a diwylliant, yn arloesol. Er bod toreth o lenyddiaeth ar gael ynglŷn â thwf a datblygiad dynol, yn enwedig datblygiad plant, wrth ymchwilio'r deunydd hwn, ni chanfuwyd unrhyw beth a ysgrifennwyd yn benodol ynglŷn â thwf a datblygiad dynol a iaith mewn cyd-destun Cymreig.

Mae Pennod 3 yn trafod twf a datblygiad dynol. Defnyddir fframwaith Erik Erikson. Dylid nodi mai dim ond un persbectif damcaniaethol yw hwn, a hwnnw'n un confensiynol ei agwedd. Fe'i defnyddiwyd fel fframwaith ar gyfer dechrau trafod materion yn ymwneud â iaith a diwylliant. Mae'n gyfrwng i holi cwestiynau ynglŷn â swyddogaeth iaith, ac i raddau llai, diwylliant, ar bob cyfnod o fywyd. Cynghorir darllenwyr hefyd i ddarllen yn ehangach, a bydd y llyfryddiaeth yn fan cychwyn defnyddiol iawn.

Mae Pennod 4 a 5 yn trafod ymarfer gwaith cymdeithasol gyda phlant ac oedolion mewn amred o sefyllfaoedd gwaith cymdeithasol. Y nod yw canolbwyntio ar y canlynol:

- arwyddocâd iaith i unigolion ar adegau gwahanol o'u bywyd;
- y goblygiadau ar gyfer ymarfer da.

Er bod yr enghreifftiau achos yn seiliedig ar sefyllfaoedd go iawn, newidiwyd enwau, enwau llefydd, lleoliadau a ffeithiau allweddol er mwyn gwarchod cyfrinachedd. Rydym wedi cymryd pob gofal i sicrhau nad oes unrhyw fodd adnabod unigolion na theuluoedd.

Nid yw fersiwn Gymraeg a Saesneg y llyfr yn union yr un fath, e.e mae'r ymarfer ar ddefnyddio "ti" a "chi" ym Mhennod 1 yn y Gymraeg yn cyfateb i ymarfer ar ddefnyddio cyfenwau ac enwau cyntaf yn y Saesneg. Yn yr un modd, mae'r ymarfer a elwir yn "Bathodynnau" ym Mhennod 3 yn wahanol yn y Gymraeg a'r Saesneg. Y rheswm dros hynny yw pwysigrwydd dangos, mewn rhai enghreifftiau, bod angen i weithwyr Cymraeg a Saesneg eu hiaith ystyried materion o ogwydd gwahanol.

Iaith

Pan fydd darllenwyr yn gweld y rhagenw 'hi' fel rhan o'r testun cyffredinol, dylent ddarllen 'ef/hi'. Defnyddiwyd y ffurf fenywaidd er mwyn cywiro gogwydd hanesyddol llenyddiaeth o ddefnyddio ffurf wrywaidd ar gyfer unrhyw gyfeiriad at yr unigolyn.

Efallai y bydd darllenwyr Cymraeg yn sylwi ar beth anghysonder termau o bryd i'w gilydd - ee. defnyddio "ymyrryd" a "chyfryngu" fel cyfieithiad o'r gair "intervention". Mae hyn yn adlewyrchu'r ffaith fod amryw o bobl wedi llunio'r deunydd a bod yr iaith yn y broses o sefydlu terminoleg gyffredin.

Sut ddylid defnyddio'r deunydd hwn?

Yn ddelfrydol, mae'r deunydd yn adeiladu o'r naill bennod i'r llall, ac fe gynghorir darllenwyr i ddarllen y llyfr yn ei gyfanrwydd. Fodd bynnag, gall y penodau cyntaf gael eu trin fel unedau annibynnol ee. gellir darllen Pennod 1 neu Bennod 2 yn unig. Gellid defnyddio'r deunydd yn nes ymlaen yn y llyfr yn benodol ar gyfer gwahanol gyd-destunau, ee. gellid defnyddio'r achosion fel rhan o ddilyniant hyfforddi ar gyfer gweithwyr gofal plant; hyfforddiant 'ASW'; gwaith athro ymarfer gyda myfyriwr; gweithdy aml-ddisgyblaethol. Fodd bynnag, mae rhai o'r ymarferion ym Mhennod 4 a 5 yn cyfeirio yn ôl at ddeunydd ym Mhennod 1, 2 a 3.

Gair o rybudd -

Dylai darllenwyr/hyfforddwyr/cyfranogwyr gofio beth yw pwrpas y gwaith hwn ar bob adeg. Y nod yw dechrau meddwl am faterion yn ymwneud â iaith, diwylliant, twf a datblygiad dynol ac ystyr cyfryngu effeithiol yn y cyd-destun Cymreig. Mae'r deunydd yn cynnig cyfle i godi cwestiynau a dechrau llunio rhai atebion. Y ffocws, yn ddieithriad, yw twf a datblygiad dynol a iaith. Y cwestiwn canolog yw "A yw systemau sy'n gweithio gydag unigolion a grwpiau yn ymateb yn briodol i'w hiaith a pha effaith mae hyn yn ei gael arnynt?"

Er bod y deunydd achos wedi ei osod yng nghyd-destun y feddylfryd gyfredol ym mhob un o'r meysydd gwaith arbenigol, ni fwriadwyd i'r deunydd fod yn oll-gynhwysol nac yn arbenigol - ei swyddogaeth yw holi cwestiynau a fydd, gobeithio, yn arwain at well ymwybyddiaeth ymhlith ymarferwyr o pam fod ymarfer ieithyddol sensitif yn rhan allweddol o ymarfer cadarnhaol gyda defnyddwyr gwasanaeth ar wahanol adegau o'u bywyd.

Gair o galondid i ddysgwyr a'r di-Gymraeg

Byddai'n hawdd iawn i siaradwyr di-Gymraeg gael eu gwneud i deimlo'n ddiffygiol o ran sgiliau. Tan rhyw 8 mlynedd yn ôl, roeddwn i fy hun yn ddi-Gymraeg. Cyfarfod defnyddwyr gwasanaeth oedd â'r Gymraeg yn iaith gyntaf iddynt a'm sbardunodd i wneud yr ymdrech i ddysgu'r iaith. Sylweddolais, drwy fod mewn sefyllfaoedd gwahanol gyda theuluoedd a oedd yn siarad Cymraeg fel iaith gyntaf, bod cyfryngu a oedd yn anwybyddu iaith ar y gorau yn gyfyngedig, ac ar ei waethaf yn aneffeithiol. Rwy'n ddyledus iawn i unigolion a theuluoedd Cymraeg eu hiaith a roddodd bob anogaeth i mi ddysgu'r iaith ac a rannodd gyda mi, ar yr un pryd, rai o'u meddyliau a'u teimladau ynglŷn â beth mae siarad Cymraeg fel iaith gyntaf yn ei olygu iddynt hwy.

Gobeithio hefyd y bydd y llyfr yn arfogi gweithwyr Saesneg eu hiaith gyda gwell dealltwriaeth o'r cyd-destun Cymreig gan wella'r sgiliau, y wybodaeth a'r gwerthoedd a ddygant gyda hwy i ymarfer yng Nghymru.

Carwn ddiolch i'm cyd-awduron Llinos Dafis, Sian Wyn Siencyn a Steve Morris. Mae nodyn arbennig o ddiolch yn ddyledus i Elaine Davies a ddaeth â stôr o wybodaeth, arweiniad a chefnogaeth i'r broses o ddatblygu'r deunydd hwn.

June Barnes, Ionawr 1996

DEALL A CHAEL EIN DEALL:

CYFLWYNIAD I SENSITIFRWYDD IAITH

Llinos Dafis a Sian Wyn Siencyn

Mae deall a chael ein deall ymhlith rhai o'n hangenion mwyaf sylfaenol ni fel bodau dynol. Dyma beth yw cyfathrebu. Mae cyfathrebu'n digwydd i ddau gyfeiriad, o reidrwydd, rhwng o leiaf ddau berson,

- y naill yn cynhyrchu neges a'r llall yn ei derbyn;
- y naill yn mynegi a'r llall yn dehongli;
- y naill yn cael ei ddeall a'r llall yn deall.

Cyfathrebu di-air

Iaith y corff

Does dim rhaid i ni siarad er mwyn cyfathrebu wrth gwrs. Fe allwn ni gyfleu negeseuon drwy'n cyrff - yn fwriadol drwy ystum, e.e. wincio, bodio, crychu'r trwyn, ac yn anfwriadol drwy osgo, er enghraifft sefyllfa'r pen, gwgu, gwargrymu.

Gallwn gyfathrebu drwy ddefnyddio un rhan fechan o'n cyrff, er enghraifft un ael, llygad, y geg, bys (bach), bawd, neu'r ddau lygad, yr wyneb i gyd, y pen neu'r corff cyfan. Meddyliwch am ran mor fach â'r ael - gall codi un ael fynegi amheuaeth, cwestiwn uniongyrchol, syndod neu gracrwydd.

Po agosaf yw dau berson at ei gilydd o ran adnabod a deall ei gilydd, y mwyaf tebyg fyddan nhw o ddeall negeseuon ei gilydd. Mae un ystum neu symudiad gan blentyn bach yn gallu rhoi negeseuon clir i'r rhai sy'n ei charu. Felly hefyd gydag oedolion. O fynd y tu allan i'r teulu a'r cylch agosaf o gydnabod mae ystumiau yn llai tebyg o gael eu derbyn a'u dehongli'n gywir. Yn wir fe allan nhw gael eu camddeall a chreu drwg-deimlad neu ragfarn.

Gall pethau fod yn anos fyth mewn gwledydd a diwylliannau estron. Mae yna gymdeithasu yn India, er enghraifft, sy'n ysgwyd eu pennau i fyny ac i lawr i anghytuno ac o ochr i ochr i gytuno. Fe gymerai dipyn o ymdrech, dealltwriaeth ac amser iddyn nhw a ni - sy'n arfer y gwrthwyneb - i osgoi dryswch.

YMARFER (15 munud)

Ceisiwch gyfleu negeseuon syml:

- Rydw i eisiau diod.
- Faint o'r gloch yw hi?
- Rwy'n teimlo'n sal.
- Ble mae'r orsaf bysus?

a negeseuon cymhleth :

- Coffi heb laeth ond efo siwgwr os gwelwch yn dda.
- Dim gwin coch ond dwy botel o win gwyn.
- Peidiwch â rhoi hwnna i fi gan fod gen i alergedd at benisilin.
- Oes tren yn mynd i Barcelona am 2.30?

1. Heb ddefnyddio geiriau

2. Heb ddefnyddio seiniau

ac yna

3. Gan ddefnyddio un llaw, braich yn unig.

Siarad: yr iaith lafar

Mae siarad iaith - unrhyw iaith a phob iaith - yn rhyfeddod.
Meddyliwch am yr hyn mae'n bosib ei wneud drwy iaith, heb ddefnyddio symudiad nag offer o unrhyw fath. Gallwn sôn am

- yr hyn ry'n ni wedi wneud;
- yr hyn na wnaethon ni ddim;
- yr hyn ry'n ni'n bwriadu ei wneud;
- yr hyn ry'n ni'n gobeithio ei wneud;
- yr hyn y basen ni wedi ei wneud petaen ni wedi cael y cyfle;

ac yn y blaen yn ddiddiwedd.

Agosatrwydd

Yn union fel gydag ystumiau ac arwyddion, mae iaith lafar rhwng pobl sy'n adnabod ei gilydd yn dda yn cyfleu mwy yn rhwyddach nag iaith rhwng diethriaid. Gall un gair siarad cyfrolau rhwng pobl sy'n agos at ei gilydd. Meddyliwch am y geiriau bach "nawr(te)/rwan(ta). Gallwn ni eu defnyddio i ofyn cwestiwn, i roi gorchymyn, i ddwrdio, i fynegi pleser, ac i ddechrau proses o feddwl neu o waith, trwy wneud dim mwy na newid tiwn a goslef y llais.

Gall un gair allan o'i le beri poen, loes, siom, gofid, atgasedd, casineb, gelyniaeth. Gall hefyd godi gobeithion, gamarwain, a chreu pob math o drafferthion yn ein ymwneud â'n gilydd.

Trwy iaith, mae hanes, mytholeg a llên gwerin yn cael eu traddodi o genhedlaeth i genhedlaeth, diddordebau'n cael eu datblygu, profiad yn cael ei rannu, a barn ac agweddau'n cael eu dadansoddi a'u gwyntyllu. A'r cyfan gyda'i gilydd yn creu ymwybyddiaeth gymunedol ac yn tyfu'n ddiwylliant. Mae aelodau o'r un diwylliant yn siarad yr un iaith, boed yn iaith y corff neu'n iaith lafar.

Yn Gymraeg, gallwn ddefnyddio "ti" a "chi" fel dangosyddion agosatrwydd. Mae hynny'n wir am y rhan fwyaf o ieithoedd Ewrop wrth gwrs.

YMARFER (20 munud)

Ystyriwch pwy ydych chi'n eu cyfarch fel "ti"? Pam?
Beth yw'r ffactorau sy'n penderfynu hynny: oed, perthynas, statws, arfer teuluol, diwylliant ....

O ystyried ein ymwneud ni â phobl eraill mewn cyfres o gylchoedd consentrig, y pellaf yr eir o'r canol, y mwyaf o ymdrech fydd ei eisiau i ddeall a chael ein deall.

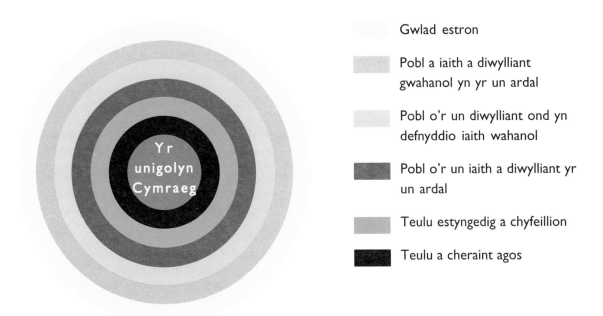

Gwlad estron

Pobl a iaith a diwylliant gwahanol yn yr un ardal

Pobl o'r un diwylliant ond yn defnyddio iaith wahanol

Pobl o'r un iaith a diwylliant yr un ardal

Teulu estyngedig a chyfeillion

Teulu a cheraint agos

Yr unigolyn Cymraeg

Beth yw iaith?

Gellir diffinio a disgrifio iaith mewn sawl ffordd. Dyma ffordd o edrych ar iaith, fel rhannau penodol o'r cyfanswm fel petai.

Mae tair prif rhan i'r iaith lafar - sef

- Seinyddiaeth (goslef ac ynganiad)
- Semanteg (geirfa ac ystyron)
- Gramadeg (cystrawen)

Y rhannau yma sy'n ffurffio **cyfundrefn yr iaith.**

Seinyddiaeth: Goslef ac ynganiad

Dyma'r hyn ry'n ni'n ei glywed. Mae'n cynnwys

- y seiniau sy'n arbennig i iaith arbennig, er engraifft. "ll" yn Gymraeg, "r" yddfol yn Ffraneg, "ch" ôl-dafodol yn Almaeneg
- y ffordd arbennig mae llafariaid yn cael eu hynganu mewn iaith neu dafodiaith. Cymerwch y gair "rygbi" a'r ynganiad Cymraeg a'r un gair yn cael ei ynganu yn Saesneg a'r un gair eto yn cael ei ynganu yn Ffrangeg
- goslef arbennig iaith, hynny yw pa siap sydd i'r llais wrth ei siarad. Mae i bob iaith ei melodïau ei hunan.

> ### Ystyriwch
>
> Gall oedolyn ddysgu iaith newydd yn dda iawn o ran geirfa, gramadeg a chystrawen. Er hynny bydd yn dal i swnio'n estron os na fydd yn defnyddio'r oslef a'r ynganiad cymwys. Gall hynny greu pellter rhwng y dysgwr a'r siaradwr brodorol.

Semanteg: Geirfa ac ystyron

Ar un olwg dyma'r rhan fwyaf amlwg o iaith, a'r hawsaf i siarad amdani. Mae pawb yn gwybod beth yw gair - os, heddiw, cwpan, cath, rhyfedd, glas, dryswch - ac mae'r rhan fwyaf ohonom ni yn mwynhau dysgu a chymharu geirau gwahanol am yr un pethau mewn tafodieithoedd neu mewn ieithoedd gwahanol. Mae geiriau iaith yn newid wrth i arferion pobl sy'n siarad yr iaith newid. Mae'r geiriau'n symud rhwng ieithoedd - yn cael eu benthyca a'u cadw. Pan fo geiriau'n symud o un iaith i iaith arall maen nhw'n aml iawn yn newid eu seinyddiaeth. Cofiwch y gair "rygbi" eto a'r ffordd rydyn ni'n ynganu yng Nghymru a'r Ffrancwyr yn ei ynganu.

Un peth yw dysgu geiriau am bethau megis dŵr, te, bwrdd. Un o ryfeddodau unrhyw iaith yw'r ffordd ddiddorol a chymhleth y mae geiriau'n magu ac yn rhannu ystyron. Cymerwch y ddau air dydd a diwrnod. Pe baech chi'n edrych mewn geiriadur Cymraeg-Saesneg fe welech chi mai day yw'r gair Saesneg sy'n cyfateb iddyn nhw. Rŷn ni'n gwybod wrth gwrs bod gwahaniaeth ystyr cynnil i'r ddau air: dydd yw'r cyfnod pan mae hi'n olau (liw dydd) a diwrnod yw'r uned o amser.

Meddyliwch am y gwahaniaeth rhwng :

"Mae'r dydd yn hir" a "Mae'r diwrnod yn hir".

Mae dweud bod y diwrnod yn hir yn awgrymu amser yn llusgo tra bod y dydd yn hir yn yr haf pan rydyn ni'n mwynhau'r tywydd.

Mae pob iaith yn llawn o'r math yma o gynildeb. Mae hi'n anodd i ddysgwyr y Gymraeg feistroli'r gwahaniaeth rhwng parau megis "diwrnod a dydd", "bryn a rhiw" am mai un gair sydd am y ddau beth yn Saesneg. Yn yr un modd mae siaradwyr Cymraeg yn cael anhawster i ddysgu gwahaniaeth rhwng "make" a "do" (gwneud) a rhwng "give a "put" (rhoi) yn Saesneg.

Mae geiriau hefyd yn newid eu hystyr, weithiau yn ymwybodol ac weithiau heb i neb sylwi braidd:

> ## Ystyriwch (10 munud)
>
> Mae'r gair "hoyw" wedi newid ei ystyr mewn ffordd ymwybodol yn ystod y blynyddoedd diwethaf. Pa ffactorau oedd yn gyfrifol am hynny? Meddyliwch am: gyfrwng iaith y symudiad hawliau, cyfieithu, grym arfer ac yn y blaen.

> ## Ystyriwch (10 munud)
>
> Mae pobl ifainc yn creu ystyron newydd i eiriau drwy'r amser. Gall fod yn ffordd o ddangos ffasiwn, aelodaeth grŵp, diarddel pobl hŷn o'r sgwrs. Rhestrwch eiriau'r ifainc am rywbeth da, derbyniol, dros y blynyddoedd diwethaf, gan ddechrau gyda "bril, cŵl, wicked ...."

Gramadeg: cystrawen

Dyma'r ffordd mae geiriau'n cael eu rhoi at ei gilydd i gyfleu ystyr, i greu brawddegau, i wneud synnwyr. Mae llyfrau trwchus wedi eu cyhoeddi ar gystrawennau ieithoedd, ac eto mae siaradwyr unrhyw iaith yn gallu deall a chael eu deall heb ddarllen gair ohonyn nhw. Mater arall yw mynd i'r afael â chystrawen iaith newydd.

Mae gan bob un ohonom ni fwy nag un ffordd o siarad ein hiaith ac fe fyddwn ni'n amrywio'r dull yn ddiarwybod i ni'n hunain. Fydden ni'n ddim yn siarad â'n cydweithwyr yn yr un ffordd ag y bydden ni'n siarad â'r ci - gobeithio! Ry'n ni'n newid ein ffordd o siarad yn ôl ein perthynas â'r bobl ry'n ni'n siarad â nhw. Bydd ffactorau fel

- oes awdurdod gennym yn y berthynas?
- ydyn ni'n perthyn i'n gilydd?
- ydyn ni'r un oedran â'n gilydd?

yn dylanwadu ar ein dull ni o siarad â phobl eraill.

Cyweiriau yw'r gair am y gwahanol ddulliau yma. Wrth newid cyweiriau fe fyddwn ni'n newid seinyddiaeth, geirfa a chystrawen mewn ffyrdd cynnil iawn.

Ystyriwch

Y ddwy frawddeg yma:

- "Esgusodwch fi, fyddai hi'n bosib i chi estyn yr halen i fi os gwelwch yn dda?"
- "Der â'r halen i fi, nei di?"

Yr un neges mae'r ddwy frawddeg yn ei mynegi, ond ar wahân i "fi", "halen" yw'r unig air sy'n digwydd yn y ddwy frawddeg.

Mae defnyddio'r cywair anghywir yn y sefyllfa anghywir yn gallu bod yn ddoniol iawn. Yn wir, mae wedi cael ei ddefnyddio - hyd syrffed weithiau - fel ffordd o gynnal hiwmor mewn drama. Ond fe all beri ymateb annerbyniol ac arwain at ddiflastod mawr mewn bywyd go iawn. Mae pobl sydd wedi dysgu iaith yn dda yn aml yn meddu ar wybodaeth drwyadl o'r oslef, yr eirfa, yr ystyron cynnil a'r gystrawen ond yn methu amrywio cyweiriau.

YMARFER (20 munud)

a) Mae dewis "ti" neu "chi" yn rhan o ddefnyddio cyweiriau. Ystyrwch y bobl yma a phenderfynwch ar addasrwydd "ti" neu "chi" mewn sgwrs rhyngoch chi a nhw: brawd/chwaer, rhieni, cydweithiwr, rheolwr gwaith, rheolwr banc, gweinidog, plentyn bach, dyn ifanc 16 oed.

b) Ystyriwch sefyllfaoedd fel y canlynol o ran defnyddio "ti" neu "chi":

1. Swyddog prawf yn sgwrsio gyda throseddwr ifanc.

2. Gofalwr nos gwrywaidd mewn cartref preswyl yn sgwrsio â gwraig hŷn.

3. Nyrs fenywaidd mewn cartref preswyl yn sgwrsio â gŵr hŷn.

4. Gweithiwr cymdeithasol yn sgwrsio â mam ifanc ynglŷn â gofal ei phlant.

Gall lleoliad ac amgylchiadau fod yn ffactorau wrth ddewis cywair hefyd, yn ogystal â chydberthynas y siaradwyr. Byddai gweiddi, er enghraifft, yn addas iawn mewn gêm rygbi ond yn gwbl anaddas mewn capel. Byddai chwerthin yn ddisgwyliedig gyda ffrindiau mewn tafarn ond yn annerbyniol gyda'r un bobl mewn angladd.

c) Ystyriwch y cyweiriau a'r math o lefaru sy'n dderbyniol yn y canlynol:
cyngerdd, llys barn, parti penblwydd plentyn, dosbarth coleg, seminar, sgwrs gyda swyddog yn y gwaith, cynhadledd achos ...

Dwyieithrwydd

Mae uned ddaearyddol, e.e. gwlad, neu sefydliad, e.e. ysgol, yn gallu bod yn ddwyieithog. Mae hynny'n golygu bod pob aelod yn gallu defnyddio dwy iaith; neu bod yno ddwy garfan, y naill yn defnyddio un iaith a'r llall yn defnyddio un arall; neu, fel yn achos Cymru, bod un garfan yn gallu defnyddio dwy iaith a'r llall yn gallu defnyddio dim ond un.

Mae gan y rhan fwyaf o bobl ddwyieithog iaith gyntaf neu ddewis iaith. Gall iaith gyntaf person newid yn ystod ei fywyd yn ôl ei amgylchiadau. Mae'n berffaith bosibl i rywun nad oedd yn gallu siarad gair o Saesneg yn chwech oed fod â Saesneg yn ddewis iaith erbyn y pymtheg oed.

Er enghraifft, gall Gareth siarad Cymraeg gartref gyda'i deulu ac yn yr ysgol gyda'r athrawon a chyda rhai o'i ffrindiau. Ond ei ddewis iaith gyda'r grŵp o bobl ifainc mae'n gwneud chwaraeon gyda nhw yw Saesneg.

Mae pedair ffordd o ddefnyddio iaith:

* **siarad** * **gwrando** * **darllen** * **ysgrifennu**

Mae'n fwy na thebyg fod pawb sy'n darllen y llyfr hwn yn gallu cyflawni'r pedair sgil heb fawr o ymdrech yn Gymraeg neu yn Saesneg. 'Dyw hynny ddim yn golygu ein bod ni lawn mor hyderus, esmwyth, rhugl, ffraeth na theg â ni'n hunain yn y ddwy iaith. Neu efallai nad yr un darlun ry'n ni'n ei roi ohonon ni'n hunain yn y ddwy iaith.

Mae'n ddiddorol iawn bod pobl rugl-ddwyieithog sydd wedi cael niwed i'r ymennydd weithiau ddim ond yn gallu siarad eu mam-iaith pan ddôn nhw atyn nhw'u hunain gyntaf. Mae rhai na wnant fyth ail-ennill eu hail iaith.

Er enghraifft: Cafodd Elisabeth ei geni a'i magu yn Llundain i deulu oedd yn siarad Cymraeg. Priododd â meddyg o Sais a bu'n byw yn Lloegr trwy ei hoes gan fagu tri o blant yn ddi-Gymraeg. Daeth i Gymru i fyw ar ymddeoliad ei gŵr. Yn weddw 78 oed, cafodd strôc. Nid oedd yn medru siarad Saesneg ar ôl hynny. Cymraeg mae Elisabeth yn ei siarad nawr ond nid oes neb o'i theulu yn ei deall hi.

Pa iaith?

Mae'n fwy na thebyg ein bod ni i gyd yn defnyddio'r Gymraeg a'r Saesneg at wahanol ddibenion yn ein bywydau. Beth sy'n penderfynu pa iaith fyddwn ni'n ei siarad mewn gwahanol sefyllfaoedd? Mae'n dibynnu ar y math yma o ffactorau:

- meistrolaeth ar y naill iaith neu'r llall;
- disgwyliadau pobl eraill;
- awydd i berthyn i grŵp;
- creu agosatrwydd neu bellter.

Meistrolaeth

Mae gan y rhan fwyaf ohonom fwy o feistrolaeth ar ein iaith gyntaf o ran goslef, ystyron cynnil, cystrawen a chyweiriau. Dyna'r iaith ry'n ni fwyaf cyfforddus yn ei siarad a dyna'r iaith y byddwn ni'n dewis ei siarad pryd bynnag y bydd dewis.

Pan fo pobl ddwyieithog yn siarad â phobl uniaith mae'n naturiol mai iaith y bobl uniaith a ddefnyddir. Mae hynny fel rheol yng Nghymru yn golygu bod mantais gan bobl uniaith am eu bod yn siarad eu hiaith gyntaf a phobl ddwyieithog yn siarad eu hail iaith.

Mae hi wedi dod yn arfer bellach i ddefnyddio offer cyfieithu ar y pryd mewn cyfarfodydd y bydd pobl ddi-Gymraeg yn eu mynychu. Mae hynny'n ei gwneud hi'n bosibl i'r siaradwyr Cymraeg ddewis iaith. Rhaid cofio mai ar gyfer y di-Gymraeg mae'r offer yn cael ei ddefnyddio nid ar gyfer siaradwyr Cymraeg.

Addysg a hyfforddiant

Mae pobl yn defnyddio Saesneg wrth eu gwaith am mai yn Saesneg y derbynion nhw'u hyfforddiant ar gyfer y gwaith hwnnw. Geirfa ac ymadroddion Saesneg sydd yn dod yn rhwydd iddyn nhw.

Ystyriwch

Dau fecanic yn sgwrsio yn Gymraeg

"Rôn ni wedi newid y cam-shaft ond o'dd y front head gasket yn dal i bwyso ar y wheel bracket …."

"Fel 'na ma' 'ddi gyda'r four wheel drives 'ma. Ti'n ffaelu cael yr alignments yn gywir heb y double line heading……."

Neu rhywbeth tebyg!

Disgwyliadau

Mae nifer o sefyllfaoedd neu sefydliadau lle mae disgwyl i bobl ddefnyddio'r naill iaith neu'r llall. Yr un amlwg wrth gwrs yw'r capel Cymraeg. Fyddai hi ddim yn dderbyniol i bobl gael eu clywed yn siarad Saesneg â'i gilydd yno.

Plant bach a phobl hŷn: ryn ni gyd yn gyfarwydd â'r sefyllfa lle mae rhywun gydag ychydig iawn o Gymraeg yn ymdrechu i siarad Cymraeg gyda phlant bach neu bobl hŷn.

Saesneg yn y gwaith: mae'n beth cyfarwydd hefyd i glywed siaradwyr Cymraeg yn siarad Saesneg â'i gilydd yn y gwaith. Mae'n debyg eu bod yn gwneud hynny am eu bod yn meddwl mai hynny sy'n ddisgwyliedig.

Y Pwyllgor : byddai'n beth cyffredin i glywed pobl yn sgwrsio'n anffurfiol â'i gilydd yn Gymraeg cyn pwyllgor er enghraifft. Y funud bydd y sefyllfa'n troi'n ffurfiol a'r pwyllgor yn cychwyn bydd yr iaith yn troi i Saesneg a bydd hi'n "Chairman, I'd like to propose that the amendment to the minutes be …." am weddill y cyfarfod. Dyna yw'r arfer a dyna sydd i'w ddisgwyl.

Perthyn i grŵp

Mae iaith yn arwydd o berthyn, neu o beidio â pherthyn, i grŵp arbennig. Mae yna siaradwyr Cymraeg sy'n dewis siarad Saesneg er mwyn peidio â chael eu gweld fel "Welsh", gwledig, hen ffasiwn, eithafol ....

Mae yna hefyd bobl ddi-Gymraeg sy'n dysgu ac yn mynnu siarad Cymraeg er mwyn cael eu hystyried yn Gymry - a pheidio â chael eu hystyried yn Saeson.

Agosatrwydd

Gallwn newid y ffordd ry'n ni'n siarad er mwyn dod mor agos ag sy'n bosib at y person arall yn y sgwrs. Mae iaith yn medru tynnu pobl at ei gilydd. Mae pobl sy'n siarad yr un iaith, yn yr un ffordd, yn dod i deimlo'n agos at ei gilydd. Yn anymwybodol bron mae'r rhan fwyaf ahonom ni'n newid rhywfaint ar ein ffordd o siarad er mwyn creu agosrwydd rhyngom ni a'r bobl ry'n ni'n siarad â nhw. Gall hyn olygu newid ynganiad a geirfa o fewn un iaith, newid tafodiaith, neu newid i siarad iaith arall.

Grym ac Awdurdod

Yn yr un ffordd ag mae siarad mor debyg ag sy'n bosib i bobl eraill yn creu agosrwydd, mae siarad mor annhebyg ag sy'n bosib i'n gilydd yn creu pellter. Mae siarad yn wahanol i rywun arall yn eu cadw nhw hyd braich oddi wrthym ni. Bydd pobl sy'n gallu siarad Cymraeg yn dewis siarad Saesneg gyda phobl eraill sy'n siarad Cymraeg er mwyn cadw pellter a chynnal grym, awdurdod, uwchraddoldeb.

YMARFER (10 munud)

Ystyriwch

Sefyllfa lle mae prifathro (dyn dros ei 50 oed sy'n medru siarad Gymraeg), mewn ysgol Saesneg yng Nghaerdydd yn siarad Saesneg gyda dwy athrawes yn ei ysgol er eu bod nhw'n medru siarad Cymraeg hefyd.

Pa ddylanwadau sy'n effeithio ar ei ymddygiad? Pethau fel oed (cenhedlaeth), statws o fewn sefydliad, disgwyliadau, perthynas ag eraill ar y staff, canfyddiadau o'r ddwy iaith ac yn y blaen.

YMARFER (10 munud)

Sefyllfa mewn ysbyty lle mae claf yn Gymraeg ei hiaith.
Mae'r meddyg yn ddi-Gymraeg ac mae'r nyrs sy'n dod ar y rownds gyda'r meddyg yn medru Cymraeg. Mae'r nyrs yn siarad Cymraeg â'r claf ond mae'r claf fel petai hi'n mynnu newid y sgwrs i Saesneg. Pam?

Ydy'r claf yn gwneud penderfyniad diarwybod ynglŷn â gyda phwy mae'r awdurdod yn y sefyllfa yma ac yn penderfynu uniaethu yn ieithyddol gyda'r canfyddiad yma o rym.

YMARFER (10 munud)

Mae Carwyn yn 16 oed ac wedi mynd i drafferthion sy'n arwain at ymddangosiad llys. Er bod swyddogion y llys yn gofyn iddo a ydyw am gael yr achos yn Gymraeg, mae Carwyn yn gwrthod. Pam?

Ydy Carwyn wedi dod i'r casgliad y byddai dan anfantais pellach os ydyw'n dewis achos Cymraeg? Beth fyddai pawb yn ei feddwl ohono? Byddai peryg i bobl feddwl, yn anymwybodol, ei fod yn fwy o niwsans, yn "real trouble maker" ac yn y blaen.

Agweddau at ieithoedd

Mae rhai ieithoedd yn cael mwy o barch nag eraill. Gan ei bod hi mor anodd i wahaniaethu rhwng person a'r iaith mae'n ei siarad, mae siaradwyr rhai ieithoedd yn cael mwy o barch nag eraill. Dyma restr fer o rai o'r pethau sy'n cael eu dweud am ieithoedd uchel eu bri ac am ieithoedd isel eu bri.

<u>Uchelfri</u>	<u>Iselfri</u>
ffasiynol	hen ffasiwn
smart, dinesig	gwledig
iaith llwyddiant	iaith aros yn yr unfan
soffistigedig	cyntefig
seiniau bonheddig	seiniau garw
derbyniol i fod yn uniaith ynddi	bod yn uniaith ynddi yn destun syndod a dirmyg

Ydy'r canfyddiadau yma'n canu cloch?

Dewis iaith

Mewn cymdeithas ddwyieithog fel yr eiddon ni mae'r gair "dewis" yn bwysig. Y ddelfryd yw sicrhau nad oes neb yn gorfod dioddef anfantais, israddoldeb, amddifadiad nac yn wir anghyfleustra drwy orfod siarad iaith nad yw'n gwbl hapus a hyderus ynddi. Mae hynny'n arbennig o wir os yw'r person hwnnw mewn sefyllfa wan, a heb ei grymuso, mewn sgwrs.

> ## Ystyriwch
>
> Bwysigrwydd gweld a chlywed yr iaith iselfri er mwyn i siaradwyr fagu hyder yn y syniad o ddewis. Mae arwyddion, cyhoeddiadau cyhoeddus, deunydd print ac yn y blaen yn yr iaith yn rhan bwysig o godi hyder siaradwyr yn ei phosibiliadau.

Sefyllfaoedd ieithyddol cryf a gwan

Mewn unrhyw ryngweithiad/'interaction' rhwng sefydliad neu berson sy'n rhoi gwasanaeth a chwsmer neu ddefnyddiwr, mae'r swyddog mewn sefyllfa gref a'r client mewn sefyllfa wan. Gellir disgrifio sefyllfaoedd gwan a chryf fel hyn:

Sefyllfa ieithyddol gref	Sefyllfa ieithyddol wan
Paratoi wedi bod ar ei chyfer (hyfforddiant wedi cael ei roi)	Dim paratoi ar ei chyfer
Wedi bod ynddi o'r blaen (profiad)	Ynddi am y tro cyntaf
Awdurdod y tu cefn (yn gweithio i gorff swyddogol)	Dim awdurdod
Dim bygythiad personol (gall fod iechyd neu les yr unigolyn neu rhywun agos ati/ato yn y fantol)	Bygythiad
Rhyddid i ymadael (gall y swyddog adael yr ystafell, gwneud paned, ateb y ffôn)	Dim rhyddid i ymadael
Dim cymhlethdod emosiynol (gall fod ofn, gofid, dicter ynghlwm â'r sefyllfa).	Cymhlethdod emosiynol
Defnyddio'r iaith gyntaf	Defnyddio'r ail iaith

Gall unrhyw un neu ddetholiad o'r dangosyddion uchod roi person mewn sefyllfa ieithyddol gref neu wan. Mae disgwyl iddi gyfathrebu trwy gyfrwng ei ail iaith yn pentyrru anfanteision arni.

YMARFER (20 munud)

Mae Megan yn wraig 35 oed sy'n siarad Cymraeg. Mae ei gŵr wedi gadael y cartref ers tro ac mae Megan yn codi 3 o blant bywiog (15 oed, 13 oed a 8 oed) ar ei phen ei hun. Mae'r ysgol wedi cyfeirio'r ddau hynaf am driwantiaeth, camymddygiad a mân broblemau eraill. Mae'r gweithiwr cymdeithasol yn galw i weld Megan am sgwrs.

Pa rai o'r dangosyddion o sefyllfaoedd cryf a gwan sydd yn berthnasol i'r achos yma?

Ystyriwch

Mam yn holi nyrs os oedd yn medru Cymraeg i ofalu am ei merch fach ddwy flwydd oed mewn ysbyty. Yr ateb gafodd y fam oedd "Don't worry about it. We usually get them to understand what we want."

I gloi

Cyfathrebu effeithiol, yn y diwedd, yw'r hyn sy'n bwysig. Medru dweud wrth eraill pwy ydyn ni, beth yw'n hofnau, beth yw'n dyheadau. A deall gan eraill pwy ydyn nhw, beth yw eu hofnau nhw a beth yw eu dyheadau.

Cyfathrebu effeithiol yw pryd bydd y cyfathrebu'n digwydd mewn ffordd mor ddiymdrech ac mor deg â phosib.

Llyfryddiaeth

Dyma rai llyfrau fydd o ddiddordeb os ydych chi am gychwyn darllen o ddifrif yn y maes yma:

Aitchinson J and Carter H (1994) — A Geography of the Welsh Language 1961 - 1991. Gwasg Prifysgol Cymru.

Baker, Colin (1993) — Foundations of Bilingual Education and Bilingualism, Multilingual Matters, Clevedon.

Dafis, Llinos (1993) — Yr angen i ddeall: Cwrs hyfforddi ar gyfer gweithwyr yn y gwasanaethau cyhoeddus, Iaith Cyf. Llanbedr Pont Steffan.

Dafis, Llinos (1992) — Cymathu Newydd-ddyfodiaid Cydweithgor Dwyieithrwydd Dyfed.

Davies, Elaine (1993) — They All Speak English Anyway : Yr Iaith Gymraeg ac Ymarfer Gwrth-Orthrymol, CCETSW Cymru a'r Brifysgol Agored.

Fishman, Joshua (1972) — The Sociology of Language, Newbury House, Rowley, Mass.

Gardner, R.C (1985) — Social Psychology and Second Language Learning, Edward Arnold.

Giles, H (gol)(1977) — Language, Ethnicity and Intergroup Relations, Academic Press.

Hawkins, Eric (1987) — Awareness of Language Cambridge University Press.

Hoffman, C (1991) — An Introduction to Bilingualism, Longman.

Hudson, R.A (1980 — Sociolinguistics Cambridge University Press.

Jones, Geraint Wyn (1993) — Agweddau at Ddysgu Iaith Canolfan Astudiaethau Iaith, Llangefni.

Pugh, Richard (1992) — Lost in Translation' Social Work Today 13.8 16-17

Saunders, G (1983) — Bilingual children : Guidance for the Family, Multilingual Matters.

Siencyn, S.W (1995) — Sain Deall: Cyflawniad i Ymwybyddiaeth Iaith. CCETSW Cymru.

Wardhaugh, R (1986) — An Introduction to Sociolinguistics, Blackwell.

Williams Rh. H, Davies, E, Williams. H (gol) (1994) — Gwaith Cymdeithasol a'r Iaith Gymraeg, CCETSW a Gwasg Prifysgol Cymru.

Y PROFIAD CYMRAEG - DELWEDDAU AC AGWEDDAU

"Ni leddir iaith na chenedl byth ond gan ei phobl ei hun"
- D. J. Williams (Hen Dŷ Fferm)

Steve Morris

Yr Iaith Gymraeg: ffigurau a ffeithiau

Yn ôl cyfrifiad 1991, mae 508,098 o bobl yng Nghymru yn gallu siarad Cymraeg h.y. 18.65% o boblogaeth y wlad (er bod arolygon eraill yn awgrymu bod y canran yma rywfaint yn uwch mewn gwirionedd - 21.5% yn ôl arolwg cymdeithasol y Swyddfa Gymreig ym 1992). Wrth gwrs, yn union fel unrhyw iaith arall, nid sefyllfa hollol glir mo sefyllfa'r Gymraeg yng Nghymru h.y. tua 20% yn ei siarad a'r gweddill yn methu â deall gair! Yn ôl ymchwil a gomisiynwyd gan S4C trwy gwmni RSMB ym 1993, amcangyfrifir bod 27% o'r boblogaeth yn gallu siarad rhywfaint o Gymraeg a hynny'n amrywio o ddeall, siarad, darllen ac ysgrifennu Cymraeg yn dda iawn i ddeall, siarad, darllen ac ysgrifennu ychydig o Gymraeg: byddai hynny'n rhoi ffigur o oddeutu 750,000 o siaradwyr Cymraeg yng Nghymru. Ar ben hynny, hawliodd 25% eu bod yn deall ychydig o Gymraeg ond heb fedru siarad yr iaith. Felly, er bod gan bawb yng Nghymru ragdybiaethau a syniadau eithaf pendant ynglŷn â phwy sy'n siarad yr iaith, ble mae'n cael ei siarad a pha feysydd yng Nghymru sy'n gysylltiedig â hi, i ba raddau mae'r agweddau a delweddau sydd gennym yn adlewyrchu realiti bywyd Cymru ar droad mileniwm newydd?

FFAITH 1: Mae mwy o siaradwyr Cymraeg yn Nhreorci nag yn Aberdaron.

Wrth gwrs, mae poblogaeth Treorci yn fwy nag Aberdaron ond mae 1,048 o'r boblogaeth yno yn medru'r Gymraeg o'i gymharu â 697 yn Aberdaron. Rydym yn meddwl am Aberdaron yn Nwyfor fel lle mwy Cymraeg na Threorci yn y Rhondda achos bod y canran sy'n siarad yr iaith yno [79%] yn uwch o lawer na Threorci [13.8%] ac y byddem yn fwy tebyg o glywed yr iaith ar y stryd yno. Gellid hefyd gymharu ardal fel Dyffryn Lliw yn Ne Cymru sydd â 22,369 [36.92%] o siaradwyr Cymraeg yn ffafriol iawn ag ardaloedd fel Dwyfor (19,798 o siaradwyr - 75.43%) a Meirionnydd (20,816 - 65.43%) yn y Gogledd.

FFAITH 2: Iaith pobl ifainc yw'r Gymraeg erbyn hyn.

Mae 22% o'r holl siaradwyr Cymraeg bellach o dan 15 oed - a 21.7% dros 65 oed. Yn rhai o siroedd mwyaf Seisnigedig y wlad - er enghraifft Gwent, De Morgannwg a Morgannwg Ganol - mae mwy na 30% o'r siaradwyr Cymraeg o dan 15 oed a hynny yn bennaf oherwydd y twf aruthrol mewn addysg ddwyieithog yno.

FFAITH 3: Cafodd bron 10% o siaradwyr Cymraeg eu geni y tu allan i Gymru.

Hynny yw, 48,919 o bobl. Ganwyd 77% o boblogaeth Cymru yng Nghymru gyda'r gweddill wedi'u geni yn un o wledydd Prydain neu dramor. Mae'r ffigur uchod yn dystiolaeth i nifer sylweddol o'r bobl yma - yn ogystal â'u plant - lwyddo i gymathu eu hunain yn eu cymunedau trwy ddysgu'r iaith. Ochr arall y geiniog, wrth gwrs, yw bod miloedd ar filoedd o siaradwyr Cymraeg yn byw y tu allan i ffiniau Cymru e.e. yn Lloegr, Iwerddon heb anghofio'r Wladfa! Nododd ymchwil RSMB i S4C fod 376,000 o bobl y tu allan i Gymru (yng ngwledydd Prydain) yn honni eu bod yn deall Cymraeg: nid yw'r cyfrifiad yn mesur faint o bobl sy'n medru'r Gymraeg y tu hwnt i glawdd Offa.

FFAITH 4: Mae "Arolwg Cymdeithasol Cymru 1992: Adroddiad ar y Gymraeg" (tud.14) yn awgrymu bod rhyw 200,000 o oedolion yng Nghymru am ddysgu'r iaith.

Dros yr ugain mlynedd diwethaf, gwelwyd cynnydd sylweddol yn y nifer o oedolion sy'n dysgu Cymraeg - e.e. roedd 8,000 o oedolion wedi ymrestru ar gyrsiau ym 1988 ond erbyn 1992 roedd y nifer wedi tyfu i 12,000. Dywedodd yr Athro Bobi Jones fod hyn yn allweddol i unrhyw ymgais i adfer yr iaith yng Nghymru: "...y sector pwysicaf.... yn fy marn i yw oedolion. Ffurfwyr barn y gymdeithas. Rhieni. Llunwyr ewyllys y genedl. Yr arweinwyr." [Barn - 362 - Mawrth 1993]

FFAITH 5: Amcangyfrifir bod 50 miliwn o bobl yn yr Undeb Ewropeaidd yn ddwyieithog.

Mae ein sefyllfa ieithyddol ni yng Nghymru yn debyg iawn i'r hyn a geir mewn cannoedd o wledydd eraill. Dros y byd i gyd, mae bod yn ddwyieithog yn fwy cyffredin na siarad un iaith yn unig.

Felly, er gwaethaf blynyddoedd o golli tir a chwymp cyson yn y niferoedd sy'n ei siarad hi, mae'r iaith Gymraeg "*yma o hyd*" (i ddyfynnu Dafydd Iwan) a gwelir arwyddion gobeithiol am ei dyfodol yn y ffigurau diweddaraf. Ond mae Cymru a'r iaith wedi newid yn aruthrol yn ystod y ganrif yma - Cymru, bellach, yw'r wlad â'r nifer uchaf o bobl a anwyd mewn rhannau eraill o wledydd Prydain yn byw ynddi: "*In purely demographic terms... Wales now has the most cosmopolitan society among the four home countries, for it has much the lower proportion of residents who are native-born (i.e. Welsh-born)*" (Giggs a Pattie 1992 t.29) Yn ogystal â hynny, mae'r hen shibolethau fu unwaith am y Gymraeg fel iaith wledig, y "Fro Gymraeg" yn y Gorllewin a'r Gogledd/iaith pobl hŷn yn unig yn y De a'r Gogledd-Ddwyrain, iaith fyddai'n anodd iawn i'w dysgu ac un na fyddai neb o'r tu allan i Gymru am ei dysgu.... wedi mynd - am byth. Gyda hynny, wrth gwrs, fe ddaw problemau newydd, fel dywedodd Patrick Hannan yn y Western Mail (30/6/93):

"*The problem for the future is not how many people will speak Welsh but what will they speak about?*"

Peuoedd: ym mha sefyllfaoedd mae'r Gymraeg yn cael ei siarad?

"I have yet to see recorded anyone having good sex in the Welsh language"
- Edward Thomas (The Independent - Dydd Gŵyl Ddewi 1995)

Gwelwyd yn y bennod gyntaf ein bod ni fel pobl ddwyieithog yn tueddu i ddefnyddio un iaith mewn rhai sefyllfaoedd a'r iaith arall mewn sefyllfa arall: mae profiad yn dweud wrthon ni fod y Gymraeg yn gysylltiedig ag un maes arbennig ond y Saesneg sy'n cael ei siarad mewn maes arall. Enw arall am y sefyllfaoedd/meysydd arbennig sy'n cael eu cysylltu ag iaith yw "*pau/ peuoedd*". Yn draddodiadol - er nad oedd hyn yn wir am bawb - cysylltwyd y Gymraeg â pheuoedd fel y capel, yr aelwyd, yr eisteddfod a'r Urdd, a'r Saesneg â pheuoedd fel addysg, byd gwaith (yn enwedig yn y trefi mawr), awdurdod, radio a theledu., arian.... hynny yw, y byd mawr y tu allan i'r cartre neu'r gymuned. Fel canlyniad, daeth siaradwyr Cymraeg - a'r di-Gymraeg - i weld y Saesneg fel iaith uchel ei statws, iaith bwerus, iaith bwysig, iaith byd y "tu allan" a'r Gymraeg yn iaith gyfyngedig, isel ei statws a dim grym iddi, iaith byd y "tu mewn". Mae'r athro Colin Williams (1994) yn crynhoi hyn felly: "*English, at least in the past century and a half, has been interpreted in Wales as the language of progress, scholarship, equality, prosperity, mass entertainment and pleasure*". Mae hyn wedi bod yn brofiad cyffredin i lawer o siaradwyr ieithoedd llai eu defnydd Ewrop ac nid yw Cymru yn unigryw yn hynny o beth e.e. Castilianeg yng Nghatalwnia a Gwlad y Basgiaid, Ffrangeg yn Llydaw a Saesneg eto yn Iwerddon.

Roedd hyn i gyd wedi cael effaith fawr ar ein delwedd ohonon ni fel Cymry, yn enwedig fel rhieni yn penderfynu pa iaith bydden ni'n ei siarad â'n plant. Ar ben hynny, roedd llawer yn teimlo nad oedd gan y Gymraeg yr eirfa angenrheidiol i allu ymdopi â'r byd modern. Cafodd y nofelydd Menna Gallie ei magu yn y Gymraeg yn y Creunant, Cwm Dulais, Gorllewin Morgannwg:

> "Rwy'i weithie yn teimlo'n euog am fod sgrifennu Saesneg yn fwy hwylus i mi nag ysgrifennu Cymraeg. Y Gymraeg yw fy iaith gartrefol naturiol, iaith mam a phlentyndod, iaith chwarae a chwerthin, ond iaith talcen slip i ryfeddu yw hi a phan fo gofyn sgrifennu Cymraeg rwy'n estyn am y Geiriadur cyn mofyn papur... 'Sdim rhaid sgrifennu nofel neu sgwrs mewn iaith gartrefol ond mae'n rhaid sgrifennu am broblemau a phynciau sy'n addas i'n hamser a'n byd, a dyna lle mae'r iaith yn ddiffygiol am ei bod hi'n iaith henffasiwn a phiwritanaidd."
> [Y Gwrandawr, Rhagfyr 1968 / Barn 378/379]

Ydy iaith yn gallu bod yn "*ddiffygiol*" neu'n "*henffasiwn a phiwritanaidd*" neu ai disgrifiad oedd hwn, mewn gwirionedd, o'r peuoedd hynny lle roedd y Gymraeg yn cael ei defnyddio ym mhrofiad yr awdur ac yn adlewyrchu ei hagwedd hi at yr iaith? Tua'r un cyfnod, roedd dramodydd fel Saunders Lewis yn llwyddo i ddefnyddio'r Gymraeg fel cyfrwng i ddramâu wedi'u seilio ar faterion y tu hwnt i beuoedd traddodiadol y Gymraeg e.e. y cynllwyn yn erbyn Hitler ("*Brad*" - 1958) neu yn Nwyrain Ewrop/Vienna ddiwedd y pedwar degau ("*'Gymerwch chi Sigaret?*" - 1956). Gwelwyd yr iaith yn ymestyn yn raddol trwy'r chwarter canrif diwethaf i fwy a mwy o beuoedd newydd e.e. addysg (ar bob lefel), radio a theledu, llywodraeth leol (mewn rhai ardaloedd yn unig), gwaith (mae cynnydd cyson yn y nifer o swyddi sy'n gofyn am wybodaeth o'r

Gymraeg) ac ati. Os edrychwn, er enghraifft, ar gynnwys y cylchgrawn *Taabww* a gynhyrchir gan Gyngor Ieuenctid Cymru, gallwn weld pa mor eang yw'r peuoedd a drafodir trwy gyfrwng y Gymraeg erbyn hyn: sonnir am chwaraeon, yr amgylchedd, bwlio, '*popeth sydd angen ei wybod am ryw diogelach*' ymhlith nifer o bynciau eraill. Dyma'r rheswm arall i fod yn optimistaidd ynglŷn â gallu'r Gymraeg fel cyfrwng addas ar gyfer trafod popeth a'r angen am ehangu'r peuoedd y defnyddir yr iaith ynddynt wrth i fwy a mwy o bobl ifainc Cymru dderbyn eu haddysg yn Gymraeg. Mae'n debyg y bydd y broses yma yn cyflymu yn y dyfodol yn dilyn pasio'r Ddeddf Iaith ym 1993.

Eto i gyd, mae cysylltu'r iaith â'i pheuoedd traddodiadol yn dal i liwio a dylanwadu ar ein delweddau a'n hagweddau ni tuag ati fel siaradwyr Cymraeg a di-Gymraeg. Enghraifft o hynny yw'r rhaglen "*Y Brodyr Bach*" ar S4C lle mae'r diddanwyr y Brodyr Gregory yn trefnu 'syrpreis' i aelodau o'r cyhoedd ar batrwm yr hyn a gafwyd yn Saesneg ar y rhaglen 'Candid Camera' a 'Beadle's About'. Dydy hi ddim yn syndod bod rhai siaradwyr Cymraeg yn troi i'r Saesneg pan fyddan nhw eisiau dangos eu hanfodlonrwydd am y sefyllfa (cyn gwybod mai ffugiol oedd y cyfan) fel pe bai defnyddio Saesneg yn rhoi mwy o rym i'w teimladau ac yn eu gwneud nhw'n fwy awdurdodol. Mae ystyriaethau fel hynny yn bwysig iawn pan edrychir ar y defnydd o iaith mewn sefyllfaoedd gwaith cymdeithasol, er enghraifft: gellir dadlau fod yr iaith rydych chi'n dewis ei defnyddio gyda rhywun arall yn dweud llawer mwy amdanoch chi a'ch agweddau chi tuag at y person hwnnw na'r geiriau neu ystyr y geiriau eu hunain.

YMARFER

NOD: Ystyried sut mae'r iaith rydyn ni'n ei defnyddio yn lliwio'r ffordd y mae eraill yn ein gweld ni:

Rydych chi'n siaradwr Cymraeg ac yn mynd at y meddyg (sydd hefyd yn siarad Cymraeg) gyda phroblem bersonol iawn ac un sy wedi bod yn eich poeni ers peth amser. Gall y sgwrs rhyngoch chi a'r meddyg ddechrau fel A neu B isod: penderfynwch pa un fyddai orau gennych chi fel siaradwr Cymraeg a meddyliwch am y rhesymau dros eich penderfyniad, yn enwedig o safbwynt yr iaith a'r math o iaith a ddefnyddir. Sut mae'r meddyg yn dylanwadu ar yr iaith rydych chi'n dewis ei siarad â hi/fe?:

Sgwrs A

Meddyg [M]	:	*Come in. [Saib] What's the problem then?*
Chi	:	*Well...it's rather difficult to discuss but...*
M	:	*Where does it hurt?*
Chi	:	*It's not so much a question of hurting but...*
M	:	*Well, what is it then?.........*

Sgwrs B

M	:	*Come in..Dewch i mewn. Shwmae 'te?*
Chi	:	*Ddim yn rhy dda a dweud y gwir.*
M	:	*Beth yw'r broblem 'te?*
Chi	:	*Wel, mae hi bach yn anodd siarad am hyn ond...*

Agweddau: iaith gyfoes neu iaith talcen slip?

"Ces i fy ngeni yn Llansamlet ger Abertawe yn 1930. Roedd fy mam yn Gymraes Gymraeg o Bontardawe a daeth fy nhad o dref Abertawe - doedd e ddim yn siarad Cymraeg. Felly, Saesneg oedd iaith y tŷ, ond siaradodd fy mam Gymraeg ym mhob man arall - gyda'i theulu, gyda'r bobl yn y pentre ac yn y blaen.

Ar y pryd, roedd syniad cyffredin ymhlith llawer o bobl bod hi'n anfantais i bobl uchelgeisiol siarad Cymraeg. Rydw i'n cofio'n iawn hen bobl yn ymddiheuro am fod yn well yn siarad Cymraeg na Saesneg. Yn yr ysgol gynradd, chawson ni ddim un wers Gymraeg er bod 80% o'r disgyblion yn dod o deuluoedd lle roedd y Gymraeg yn iaith gyntaf."

> - Roy Haynes, "dysgwr" ar gwrs Cymraeg, Tŷ Tawe, Abertawe
> (Ionawr 1995)

Roedd yr agweddau gafodd eu mynegi uchod yn rhai digon cyffredin ynghynt yn y ganrif yma ac i raddau, maen nhw'n dal yn fyw heddiw - faint ohonon ni sy'n ymddiheuro am siarad Cymraeg mewn cwmni ieithyddol cymysg ac yn troi i'r Saesneg, hyd yn oed os nad ydym yn siarad â'r person di-Gymraeg o gwbl? Sylwodd Chapman et alia (1977) ar y duedd yma i ddilorni'r iaith lai sy'n gyffredin iawn, mae'n debyg, ymhlith siaradwyr ieithoedd lleiafrifol: *"A general self-deprecating trait associated with the negative evaluation of one's own speech style or any other ethnic feature is characteristic of underprivileged, minority groups, and negative self images projected by members of these groups have in the past tended to be self perpetuating".* Yn achos yr ymchwil arbennig yma, roedd yr awduron wedi dangos fod rhagdybiaethau ethnig eisoes yn bodoli mewn plant 5 mlwydd oed a bod hiwmor yn cael ei ddefnyddio "...*as a vehicle for communicating attitudes and as a means of disparaging outgroup members.*" Dangosodd yr ymchwil hefyd fod hyn yr un mor wir, yng Nghymru, am yr acen Gymreig yn Saesneg â'r iaith Gymraeg ei hunan.

Yn wir, dros y canrifoedd mae agweddau negyddol at y Gymraeg gan bobl o'r tu allan a phobl a aned yng Nghymru (llawer ohonynt yn bobl a fagwyd yn y diwylliant Cymraeg/Cymreig ond a ddewisodd y diwylliant Eingl-Americanaidd maes o law) wedi bod yn amlwg ac wedi cyfrannu at gynnal a chadw teimladau o is-raddoldeb am yr iaith ymhlith ei siaradwyr.

Ymarfer

NOD: Edrych ar agweddau negyddol at y Gymraeg ers y Ddeddf Uno ac ystyried y rhesymau amdanyn nhw.

Darllenwch y dyfyniadau sy'n dilyn a thrafodwch nhw yng ngoleuni'r nod uchod:

[a] 1536: "The people of the dominion [of Wales] have and do daily use a speech nothing like nor consonant to the natural mother tongue used within this realm."

Deddf Uno Cymru a Lloegr

[b] 1682: "Their native gibberish is usually prattled throughout the whole of Taphydom except in their market towns, whose inhabitants, being a little raised...do begin to despise it. 'Tis usually cashiered out of gentlemen's houses...so that, if the stars prove lucky, there may be some glimmering hopes that the British language may be quite extinct and may be English'd out of Wales."

William Richards - Wallography

[c] 1770: "The language is inarticulate and guttural and sounds more like the gobbling of geese or turkeys than the speech of rational creatures."

E.B. - A Trip to North Wales

[ch] 1866: "The Welsh Language is the curse of Wales. Its prevailence and the ignorance of English have excluded, and even now exclude, the Welsh people from the civilization, the improvement, and the material prosperity of their English neighbours... Their antiquated and semi-barbarous language, in short, shrouds them in darkness."

Di-enw - The Times, 8 Medi [3]

[d] 1940: "No Welshman talks in Welsh if he knows English."

Caradoc Evans - yn ei ddyddiadur

[dd] 1964: "We were not, in terms of nationality, a homogenous people. Into the valleys had poured as many Englishmen as indigenous Welsh. The only binding things were indignity and deprivation. The Welsh language stood in the way of our fuller union and we made ruthless haste to destroy it. We nearly did."

Gwyn Thomas - A Welsh Eye

[e] 1975: "Now they're trying to alter all our
        signposts
And make us live in streets we cannot
        say;
I don't mind the Pakistanis or the Eyties
    But I wish the bleeding Welsh would
        stay away."

Graham Jones - o'i gerdd "I'm proud to be a citizen of Cardiff "

[f] 1986: "They went outside and stood where a sign used to say Taxi and now said Taxi/Tacsi for the benefit of Welsh people who had never seen a letter X before"

Kingsley Amis - The Old Devils

[ff] 1994: "Mae'r holl nonsens 'ma ynglŷn â chyfieithu pob peth i'r Gymraeg, y ffurflenni 'na - 'sneb yn eu darllen nhw. Dw i ddim yn eu darllen nhw. Er enghraifft, pan 'ych chi'n darllen rhywbeth fel 'tax return', sy'n ceisio egluro rhywbeth. Mae'n annealladwy yn Saesneg, cyn bod rhyw 'sledge'yn ei gyfieithu e i Gymraeg sydd hyd yn oed yn fwy annealladwy."

Rod Richards AS - Barn 383/384

Ar ôl darllen y dyfyniadau hyn, trafodwch:

(i) pa ffactorau yn eich barn chi sy'n cyfrif am yr agweddau negyddol sy'n cael eu mynegi at y Gymraeg?

(ii) ysgrifennwyd d, dd, e ac ff gan bobl sy'n dod o Gymru: beth ydych chi'n credu sy'n cyfrif am eu hagweddau nhw tuag at yr iaith ac - yn achos ff - at ymestyn yr iaith i beuoedd newydd?

Ar nodyn mwy positif, ers y chwedegau, mae agweddau at yr iaith wedi bod yn newid yn enwedig ymhlith y to ifanc. Dangosodd ymchwil Chapman et alia (1977) fod gan blant Cymraeg - ac yn enwedig plant sy'n dod o gartrefi di-Gymraeg ac yn mynychu ysgol Gymraeg - agweddau llawer mwy positif tuag at y Gymraeg. Cymharodd Thomas & Williams (1978) agweddau

a. disgyblion ysgolion Cymraeg (mewn ardaloedd Cymraeg a Saesneg),

b. disgyblion ysgolion Saesneg (mewn ardaloedd lled Gymraeg a Saesneg) a

c. ysgolion Catholig (mewn ardaloedd Saesneg) at yr iaith. Unwaith eto, cafwyd canlyniadau tebyg, gydag agweddau mwy ffafriol gan ddisgyblion C na disgyblion B hefyd. Mae hyn, yn ogystal â'r newidiadau demograffig yn oedran siaradwyr y Gymraeg, yn argoeli'n dda am y dyfodol ac agweddau oedolion fydd yn llunio polisïau ieithyddol y genhedlaeth nesaf.

Delweddau

"Pan nad ydych chi'n un o'r mwyafrif, rydych chi'n gweld y byd yn wahanol iawn ac yn sylwi ar bethau na fydd pobl eraill yn sylwi arnyn nhw, oherwydd nad oes rhaid iddyn nhw"
-Labi Siffre yn 'Nigger Cymreig', Golwg Cyfrol 5, Rhif 35, 13 Mai 1993

"The Welsh are brilliant. Who else could have revived a long-dead and very silly language which was only useful for telling complex and profitable lies?"
-Michael Bywater, Punch 30 Medi 1987

"Who wants to be ruled by someone who doesn't speak the language?"
-Norman Tebbitt yn sôn am yr Undeb Ewropeaidd yng Nghynhadledd y Ceidwadwyr Ifainc, 1995

Mae'r delweddau sy gennym yn bwysig iawn - nid yn unig o ran y ffordd rydyn ni'n gweld ein hunain ond hefyd, y ffordd y mae eraill yn ein gweld ni. Yn ôl un asiantaeth cyhoeddusrwydd yng Nghymru "*Gwent Image*", mae pobl o'r tu allan yn dal i gredu bod hanner poblogaeth y wlad yn lowyr, bod y strydoedd yn llawn defaid, na fydd neb yn fodlon siarad Saesneg â nhw a bod pawb yn dwlu ar rygbi a chanu! (Wales on Sunday - 29 Ionawr 1995). Mae'r ddelwedd Holywoodaidd "*How Green was my Valley*" yn dal yn gryf: pan dynnwyd y Loteri Genedlaethol yn y Rhondda ar ddiwedd 1994 o flaen miliynau o wylwyr ym Mhrydain, pa olygfa a welwyd? Glowyr â wynebau du a chorau meibion yn canu, er gwaetha'r ffaith fod bron pob pwll glo yng Nghymru wedi cau erbyn hyn!

Gwnaethpwyd ymchwil ar ddelweddau Cymru gan Wynford Bellin (1989) gyda phedwar grŵp o bobl ifainc -

(a) Siaradwyr Cymraeg (a gafodd yr iaith o'r aelwyd),

(b) Siaradwyr Cymraeg (a gafodd yr iaith o'r ysgol),

(c) Cymry "Eingl-Gymreig" ac

(ch) pobl ifainc o Dde-Ddwyrain Lloegr. Ymhlith y canfyddiadau, cafwyd y canlynol:

- Roedd y Saeson yn ystyried Cymru fel gwlad gyda diwylliant isel ei statws, gwlad sy'n dadfeilio. Roedd y tri grŵp o siaradwyr Cymraeg yn gweld diwylliant Cymru fel un sy'n glynu'n fwy wrth werthoedd teuluol na gweddill Prydain.

- Doedd y siaradwyr Cymraeg ifainc ddim yn cysylltu'r iaith â statws isel.

- Roedd y Saeson yn amcangyfrif nifer y siaradwyr Cymraeg fel rhif llawer llai na'r hyn a gafwyd yn y cyfrifiad diwethaf. O ran y Cymry, felly, mae'r ffigurau hyn yn ategu'r gwaith a welwyd yn barod sy'n awgrymu agweddau mwy cadarnhaol ymhlith y to ifanc yng Nghymru. O ran y Saeson, mae'n awgrymu diffyg gwybodaeth am realiti bywyd yng Nghymru a chryfder cymharol yr iaith Gymraeg yn y wlad. Hawdd gweld, felly, sut mae problemau'n gallu codi o bryd i'w gilydd pan fydd pobl o Loegr yn symud i ardaloedd gyda chanran uchel o siaradwyr Cymraeg.

Yn ystod dechrau'r 90au, gwelwyd nifer o erthyglau negyddol ac ymosodol iawn am Gymru a'r Gymraeg ym mhapurau newyddion mawr Stryd y Fflyd, Llundain:-

- *A Pantomime dragon, but its venom will surely kill': Bernard Levin, The Times, 30 Awst 1990.*

22

Mae'r ail baragraff yn crynhoi'r holl elfennau negyddol a drafodwyd yn barod yn y bennod yma: "*Let us begin with a single fact. Four-fifths of the population of Wales do not speak Welsh, and show no sign at all of wanting to. (The Welsh Television channel is regularly watched by 17 people, and occasionally by anything up to another 168). That is hardly surprising; it is a beautiful language (though all that Druid stuff is as bogus as the Scottish tartans, and possibly even more so), but of no use elsewhere and practically none in Wales itself, not least because of the absurdities foisted on an ancient tongue to accommodate modern times.*"

- **'No Welcome in the hillside schools': Brenda Parry, Sunday Telegraph, 3 Chwefror 1991.**

  Erthygl yn honni bod plant di-Gymraeg a hyd yn oed plant oedd wedi meistroli'r Gymraeg yn cael eu herlid gan yr athrawon mewn ardaloedd Cymraeg: "*...English children are treated as second-class citizens, an increasing number of parents are being forced into the private system they can ill afford. The problem is worst in Dyfed and Gwynedd where concentrations of Welsh speakers seem to be retreating into the hills to protect the language* ŵsicŷ *which is spoken by less than 20 per cent of the Welsh population*"

- **'Let's not waste our energy on talking Welsh': Frank Barrett Independent, 1 Awst 1993.**

  "*If children want to learn Welsh they should have the opportunity to do so. But the money could surely be more wisely spent providing better resources in Welsh schools for teaching French, German or Spanish*"

- **'A rare bite worth going to Wales for': A.A. Gill, Sunday Times, 31 Hydref 1993.**

  Roedd yr erthygl yma i fod i sôn am fwyd a bwytai Cymru ond mae'n defnyddio'r paragraffau cyntaf i sarhau'r iaith, trefi fel y Fflint a bwyd traddodiadol Cymreig fel cawl ŵcowl yn yr erthyglŷ, bara brith a "*slime*" (bara lawr). Yn y diwedd, mae'n dod ar draws un lle bwyta sy'n dderbyniol gyda seren Michelin. Meddai A.A. Gill: "*It makes you wonder how the race that keeps a "welcome in the hillside" - so that tourists can't find it - could run such a charming establishment, and then, of course, you find out that it's owned by an English man[4] and a Dane*"

Mae awduron erthyglau fel y rhain yn amddiffyn eu gwaith - yn dilyn y protestiadau anochel sy'n eu dilyn - mewn ffordd sydd ond yn ategu'r rhagfarnau gwrth-Gymreig sydd ynddyn nhw trwy ddweud mai 'hiwmor' a 'ffraethineb' oedd y tu ôl iddyn nhw mewn gwirionedd ac nad oes gan y Cymry synnwyr o ddigrifwch na'r gallu i chwerthin am eu pennau eu hunain!

YMARFER

Ymddangosodd y cartwn yma yn y Daily Express ar 3 Tachwedd 1994. Trafodwch yr agweddau tuag at yr iaith sy'n cael eu hawgrymu yma. Beth mae'n awgrymu hefyd am ddelwedd y Gymraeg y tu allan i Gymru?

"Good news, Mr Thomas. You're not dyslexic at all — you're Welsh!"

Gyda delweddau fel hynny yn dal i ffynnu yn y Wasg Brydeinig, sut ydyn ni sy'n byw yng Nghymru yn edrych ar yr iaith Gymraeg ac arnon ni ein hunain? Mewn erthygl sy'n trafod yr hen gymoedd glofaol a hunaniaeth Gymreig, mae Brian Roberts (1995) yn dweud bod tri math o Gymreictod -

- y Gymru Gymraeg,
- Cymreictod y Cymoedd a'r
- Gymru Brydeinig (arfordiroedd y De a'r Gogledd-Ddwyrain).

Meddai: "*A widespread view was that Welsh character could be different across Wales: there were various Welsh identities within some common sense of nation*" (tud. 87). Mae'n amlwg yn yr erthygl hon fod yr iaith Gymraeg yn dal yn bwysig iawn i hunaniaeth llawer o drigolion y cymoedd (cynhaliwyd y cyfweliadau yn y Blaenau a Nantyglo yng Ngwent) er eu bod yn teimlo bod eu hunaniaeth nhw yn wahanol i'r bobl wledig i'r gogledd ym Mrycheiniog ac i'r De yng Nghasnewydd a Chaerdydd. Gwelwyd cynnydd aruthrol yn y galw am addysg ddwyieithog yn y cymoedd dros y chwarter canrif diwethaf a dyma ateb un dyn ifanc, di-waith pan ofynnwyd iddo pam oedd yr iaith yn destun diddordeb cyfoes: "*Well, it's **our** language isn't it. We didn't have it at school, we had French, but not our own language. I might not have been interested - **but it wasn't offered!**"* (tud.88)

YMARFER

Beth yw ein delwedd ni o'r teulu neu'r gymuned Gymraeg nodweddiadol heddiw? Darllenwch y darn sy'n dilyn o'r golofn "**Dyddiadur Dysgwr Despret**", Golwg 8 Rhagfyr 1994 a thrafodwch yr erthygl yng ngoleuni eich profiad chi o Gymry heddiw.

Oes y fath beth â Chymro neu Gymraes nodweddiadol erbyn hyn? Sut mae'r Cymry yn wahanol i genhedloedd eraill? Fyddai pobl o genhedloedd eraill yn gweld Non a Dafydd ynteu Boz a Karen fel Cymry '*nodweddiadol*'? Pam?

24

CROESO I GYMRU

Yr wythnos hon, dw i wedi bod yn paratoi adnoddau ar gyfer fy nosbarth cyntaf - fel tiwtor y tro 'ma!

Mae gen i ddosbarth o ddechreuwyr pur ac er mawr siom does dim un ohonynt yn hanu o Gymru yn wreiddiol. Dw i wedi bod yn pendroni, felly, sut i gyflwyno'r byd Cymraeg iddynt ac mi dreuliais nos Fawrth yn yr atig yn edrych ar fy llyfrau dosbarth Cymraeg o'r 70au. O ganlyniad dw i mewn penbleth ofnadwy.

Mae yna ddau fath o Gymry Cymraeg hollol wahanol hyd y gwela' i. Y rhai sy'n byw yn nhudalennau fy llyfrau Cymraeg i ddysgwyr, ac y rhai yr ydw i'n digwydd eu 'nabod sy'n byw yn yr ardal hon. Yn y llyfrau sydd gen i, mae Non a Dafydd yn byw mewn ardal hollol Gymraeg gyda'u plant, Pedr a Nest. Mae Non yn aros gartref lle mae hi'n golchi'r llestri, coginio, smwddio a mentro allan bob dydd Gwener i siopa mewn siopau lle bydd y staff i gyd yn siarad Cymraeg.

Mae'r plant yn mynychu ysgol Gymraeg lle does dim angen siarad gair o Saesneg tra bod Dafydd yn ennill ffortiwn yn crwydro o gwmpas ei fferm yn anwesu ei lond llaw o anifeiliaid dof. Mae gan y teulu amserlen hamdden pendant - teledu Cymraeg bob nos, rhai caneuon traddodiadol o gwmpas y piano a phennod o T. Llew Jones i'r plant cyn iddynt fynd i gysgu.

Ar ddydd Sadwrn, mae pawb yn brysur yn chwarae rygbi, yn ymweld â Sain Ffagan ac yn cymryd rhan mewn eisteddfodau'r fro. Capel o leiaf dwywaith ar y Sul, noson lawen unwaith y mis ...

Ac wedyn, y teulu Cymraeg yr ydw i'n eu nabod sy'n byw i fyny'r lôn ...

Mae Boz a Karen yn byw gyda'i gilydd. Mae Boz yn ddi-waith ers i'r chwarel gau i lawr. Mae Karen, sydd â thrwydded ddysgu, yn gorfod gweithio'n rhan-amser fel gweinyddes bar gyda'r nos tra bod ei phlant, Jasper a Talulah yn gwylio ffilmiau coch ar sianel deledu *Sky*. Mae'r cymdogion yn dweud bod gan y Gwasanaethau Cymdeithasol fwy o ddiddordeb yn y plant 'ma na sydd gan eu llystad.

Yn ei amser hamdden, mae Baz yn cefnogi Man U (o'i gadair freichiau) ac yn mynd i'r dafarn dydd Sadwrn a dwywaith dydd Sul. Unwaith y mis mae'r teulu i gyd yn bodio i Alton Towers.

Nawr 'te, pa deulu Cymraeg ydw i am gyflwyno i fy nosbarth nos, tybed?

Delweddau'r Dyfodol

"Mae angen i asiantaethau gwaith cymdeithasol dderbyn fod y siaradwr Cymraeg dwyieithog yn berson integredig cyflawn fel y person uniaith"

- Wynford Bellin (1994)

"An appreciation of the interior world of the client is an essential element of ethnically sensitive social work practice"

- Richard Pugh (1994)

Hanes o frwydro am hawliau ieithyddol fu hanes y Gymraeg yn ystod y ganrif yma ac mae hynny yr un mor wir am faes gwaith a gofal cymdeithasol ag unrhyw faes arall. Mae Elaine Davies (1994) ac eraill wedi pwysleisio'r angen am sensitifrwydd ieithyddol wrth ymarfer gwaith cymdeithasol, yn enwedig o ystyried y myrdd o agweddau a delweddau negyddol sydd eisoes yn corddi yn ein hunaniaeth fel Cymry. Mae gweld penawdau yn y papurau fel "*Ofni Penodiad Saesneg*" (Golwg 15 Rhagfyr 1994) neu "*Brwydro am ofal yn eu mamiaith i'r henoed*" (Y Cymro 14 Rhagfyr 1994) yn atgyfnerthu'r delweddau negyddol yma. Sôn mae'r ddau adroddiad am helynt hysbyseb am reolwr ar ganolfan i bobl hŷn yn ardal Gymraeg Tregaron oedd yn dweud bod gwybodaeth o'r Gymraeg yn *ddymunol* tra'n dweud hefyd y dylai fod yn *gyfathrebwr da*. Yn ddi-os, felly, mae angen i weithwyr cymdeithasol fod yn ymwybodol o hunan-ddelweddau eu defnyddwyr ond hefyd, eu hunan-ddelweddau nhw fel gweithwyr proffesiynol yn y maes.

Sut mae'r delweddau hyn yn debyg o newid yn y dyfodol? Mae'r gorffennol yn dangos i ni y bydd ymosodiadau rhai fel Bernard Levin, A.A. Gill, F. Barrett ac ati, yn debyg o barhau. Bydd angen llawer o waith hefyd i chwalu'r hen stereoteip sydd gan lawer o bobl tu allan i Gymru am wlad y pyllau glo, y defaid, y "*look you-indeed to goodness-boyo*" a gafwyd yn "*How Green was my Valley*". Defnyddiwyd hyn yn effeithiol iawn gan bapurau'r wasg boblogaidd fel "*The Sun*" i danseilio ymgyrch etholiadol Neil Kinnock ym 1992: a oedd pobl Prydain o ddifri yn mynd i ymddiried yn y "*Welsh windbag*" yma, rhywun yn nhraddodiad "*Taffy was a Welshman, Taffy was a thief*" i fod yn brif weinidog am bum mlynedd?

Ar y llaw arall, mae'r dystiolaeth yn awgrymu fod pobl sy'n byw yng Nghymru yn dechrau datblygu agweddau mwy cadarnhaol at yr iaith, yn enwedig y rhai ifainc, a bod y syniad o Gymru Ddwyieithog yn cael ei dderbyn yn fwy gan drwch y boblogaeth. Mae hyn yn digwydd er gwaethaf ymosodiadau ffyrnig gan rai sy eisoes yn siarad Cymraeg fel Tim Williams (sy'n honni mai twyllo eu hunain y mae rhieni sy'n meddwl y bydd addysg Gymraeg i'w plant yn achub y Gymraeg nag yn adfer yr iaith yn yr ardaloedd Seisnigedig). Mae Mentrau Iaith megis Menter Cwm Gwendraeth a chlybiau cymdeithasol Cymraeg fel Tŷ Tawe yn Abertawe yn creu cyfleoedd newydd i siaradwyr Cymraeg ddefnyddio eu hiaith yn y trefi a'r wlad ac yn aml yn rhoi ffocws i weithgareddau Cymraeg yn eu hardaloedd. Dengys *Arolwg Cymdeithasol Cymru 1992: Adroddiad ar yr Iaith Gymraeg* y Swyddfa Gymreig fod tua 63% o siaradwyr Cymraeg fel arfer yn defnyddio'r Gymraeg ar gyfer trafodaethau pan wyddant fod Cymraeg yn cael ei siarad yn y

(a) gwasanaeth iechyd lleol

(b) swyddfeydd y cyngor lleol

(c) y siopau lleol

(ch) y swyddfa bost/banc/cymdeithas adeiladu lleol ac oeddeutu 17% weithiau yn ei defnyddio.

Yn yr un arolwg, dangosir bod dros 200,000 o bobl yn dweud eu bod yn debygol o ddysgu Cymraeg neu wella eu gallu yn y Gymraeg: *dros un o bob deg o'r rhai nad oeddynt yn rhugl eu Cymraeg*. Mae hyn yn argoeli'n dda ar gyfer cynllun uchelgeisiol cwmni Acen (cynhyrchwyr y rhaglen deledu hynod boblogaidd i ddysgu Cymraeg "*Now You're Talking*") i greu miliwn o siaradwyr newydd erbyn y flwyddyn 2000.

Fel y gwelwyd eisoes yn ymchwil Bellin (1989), mae Cymru a'r Gymraeg yn cael eu cysylltu â syniadau fel cymuned, cariad, gofalu am eraill - mae goblygiadau yn hynny i ymarfer gwaith cymdeithasol. Mae'r iaith a'i siaradwyr yn newid ac wedi newid am byth erbyn degawd olaf yr ugeinfed ganrif fel y nodwyd ar ddechrau'r bennod yma. Er mai'r Saesneg yw prif iaith y mwyafrif helaeth o beuoedd yn enwedig y tu allan i'r ardaloedd 'traddodiadol Gymraeg', nid yw bellach yn cael ei gweld fel rhwystr, fel arwydd o fywyd cul, gwledig, hen ffasiwn, iaith talcen slip: mae hi'n iaith sy'n ifanc, dinesig a gwledig, yn agored i dueddiadau a pheuoedd newydd, yn hyblyg ac yn urddasol. Wrth drafod ei phrofiadau yn dysgu'r iaith yn "*Discovering Welshness*", mae Zonia Bowen yn crynhoi'r agwedd newydd yma:

"We hear much talk about Welsh creating a language barrier, but it is not the knowledge of Welsh that creates the barrier, but the lack of knowledge of it"

(tt. 80 - 81)

YMARFER

NOD: Edrych ar ba ffactorau sy'n gallu achosi gwrthdaro rhwng ieithoedd?

Darllenwch y dyfyniad isod gan Eileen Lemass a thrafodwch mewn grwpiau:

"Linguistic and cultural diversity never causes conflict. It is the refusal of some people to accept diversity that causes problems and strife"

Ydy iaith ynddi ei hun yn gallu achosi gwrthdaro? Beth yw'r rhesymau, felly, pan geir gwrthdaro rhwng un iaith/set o werthoedd diwylliannol ac iaith arall?

LLYFRDDIAETH

Aitchison, J & Carter, H (1994)	A Geography of the Welsh Language 1961 - 1991 Caerdydd: Gwasg Prifysgol Cymru
Barrett, F (1993)	'Let's not waste our energy on talking Welsh'. The Independent 1 Awst 1993
Bayley, C (1995)	'Thomas the Voice'. The Independent, 1 Mawrth 1995
Bellin, W (1989)	'Ethnicity and Welsh Bilingual Education'. Contemporary Wales, Cyfrol 3, 77 - 98
Bellin, W (1994)	'Proffesiynau Gofal a Chymry Cymraeg: Persbectif o Safbwynt Iaith a Seicoleg Cymdeithasol' yn Williams, Rh. H., Williams, H & Davies, E (gol.) 'Gwaith Cymdeithasol a'r Iaith Gymraeg' 75-122 Caerdydd: Gwasg Prifysgol Cymru
Bowen, Z (1992)	'Hobson's Choice' yn Davies, O & Bowie, F (gol) 'Discovering Welshness' 80-81 Gwasg Gomer: Llandysul
Chapman, A.J., Smith, J.R. & Foot, H.C. (1977)	' Language, Humour and Intergroup Relations' yn Giles, H. (gol.) ' Language, Ethnicity and Intergroup Relations', tt. 137-169 Academic Press: Llundain
Davies, E (1994)	'They all speak English anyway' CCETSW Cymru: Caerdydd
Davies, M.W. (1993)	''Nigger Cymreig': Labi Siffre a Chymru'. Golwg 13 Mai 1993, 20-21
Gaines, S (1995)	'Exploding the myths that keep Wales in the dark ages'. Wales on Sunday, 29 Ionawr 1995 10-11
Giggs, J & Pattie, C (1992)	'Wales as a plural society'. Contemporary Wales, 5, 25-63
Gill, A.A. (1993)	'A rare bite worth going to Wales for'. Sunday Times, 31 Hydref 1993
Hannan, P (1993)	'Winning word by word'. Western Mail, 30 Mehefin 1993
Harri, G (1994)	'Gêm Galed: Holi Rod Richards'. Barn 383/384, 10-13
Jones, R (1993)	'Argyfwng Adfer Iaith (i)'. Barn 362 Mawrth 1993, 26-30
Levin, B (1990)	'A Pantomime Dragon, but its venom will surely kill'. The Times, 30 Awst 1990
Lewis, S (1956)	'Gymerwch chi Sigaret? Abertawe: Christopher Davies
Lewis, S (1958)	Brad Llandybïe: Christopher Davies
Parry, B (1991)	'No welcome in the hillside schools'. Sunday Telegraph, 3 Chwefror 1991
Pugh, R (1994)	'Language Policy and Social Work'. Social Work 39,4 : 432-437
Roberts, B (1995)	'Welsh identity in a Former Mining Valley: Social Images and Imagined Communities'. Contemporary Wales,7, 77 96

S4C (25.3.93)	"Miliwn o siaradwyr Cymraeg?/A Million Welsh Speakers?": Datganiad i'r Wasg
Siencyn, S. W. (1993)	The Sound of Europe. Biwro Ieithoedd Llai eu Defnydd.
Stephens, M (1992)	A Most Peculiar People Caerdydd: Gwasg Prifysgol Cymru
Swyddfa Gymreig (1995)	Arolwg Cymdeithasol Cymru 1992: Adroddiad ar yr Iaith Gymraeg. Caerdydd: Gwasanaeth Ystadegol y Llywodraeth
Taabww (199?)	Cylchgrawn Cyngor Ieuenctid Cymru
Thomas, C. J. & Williams, C. H. (1978)	'Language and Nationalism in Wales: a case study'. Ethnic and Racial Studies, Cyfrol 1, Rhif 2, 235-258
Wiliam, A. Rh. (1994)	'Nofelydd y Cymoedd Glo'. Barn 378/379, 22-23
Williams, C. H. (1994)	'Development, Dependency and the Democratic Deficit'. Journal of Multilingual and Multicultural Development, 15: 2&3, 101-128
Williams, D. J. (1953)	Hen Dŷ Fferm, Gwasg Aberystwyth

---

[3] Gw. sylwadau Bernard Levin nes ymlaen yn yr un papur ym 1990!

[4] Y peth mwyaf eironig am yr erthygl hon yw'r ffaith mai Cymro ydoedd mewn gwirionedd - nid Sais!

TWF A DATBLYGIAD DYNOL A IAITH YN Y CYD-DESTUN CYMREIG

Cyflwyniad

Mae penodau un a dau wedi cyflwyno'r themâu canlynol:

- rôl ac arwyddocâd iaith
- delweddau o Gymru a'r Gymraeg
- problemau a all wynebu siaradwyr Cymraeg

Bydd pennod tri'n ystyried y cysylltiad rhwng iaith, hunaniaeth bersonol a chymdeithasol a thwf a datblygiad dynol. Caiff thema twf a datblygiad dynol ac arwyddocâd iaith eu gosod yn gadarn yn y cyd-destun Cymreig.

Caiff cwestiynau am arwyddocâd iaith eu hehangu i gynnwys arwyddocâd iaith a sensitifrwydd ieithyddol at ddefnyddwyr gwasanaethau cyhoeddus, yn enwedig gwasanaethau gwaith cymdeithasol.

Caiff y cwestiynau canlynol eu hystyried:

- Beth yw rhai o themâu allweddol twf a datblygiad dynol ar wahanol adegau o fewn cylch bywyd?
- Sut mae ffactorau ieithyddol a diwylliannol yn bwysig, e.e. o ran cwrdd ag anghenion unigolion ar wahanol adegau?
- Beth fydd rhai o'r problemau a ddaw yn sgil methu â chynnig gwasanaeth addas yn ieithyddol ac yn ddiwylliannol?

Gwerthoedd

Tybiaeth sylfaenol yr astudiaeth hon yw bod:

- Hybu hunaniaeth gadarnhaol a hunan-werth yn sylfaenol i'r gallu i ymdopi.
- Angen i weithwyr cymdeithasol chwilio'n gyson am atebion i gwestiynau ynglŷn â'r hyn sy'n galluogi defnyddwyr gwasanaeth, sy'n mynd trwy amserau o newid, e.e. trwy wahanu, colled, sioc, i ymdopi mor effeithiol ag y bo modd.
- Gwybodaeth am y ffactorau cymdeithasol neu seicolegol sy'n rhwystro twf a dysgu hefyd yn allweddol.

- Gwaith cymdeithasol yn ymwneud â grwpiau o bobl a all fod yn dioddef stigma o fewn y gymdeithas. Mae dealltwriaeth o'r rhan y mae gormes yn gallu ei chwarae ac ymwybyddiaeth o'n credoau ac o'n hagweddau ein hunain yn sylfaen i ymarfer sy'n grymuso.

- Goblygiadau iaith yng Nghymru wrth wraidd darparu gwasanaethau sy'n hybu cyfleoedd ar gyfer twf a datblygiad dynol.

Themâu mewn twf a datblygiad dynol

Mae ymchwil mewn seicoleg, ac yn fwy diweddar, cymdeithaseg, yn cynnig persbectifau gwahanol ar dwf a datblygiad dynol, ac ar yr hyn a ystyrir yn norm ym meysydd datblygiad moesol, cymdeithasol ac emosiynol, gwybyddol, ieithyddol ac ymudol (motor) ar wahanol gamau bywyd.

Natur neu fagwraeth?

Mae amrywiaeth o ddamcaniaethau wedi tyfu o gwmpas thema twf a datblygiad dynol. Mae'r rhain yn ymgasglu ar y naill law o gwmpas y rhai sy'n pwysleisio pwysigrwydd 'natur' - y ffactorau sy'n penderfynu ymddygiad dynol, wedi eu seilio ar ddamcaniaethau aeddfedu. Ac, ar y llall, o gwmpas y rhai sydd yn y bôn yn ymwneud â 'magwraeth' ac sy'n pwysleisio rôl allweddol rhyngweithio a'r amgylchedd ar unigolion.

Mae'r rhan fwyaf o bersbectifau theoretig yn dod â'r ddau syniad o natur a magwraeth ynghyd gan gydnabod pwysigrwydd yr amgylchedd wrth helpu unigolion i ddatblygu galluoedd cynhenid a chyflawni potensial - yn gorfforol, yn wybyddol ac yn emosiynol. (Bee, 1989, Cole a Cole,1993). Mae'r fframwaith damcaniaethol a ddefnyddir yn y bennod hon, sef theori cylch bywyd Erikson, yn defnyddio safbwynt o'r fath. Bydd yr enghreifftiau achos a ddefnyddir yn adrannau 4 a 5 yn canolbwyntio ar unigolion sy'n wynebu gwahanol argyfyngau ar wahanol adegau o'u bywyd. Byddant yn ceisio dangos nad oes modd gwahanu canlyniadau iach a chadarnhaol i unigolion oddi wrth y ffordd y mae systemau o'u cwmpas yn ymateb a'r ffordd y mae unigolion a systemau yn ymwneud â'i gilydd.

Datblygiad hunaniaeth bersonol a chymdeithasol

Mae'r syniad o 'hunan' ac o hunaniaeth unigol a chymdeithasol yn thema ganolog wrth ystyried twf a datblygiad dynol. Y mae'n enwedig o bwysig yng nghyd-destun gwaith cymdeithasol, a gwaith cymdeithasol yn y cyd-destun Cymreig.

Yn adran 1 trafododd Sian Wyn Siencyn a Llinos Dafis iaith a'r hyn y mae yn ei olygu i aelodau lleiafrif ieithyddol. Yna, cyflwynodd Steve Morris ddelweddau o'r iaith Gymraeg a'r diwylliant sydd wedi dylanwadu ar:

- agweddau'r byd ehangach at yr iaith Gymraeg ac at siaradwyr Cymraeg;
- y modd y mae siaradwyr Cymraeg yn eu gweld eu hunain.

Thema bellach yw arwyddocâd hyn o ran profiad a hunaniaeth yr unigolyn, y grŵp a'r gymuned. Sut mae bod yn aelod o leiafrif ieithyddol yn dylanwadu ar agweddau tuag at yr hunan ac at eraill, ar ymddygiad ac ar ffyrdd o ddelio â sefyllfaoedd?

Caiff llenyddiaeth Gymraeg ei defnyddio trwy gydol y gwaith i ddarlunio datblygiad a phrofiad siaradwyr Cymraeg ar wahanol adegau o fywyd, ac i godi cwestiynau perthnasol.

Ystyriwch y ddau ddyfyniad canlynol o'r nofel 'Chwalfa', a gyhoeddwyd gyntaf yn 1946:

> **"Be' ddysgis i yn y Coleg y flwyddyn y bûm i yno? Y nesa' peth i ddim. 'Ron i fel iâr yn pigo yn 'i hunfan. Cymer lenyddiaeth Gymraeg. Y darlithoedd yn Saesneg a finna', hogyn o Lechfaen, yn ofni ateb cwestiwn rhag ofn imi faglu tros eiria' yn yr iaith fain. A 'faint o dir aethon ni trosto fo?"**
>
> **(Hughes,1979 6ed argraffiad)**

> **"Rhaid i chi fynd i gael gair hefo'r Doctor bora 'fory. 'Dydw' i ddim yn licio'i olwg o o gwbwl. Yr hen wrid afiach 'na ar 'i ruddia' fo a'r ... a'r poena' mae o ynddyn' nhw. Ond ... Rhaid i chi fynd i siarad hefo'r Doctor bora 'fory."**
> ...
> **" O, o'r gora', Martha. Er mai Sais go sâl ydw' i, mae arna' i ofn."**
>
> **(Hughes,1979)**

Mae'r ddwy enghraifft, y gyntaf am fachgen ugain oed yn y brifysgol, a'r ail am rieni plentyn 10 mlwydd oed sydd yn marw yn yr ysbyty yn dal i ddangos sut:

- na ellir gwahanu iaith a hunan ddelwedd;
- mae modd tanseilio hunan ddelwedd gadarnhaol pan fo unigolyn yn dod wyneb yn wyneb â system fel addysg neu'r byd meddygol lle nad yw'r Gymraeg yn cael ei defnyddio;
- gall unigolion amau eu gallu i ymdopi;
- gall y gallu i ymdopi â chyfle neu ag argyfwng gael ei effeithio'n negyddol gan bryderon ieithyddol.

Mae'r llyfr 'Chwalfa' gan T. Rowland Hughes yn rhan o draddodiad hir o lenyddiaeth gan awduron a beirdd Cymru sy'n taflu goleuni ar fywydau, profiadau, credoau a thraddodiadau bob dydd pobl ledled Cymru ar adegau o argyfwng personol, cymdeithasol ac economaidd.

Mae awduron o wragedd fel Kate Roberts, Marion Eames, Jane Edwards, Eigra Lewis Roberts ac Angharad Tomos wedi ysgrifennu'n bwerus am brofiadau bywyd menywod a'u perthynas ag eraill, ac am iaith a diwylliant yn eu nofelau. Mae'r testunau a drafodir yn cynnwys bod yn ddi-blant, priodas, bywyd mewn llys-deulu, mabwysiadu, henaint a cholli cof a charcharu. (Gweler y llyfryddiaeth am fanylion). Trwy gydol y nofelau hyn, ac mewn ffynonellau llenyddol eraill mae meysydd o brofiad bob dydd wedi cael eu trafod, gan gynnwys rhai nad yw'r Cymry wedi siarad amdanyn nhw'n draddodiadol.

Caiff llenyddiaeth ei hystyried mewn adran o 'Our Sister's Land', - Personal Voices: the politics of identity' (Aaron et al,1994). Ac, mae'r bennod 'Writing is a bird in hand' gan Menna Elfyn yn dangos nad tan yn ddiweddar y cafodd themâu sy'n ymwneud â hunaniaeth bersonol gwragedd eu trafod mewn barddoniaeth Gymraeg. Er enghraifft, nid yw'r profiad cyffredin o golli baban cyn ei eni'n ymddangos tan 1977 'This was touching on a human experience which had been kept private; now my writings began to voice particular female experiences': (Elfyn 1994)

> "Disgwyl a cholli
> yw gyrfa gwragedd;
> Disgwyl a cholli
> hunanoldeb;
> pan ymwthia pen arall
> i hawlio'ch cledrau".
> (Elfyn, 1990)

Yn 1992 cyflwynodd y nofel 'Y Ferch Dawel' (Eames,1992) bwnc tabw llosgach a'r teimladau angerddol a ysgogir mewn sefyllfa lle mae dau berson ifanc yn profi gwrthdaro rhwng eu teimladau a moesau crefyddol a chymdeithasol eu diwylliant.

Twf a datblygiad dynol a diwylliant

'Culture consists of human designs for living that are based on the accumulated knowledge of people encoded in their language and embodied in the physical artifacts, beliefs, values, customs, and activities that have been passed down from one generation to the next'. (Cole a Cole,1993)

Cafwyd tuedd mewn ymchwil a llenyddiaeth tuag at gredu bod y diwylliannau Americanaidd ac Ewropeaidd dominyddol yn meddu ar wirioneddau cyffredinol am dwf a datblygiad dynol (Devore a Schlesinger, 1991). Mae hyn wedi dylanwadu'n gryf ar dybiaethau a gwerthoedd ymarfer.

Ond, mae astudiaethau diweddar (Konner 1991, Cole a Cole,1993 Bee, 1994) wedi cydnabod amrywiaeth diwylliannol a'r gwahanol amgylchiadau economaidd a chymdeithasol y mae pobl yn byw ynddynt, ac maent wedi dechrau ystyried goblygiadau hyn ar gyfer astudiaeth wyddonol o dwf a datblygiad dynol ac ar gyfer llunio polisi ymarfer.

> 'From one family and community to the next decisions affecting children's development are influenced by different assumptions about human nature, by different values about the goals of development, and by different factors that influence development. Whether handicapped children are enrolled in the same schools as their agemates or in separate facilites will depend on opinions about the conditions under which healthy personality development occurs'
> (Cole a Cole,1993)

Mae traddodiad hanesyddol hir yng Nghymru o weld y Gymraeg a'r diwylliant Cymreig fel pethau ymylol ar y gorau wrth ystyried twf a datblygiad iach a chadarnhaol yr unigolyn, ac ar y gwaethaf fel dylanwad negyddol. Yn 1847 roedd 'Adroddiad i Gyflwr Addysg yng Nghymru' a elwir yn gyffredin 'Y Llyfrau Gleision', ac y daethpwyd i'w alw'n 'Frad y Llyfrau Gleision', wedi cysylltu'r Gymraeg nid yn unig â 'chyflwr meddwl' gwael y siaradwyr Cymraeg ond hefyd ag ymddygiad masweddus ac anfoesoldeb, a gyda methiant siaradwyr Cymraeg i ddod ymlaen yn y byd. Mae pennod 2 yn olrhain hanes agweddau o'r fath, sy'n parhau mewn dadleuon cyfoes.

Mae papur Delyth Morris a Glyn Williams, 'Iaith ac Ymarfer Gwaith Cymdeithasol: Achos y Gymraeg' yn ystyried sut mae'r Wladwriaeth Les ei hun wedi ei seilio ar 'fodel consensws' gyda pholisïau cymdeithasol a lles Eingl-ganolog sy'n gyson yn methu â bod yn sensitif i ystyriaethau diwylliannol ac ieithyddol. (Morris,D a Williams,G 1994).

YMARFER 1 (50 munud)

NOD: MEDDWL AM IAITH FEL AGWEDD O HUNANIAETH BERSONOL

'I am therefore a Welshman whose first language is Welsh, living in an area where the majority of people speak English only.

What are my convictions concerning Welsh and Welshmen? As a Welsh speaker I believe that Welsh is the most important dimension of my Welsh identity.'

(Ballard a Jones, gol.1974).

1. MEWN PARAU TRAFODWCH EICH ADWAITH CYNTAF I DDATGANIAD GWILYM HUMPHRIES (5 munud)

2. YDYCH CHI'N YSTYRIED EI FOD YN Y BÔN YN:

   a) eithafwr gwleidyddol

   b) rhywun sy'n teimlo'n gryf am y Gymraeg

   c) berson sy'n credu fod yr hyn yw e' wedi ei gysylltu'n annatod â'r iaith y mae'n ei siarad.
   (15 munud)

2. MEWN PÂR NEU GRŴP BACH TRAFODWCH EICH IAITH GYNTAF EICH HUN FEL DIMENSIWN O'CH PERSONOLIAETH.

YM MHA FFYRDD YN EICH BARN CHI MAE IAITH O BOSIB WEDI EICH LLUNIO CHI FEL PERSON?

COFNODWCH Y RHAIN AR SIART FFLIP. (30 munud)

YMARFER 2 - BETH SY'N ALLWEDDOL? (40 munud)

NOD: DECHRAU MEDDWL AM Y FFACTORAU A ALL GYFRANNU AT DDATBLYGIAD IACHUS PERSON.

A) DARLLENWCH Y DYFYNIAD ISOD A RHESTRWCH Y FFACTORAU Y MAE'R AWDUR YN CREDU SY'N BWYSIG YN NATBLYGIAD UNIGOLION. (10 munud)

B) MEWN GRŴP BACH TRAFODWCH SUT YN EICH BARN CHI MAE POB PWYNT AR EICH RHESTR YN CAEL EI DDYLANWADU GAN IAITH (30 munud).

'One of the most critical approaches of the child's early years is the development of the sense of self. One must be aware of one's own body,its appearance, state and size. Secondly, one should be able to refer to one's self appropriately through language and be able to associate descriptions which apply to self and those which do not. Thirdly, one should be aware of one's own personal history; experiences which one has had, skills and abilities one has acquired, one's needs and wishes. Such knowledge of self involves the ability to see one's self as others do, to develop a sense of self awareness by taking account of the attitudes and perspectives of others, in addition to these ingredients, a mature sense of self includes a feeling of self worth - an acceptance and contentment with what one is like.

(Gardner yn Birch a Malim, 1988)

Nodiadau

- Mae'r datganiad uchod (Gardner,1982) yn seliedig ar ffordd seicoddadansoddol a rhyngweithiol/ 'interactive' o synied am ddatblygiad hunaniaeth bersonol yn ystod plentyndod. Y plentyn yw'r man cychwyn.

- Mae'r cyfeiriad at **olwg, siâp a maint ac enwi** ar unwaith yn cyflwyno safbwynt rhyngweithiadol/ 'interactionalist', ac yn hyn iaith yw'r agwedd fwyaf arwyddocaol yn natblygiad hunan ymwybyddiaeth.

Mae dyfyniad gan Thomas yn tanlinellu'r pwynt hwn:

> **'A child's body image which is part of her self concept, is not an accurate match to some observable reality, but is an internal model shaped not only by direct experience, but by what the child overhears from others and by the child's ideas about the current cultural image of an ideal body'**
>
> **(Thomas 1990 dyfynnwyd yn Bee, 1992)**

- Mae'r thema o sut mae agwedd ac ymddygiad eraill tuag aton ni'n effeithio ar ein golwg o'n hunain yn parhau yn y syniad o **'hanes personol, y profiadau a gafwyd a'r sgiliau a'r doniau a ddysgwyd.'**

Nid yw unrhyw unigolyn yn datblygu yn ynysig - mae hi yn rhan o deulu, cymuned, grŵp diwylliannol, cenedlaethol ac ieithyddol. Trwy gydol ei bywyd mae hi'n dysgu sut i berthyn i eraill, a pha le a gymer wrth ochr eraill - gan ddechrau gyda rhieni ond gan ymledu i rwydweithiau ehangach y teulu, ysgol, grŵp cyfoedion a'r gymuned ehangach. Mae'r unigolyn yn dysgu a yw hi fel person, gyda'i sgiliau a'i doniau, yn cael ei gwerthfawrogi gan y grŵp ehangach y mae'n ymwneud ag ef.

Mae penodau 1 a 2 yn darlunio rhai o'r problemau sy'n digwydd i aelodau o grŵp diwylliannol a ieithyddol lleiafrifol pan ddônt i gysylltiad â grwpiau a normau mwyafrifol, e.e. ffyrdd o gael eu derbyn fel aelod o grŵp lleiafrifol; disgwyliadau ynglŷn ag ymddygiad.

Mae cysyniad peuoedd ieithyddol yn bwysig. I blant ac oedolion sy'n aelodau o leiafrif ieithyddol o fewn diwylliant a ddominyddir gan iaith fwyafrifol ni ddylid gwneud unrhyw dybiaethau am y gallu i symud yn hwylus rhwng gwahanol grwpiau a sefyllfaoedd. O ddydd i ddydd gall unigolyn sy'n siarad Cymraeg ei chael ei hun yn methu defnyddio'r Gymraeg mewn amryw o sefyllfaoedd. (Davies, 1994) Gall y broblem waethygu pan fo unigolyn, teulu neu gymuned yn wynebu argyfwng neu newid sy'n golygu ymwneud ag asiantaethau cyhoeddus lle nad yw sensitifrwydd at iaith yn norm, er enghraifft:

- yr angen i symud i sefyllfa wahanol fel gofal dydd, ysbyty neu ofal preswyl;

- yr angen am gyfleusterau arbennig mewn maes fel addysg, neu therapi.

- **y gallu i'n gweld ein gilydd fel y gwêl eraill ni.**

Mae Gwaith Cymdeithasol gyda phlant duon a'u teuluoedd (Ahmed, Cheetham a Small, 1986) wedi ystyried pa mor bwysig yw cydnabod pwysigrwydd iaith plentyn i'w hyder a'i ymddygiad mewn gwahanol sefyllfaoedd. Gall plant sy'n siarad iaith leiafrifol ddechrau ystyried eu hunain yn broblem wrth iddynt fynychu ysgol feithrin, lle nad yw'r staff yn deall eu hiaith.

Roedd pwysigrwydd cydnabod iaith a chreu cysylltiadau ieithyddol rhwng gwahanol rannau o fywyd plentyn yn sylfaenol i 'Gynllun Van Leer' yn ne ddwyrain Cymru - cynllun a weithredwyd gan Fudiad Ysgolion Meithrin rhwng 1986 ac 1989. (England,1994)

> **'Gwahoddwyd rhieni i ddod â'u plant i ganolfannau lle gallent ddysgu Cymraeg gyda'i gilydd dan yr un to'.**

'Every time that a non Welsh speaking parent sings a Welsh song with his or her child, reads a Welsh story, plays a Welsh game, in the cylch itself or ar home, they are together undermining the barriers between school and the world outside which are prevalent in the best of circumstances and almost unavoidable in the area of second language education'

(England, 1994)

- Mae rhan olaf disgrifiad Gardner yn annog ystyriaeth o sut mae'r unigolyn sy'n datblygu yn cael ei effeithio gan werthoedd ac ymddygiad eraill :

'to develop awareness of self by taking into account the values and perspectives of others ...

A mature sense of self includes a feeling of self worth and an acceptance and contentment with what one is like'.

Awgrymodd Devore fod dealltwriaeth o 'realiti ethnig' yn golygu sylweddoli y gall hyn fod yn ffynhonnell o gryfder, e.e. bod yn aelod o grŵp sy'n rhannu hanes a diwylliant cyfoethog, ac ar yr un pryd yn ffynhonnell straen e.e. bod yn aelod o grŵp lleiafrifol gan ymdrechu i gynnal iaith a hunaniaeth a'r hawl i ddefnyddio eich iaith eich hun. (Devore a Schlesinger, 1991).

Mae grymuso mewn gwaith cymdeithasol yn ymwneud ag adnabod cryfderau unigolion a chymunedau ac adeiladu arnyn nhw.

YMARFER 3 (30 munud)

NOD: MEDDWL AM GANLYNIADAU POSIBL ANSENSITIFRWYDD DIWYLLIANNOL NEU IEITHYDDOL AR HUNAN DDELWEDD UNIGOLYN.

A) MEWN GRWPIAU O 4 NEU 5 RHESTRWCH FFYRDD Y MAE POBL BROFFESIYNOL YN RHOI NEGESEUON I UNIGOLION FOD EU HIAITH A/ NEU DDIWYLLIANT YN BROBLEM. (10 munud)

B) TRAFODWCH SEFYLLFAOEDD LLE MAE CYFATHREBU WEDI BOD YN ANODD I CHI/NEU I RYWUN SY'N AGOS ATOCH CHI. (10 munud)

SUT MAE ANHAWSTER WRTH DRAFOD ANGHENION / TEIMLADAU / GWERTHOEDD/ DIWYLLIANT WEDI PERI I CHI DEIMLO AMDANOCH EICH HUN? (10 munud)

YMARFER 4 (10 munud)

YSTYRIED Y MANTEISION O GYNNIG GWASANAETH SY'N SENSITIF YN IEITHYDDOL.

A) MEWN GRŴP BACH TRAFODWCH Y CANLYNOL (10 munud)

Mae erthygl yn Golwg, 'Cyrraedd Teimladau Dwfn, yr Hawl i gael help yn Gymraeg' yn cofnodi adwaith siaradwyr Cymraeg.

Mae gwraig 75 oed yn dweud am y profiad o dderbyn gweithiwr cymdeithasol Cymraeg ei iaith:

> **"Dyw llawer o bobol ddim yn deall eich bod chi'n hapusach yn siarad Cymraeg. Er fy mod i'n siarad y ddwy iaith cofiwch chi, roeddwn i'n falch iawn o weld Euros yn dod - ro'n i'n cael sens mas o Euros - dwi'n llawer mwy cartrefol yn siarad gyda rhywun sy'n Gymro"**
>
> **(Golwg, Gorffennaf 1989)**

CRYNODEB

Mae iaith yn gymhleth. Nid oes modd gwahanu hunaniaeth person oddi wrth ystyriaethau am iaith a diwylliant. Mae iaith yn llawer mwy na chyfrwng cyfathrebu. Mae'n allwedd i ddiwylliant ac yn ffordd i'r unigolyn, beth bynnag bo'i hoed, fedru diffinio ei bywyd, ei byd a'i phrofiad. Mae iaith yn diffinio person fel rhan o grŵp sydd â hanes a diwylliant. Ond ar yr un pryd gall arwain at deimlad o ddieithrio neu ddiffyg cyfle a diffyg grym mewn diwylliant dominyddol sy'n methu â chydnabod ei harwyddocâd a'i gwerth.

Defnyddio Cylch Bywyd:
Persbectif Theoretig

At bwrpasau'r astudiaeth hon penderfynwyd defnyddio dull Erikson o drafod cylch bywyd wrth edrych ar dwf a datblygiad dynol. Defnyddir hyn yn sail ar gyfer holi cwestiynau am rôl iaith trwy gydol bywyd (Erikson, 1963).

Mae'n bwysig edrych ar y dull hwn yn feirniadol, a dylai myfyrwyr/gweithwyr fod yn ymwybodol o ddamcaniaethau eraill am dwf a datblygiad dynol (gweler llyfryddiaeth).

Mae sawl nodwedd sy'n gwneud y fframwaith hwn yn atyniadol fel sail ar gyfer edrych ar dwf a datblygiad dynol ac ar ystyriaethau ieithyddol. Mae'r rhain yn cynnwys:

1. Y mae'n theori seico-gymdeithasol o edrych ar ddatblygiad. Mae'n cydnabod bod pobl yn fodau biolegol, cymdeithasol a seicolegol. Felly mae'n gallu cynnwys ystyriaethau ynglŷn ag iaith, perthynas pobl â'i gilydd, rôl cymdeithas a diwylliant.

   Dywedir am Erikson **'(He) adheres to the view that nature sets the basic sequence of stages while nurture shapes developmental processes within stages. Erikson draws on evidence from many cultures, however, and he emphasises the prior experiences of the society into which children are born, embodied in its current culture, plays a major role in development'.** (Cole a Cole, 1993)

   Damcaniaeth ganolog Erikson yw bod hunaniaeth yn dod o adnabyddiaeth:

   > **'We become an integrated composite of our identification with people; parents, siblings; peers; public personages; historical and fictional figures; causes; movements and ideals'**
   >
   > (Levin, 1992)

   Mae rôl diwylliant yn hynod o arwyddocaol. Mae syniad o'r hunan yn dibynnu ar yr ateb i ddau gwestiwn sylfaenol 'Beth wyf i?' a 'Phwy wyf i?'. Mae hunaniaeth bersonol wedi ei chysylltu â'r olaf. Ym marn Erikson, mae 'pwy ydym ni,' ein hunaniaeth, wedi ei gyfyngu gan ein diwylliant a'r cyfnod y'n ganed ynddo.

2. Y mae'n bersbectif sy'n edrych ar fywyd fel cyfres o 8 cam neu ddilyniant ac o fewn pob cam ceir arwyddocâd ar gyfer y cam/au sy'n dilyn. Gwelir pob cam fel 'argyfwng' neu dasg y mae'n rhaid ei datrys gan yr unigolyn sy'n datblygu cyn y gall symud ymlaen yn foddhaol i'r cam nesaf. Gall argyfyngau ar un adeg ailddigwydd yn ystod camau diweddarach e.e. yn ystod adolesens.

3. Y mae'n bersbectif sy'n cwmpasu oes gyfan. Tra bo datblygiad plentyndod wedi cael ei astudio'n helaeth, mae gwaith ym maes oedolion, ac eithrio o bosib pobl hŷn, yn llawer llai trylwyr. Mae astudio twf a datblygiad dynol ym maes oedolion yn tybio bod newidiadau'n dal i ddigwydd yn ystod bywyd oedolion a bod datblygiad seicolegol yn parhau, er bod datblygiad ffisiolegol wedi ei gwblhau yn gynnar ym mywyd person fel oedolyn. (Clarke a Keeble, 1992, Cole a Cole, 1993; Bee, 1994).

Edrychir ar ddatblygiad a rôl iaith yn ystod pob cam a awgrymwyd gan Erikson. Defnyddir llenyddiaeth Gymraeg i gynnig persbectif ar:

a) Profiad siaradwyr Cymraeg ar bob cyfnod o fewn cylch bywyd.

b) Pwysigrwydd iaith ar adegau gwahanol.

Camau Mewn Twf a Datblygiad Dynol

0 i 18 MIS: YMDDIRIEDAETH SYLFAENOL NEU DDIFFYG YMDDIRIEDAETH SYLFAENOL

Babandod yw'r cyfnod pan fo twf a datblygiad ar ei gyflymaf. Yn namcaniaeth cylch bywyd Erikson mae'r 18 mis cyntaf yn gyfnod allweddol i'r baban o ran **YMDDIRIEDAETH** sylfaenol neu **DDIFFYG YMDDIRIEDAETH SYLFAENOL.**

Mae'r baban yn gwbl ddibynnol ar y fam neu'r prif ofalydd am bob agwedd o ofal. Mae Erikson yn dadlau fod y ffordd y rhoddir gofal yn allweddol fel sylfaen i'r baban benderfynu a all ymddiried yn y byd o'i chwmpas. Mae ansawdd y berthynas rhwng y baban a'r prif ofalwyr yn ganolog. Yn ystod yr oed cynnar hwn bydd y baban yn derbyn ymateb cyson o'r byd o'i chwmpas, a chaiff hyn ei brofi'n dda neu'n ddrwg, yn gyson neu'n anghyson o ran ei hymateb. Bydd y baban hefyd yn profi ei gallu ei hun i wneud i bethau ddigwydd e.e. os bydd arni chwant bwyd ac yn llefain, a fydd ei mam yn ymateb trwy ei bwydo?

> **Ystyriwch:**
>
> 'Mami Benji bach. Mami ddel. Llaw ar wmab Mami. Neis! Mami rhoi bwyd ar llwy. Rhoi llwy yn ceg Benji bach. Edrach ar wmab Mami. Gwên neis. Gwên yn llygad Mami. Braf! Mami'n gafal yn Benji bach. Yn dynn. Saff ym mraich Mami. Dim syrthio. Dim crïo. Edrach ar llygad Mami. Braf! Go-gon! medda Mami. 'Hogyn da, Benji. Byta bwyd i gyd. Dyna hogyn da. Mami'n Mami da. Bei-bei! Mami dwad nôl at Benji. Reit fuan. Bei-bei Mami ...
>
> (Williams, 1984)

● Mae Benji'n profi sicrwydd bod gyda'i fam. Mae hi'n ymateb i'w anghenion, ac mae e'n ymateb yn ei dro. Mae Mami'n dweud wrtho ei fod yn fachgen da - caiff iaith ei defnyddio i atgyfnerthu teimlad Benji o gael ei garu ac o fod yn ddiogel. Mae e felly'n gallu ymddiried ym Mami i fynd i ffwrdd a dod yn ôl.

- Wrth gwrs ceir adegau ym mherthynas Benji a'i fam pan nad oes yr un lefel o gadarnhad - bydd ei fam weithiau'n flinedig, yn ddiamynedd, yn drist. Ond os yw profiad Benji ar y cyfan yn un cadarnhaol bydd yn dechrau datblygu teimlad o sicrwydd ac ymddiriedaeth a fydd yn rhoi sail iach ar gyfer symud i'r camau nesaf.

Darganfu astudiaeth gan y Cenhedloedd Unedig ar ddiffygion protein mewn babanod yn Uganda gan Margaret Gerber mai babanod Uganda, hyd at 2 oed, oedd y rhai mwyaf datblygedig yn y byd. (Dyfynnwyd yn Bradshaw 1992).

Mae'r casgliad yn gysylltiedig â'r ffaith fod y baban yn gyson yn cael ei ddal gan ei fam, neu fam ddirprwyol. Byddent yn mynd i bob man gyda'u mam.

Golyga hyn fod y ffactorau canlynol yn bwysig:

- y baban yn clywed llais cysurlon y fam
- ffordd o gyffwrdd y baban a siarad â hi
- sicrwydd a chysur cyson.

Mae'r gofal a roddir i'r baban yn ystod yr oed yma'n cynnwys llawer mwy na'r gofal a rydd gofalwyr i anghenion corfforol y baban. Y mae'n cynnwys sensitifrwydd tuag at y baban fel person sy'n datblygu.

Gall problemau ddigwydd yn ystod y cam hwn:

a) Mae anawsterau'n codi mewn perthynas â'r baban yn y cyfnod newyddanedig neu yn ystod babandod cynnar, e.e. pan gaiff babanod eu geni ag anableddau, neu pan ddatblygant salwch neu anabledd yn ystod babandod(Russel,1989). Mae'r anawsterau'n codi yn bennaf am fod gan rieni broblemau ychwanegol wrth ffurfio perthynas â'r plentyn nad yw'n datblygu yn ôl disgwyliadau. Gall plentyn a aned yn gynamserol, un sâl neu blentyn anabl ymateb yn wahanol - e.e. mae plant â pharlys ar yr ymennydd yn aml yn dychryn yn hawdd, yn aflonyddu pan geir symud cyflym, yn ymsythu neu'n llefain. Yn aml hefyd bydd ganddyn nhw broblemau cysgu neu fwydo sydd yn ei dro'n peri i'r rhiant deimlo'n annigonol neu'n ddigariad. Bydd ansawdd yr ymateb a gaiff y rhieni'n effeithio ar sut y gallan nhw ymateb yn eu tro. (Gweler astudiaeth achos ar waith gyda phlant ag anableddau ym mhennod 4).

b) Pan fo gan rieni eu hanawsterau eu hunain e.e. iselder wedi'r geni neu pan fônt heb gyfle i baratoi, yn anaeddfed neu heb gefnogaeth wrth godi plentyn.

Yn ôl Erikson canlyniad iach y cam hwn o ddatblygiad yw pan fo'r plentyn yn medru symud ymlaen gyda chydbwysedd o ymddiriedaeth ac o ddiffyg ymddiriedaeth - digon o ymddiriedaeth i greu personoliaeth sy'n hyderus ac sy'n gallu symud allan i ymchwilio gan fanteisio ar gyfleoedd, e.e. yn gymdeithasol, ond sy'n ymwybodol o beryglon posibl ac o rwystredigaethau yn ei hamgylchedd.

Iaith

Dangosodd ymchwil fod y gallu i dderbyn iaith yn dechrau mewn baban mor gynnar â 9/10 mis. Erbyn 12 mis bydd y baban yn gwybod ei henw, yn deall nifer o eiriau mewn cyd-destun arferol ac yn gallu deall gorchmynion syml a gysylltir ag ystum e.e. Dere at Mam.

Erbyn 15 mis bydd gan y baban amrywiaeth eang o seiniau, gall siarad rhwng 2 a 6 gair dealladwy a gall ddeall llawer mwy, a bydd yn gallu lleisio ei dymuniadau a'i hanghenion wrth y bwrdd. Bydd yn gallu pwyntio at bersonau cyfarwydd ac at wrthrychau pan ofynnir iddi. (Sheridan yn 'Protecting Children' 1988)

YMARFER 1 (30 munud)

NOD : MEDDWL AM BA FFACTORAU SY'N GALLUOGI RHIENI NEU OFALWYR I DDATBLYGU PERTHYNAS GADARNHAOL Â'U BABAN YN YSTOD Y 18 MIS CYNTAF.

1. Yn unigol neu mewn grŵp nodwch ffactorau sy'n helpu rhieni / gofalwyr i ymateb yn gadarnhaol i faban ifanc. (10 munud)

2. Yn awr gwnewch restr arall o ffactorau sydd yn eich barn chi'n rhwystro'r berthynas rhwng rhiant/rhieni neu ofalwyr a'r baban neu sy'n achosi problemau. (10 munud)

3. Beth yw rhai o'r goblygiadau ar gyfer gwaith pobl broffesiynol â rhieni? (20 munud)

Nodiadau

● Mae cyfnod babandod yn allweddol ar gyfer creu ymlyniad. Os yw rhieni neu ofalwyr yn mynd i allu ymateb yn gariadus i alwadau baban mae angen iddyn nhw deimlo'n sicr eu hunain. Bydd rhieni'n aml yn ail-adrodd eu profiadau eu hunain o gael eu magu yn eu perthynas â'u plentyn. Mae angen i rieni deimlo'n gyfforddus gyda'u plentyn, i allu derbyn eu plentyn.

● Dylai pobl broffesiynol fod yn ymwybodol o rôl iaith wrth greu agosatrwydd mewn perthynas ag eraill a goblygiadau hyn i'w gwaith. (Wyn Siencyn, 1995) Mae angen iddyn nhw hefyd ddeall rhai o'r anawsterau a all godi a rôl iaith wrth helpu rhieni i adeiladu perthynas gadarnhaol â'u baban.

18 MIS - 3 BLWYDD OED: HUNANREOLAETH NEU GYWILYDD AC AMHEUAETH

Yn namcaniaeth cylch bywyd Erikson, mae'r cyfnod o 18 mis i 3 blwydd oed yn gyfnod allweddol i'r plentyn ifanc o ran hunanreolaeth neu gywilydd ac amheuaeth.

Yn ôl Erikson caiff y cam yma mewn datblygiad o 18 mis ei nodweddu gan ddatblygiad medrau ymudol/ 'motor', fel dal a cherdded, sy'n galluogi'r plentyn i ymarfer mwy o ddewis a rheolaeth. Dyma'r cyfnod pan fo'r plentyn yn mwynhau codi pethau a'u gollwng. Dyma'n aml y cyfnod y dechreuir defnyddio'r pot. Mae'r plentyn yn chwilio am deimlad o annibyniaeth ond mae angen cyfarwyddyd ac anogaeth ofalus arni i'w hamddiffyn rhag perygl neu fethiant. Os yw'r plentyn yn profi methiant cyson neu os caiff ei gwaradwyddo yn ystod y cam hwn gall ymateb trwy deimlo cywilydd neu amheuaeth o'i gallu.

Unwaith eto mae angen cydbwysedd - dyma gyfnod pan fydd plentyn yn dechrau darganfod beth sy'n dderbyniol a beth sy'n annerbyniol o ran ymddygiad; beth sy'n ddiogel a beth sy'n beryglus. Felly mae angen ychydig amheuaeth a chywilydd. Serch hynny, dylai'r pwyslais fod ar alluogi'r plentyn i ddatblygu synnwyr cryf o'i galluoedd gan ddod yn fwy annibynnol.

Iaith

Mae iaith yn datblygu'n gyflym yn ystod y cam hwn o blentyndod. Mae siart Mary Sheridan o gynnydd datblygiad mewn babanod a phlant ifanc yn awgrymu'r canlynol:

18 mis : mae'r baban yn parhau i leisio wrth chwarae, bydd yn defnyddio 6 - 20 o eiriau dealladwy a bydd yn deall mwy. Mae hi'n gallu hawlio pethau drwy bwyntio, gan ddefnyddio geiriau sengl neu 'loud urgent vocalisation'. Yn ôl Sheridan, mae'n dechrau gwybod enwau rhannau o'r corff ac yn mwynhau rhigymau.

Pan fydd yn **2 flwydd oed** bydd yr eirfa wedi tyfu i 50 o eiriau neu ragor, a bydd yr amrywiaeth o eiriau y bydd yn eu deall wedi tyfu hefyd. Bydd yn gyson yn holi enwau pethau, yn ymuno mewn rhigymau a chaneuon.

Erbyn **2° oed** bydd yn defnyddio 200 o eiriau neu ragor a bydd yn gwybod ei henw llawn, yn siarad yn ddealladwy iddi'i hun wrth chwarae am yr hyn sy'n digwydd. Mae'n gofyn cwestiynau "Beth?" a "Ble?"
Mae'n defnyddio'r rhagenwau, fi a ti.
Mae'n gallu dweud rhai rhigymau. Mae'n mwynhau storïau darllen cyfarwydd o lyfr lluniau. (Sheridan, M yn 'Protecting Children' 1988).

Mae llawer o'r rhigymau a'r storïau'n draddodiadol, yn yr ystyr eu bod wedi eu trosglwyddo o'r naill genhedlaeth i'r llall, e.e. rhigymau'r bysedd. Yng Nghymru ceir 'traddodiad llafar' o rigymau, storïau a chaneuon sydd wedi cael eu trosglwyddo o'r naill genhedlaeth i'r llall ond nid o anghenraid wedi eu cyhoeddi.

Datblygiad arwyddocaol iawn yn ystod y cam hwn yw defnyddio iaith i ddynodi arwahanrwydd neu annibyniaeth oddi wrth y fam:

'When the child approaching 2 begins to use the word I, it seems to
mean mainly "I am separate". It helps the gem of autonomy to
crystallize from the dense solution of attachment. But a year later
it is not just a separateness; it is also an identification of the centre
of that separateness. The process of identification is a main job a
child must get done at this period. I am a girl, I am small, I am black,
I am loved (and therefore I am loveable), ... I am handicapped, I am
Kathy's friend ... Obviously some of these self labels can hurt, but
does not prevent the child from wearing them on her sleeve. It is up
to those who care for the child to help her to define how the label
will feel'

(Konner,1991).

Mae'r broses hon o adnabyddiaeth, o sylweddoli bod rhywun yn berson ar wahân yn enwedig o
bwysig. Bydd y plentyn yn derbyn pob math o negeseuon a bydd angen iddi'u dehongli a
gwneud synnwyr ohonynt.

Yn **3 oed** bydd gan y rhan fwyaf o blant eirfa eang a bydd cymhlethdod eu hiaith wedi datblygu.
Mae'r plentyn yn dal i siarad â hi ei hun, fel arfer am yr hyn sy'n digwydd yma ac yn awr, gan
gynnwys gweithgareddau dychmygol. Mae'r plentyn yn gallu cynnal sgwrs syml, yn gallu siarad
am brofiadau'r gorffennol ac yn gofyn cwestiynau sy'n dechrau â "Beth?", "Ble?" a "Pwy?"
Erbyn 3 oed bydd y plentyn yn gofyn am hoff storïau byth a beunydd a bydd yn gwybod nifer o
rigymau.

Un o'r agweddau mwyaf rhyfeddol ar iaith yn ystod plentyndod cynnar yw'r ffordd y mae iaith yn
cael ei defnyddio. Yn fuan ar ôl dwy flwydd oed, mae'n bosibl dweud wrth blentyn sy'n colli ei
thymer i "ddefnyddio geiriau". Yn 2 oed ni fydd hyn bob amser yn digwydd, ond erbyn 3 oed
bydd y defnydd o eiriau wedi dod yn fwy dibynadwy a bydd y plentyn yn gallu defnyddio geiriau i
fynegi teimladau ac emosiynau, e.e. Rwyt ti'n teimlo'n ddig, on'd wyt ti?
(Konner,1991)

YMARFER I - PERYGLON NEU GYFLEOEDD (25 munud)

NOD: YSTYRIED RHAI O'R FFYRDD Y MAE PLANT O 18 MIS I 3
OED YN DYSGU AM EU HAMGYLCHEDD / AMDANYN NHW
EU HUNAIN

A) YN UNIGOL NEU MEWN GRŴP BACH YSTYRIWCH / TRAFODWCH RAI
O BRIF NODWEDDION Y CYFNOD O 18 MIS I 3 OED.

YDYCH CHI'N CREDU BOD DAMCANIAETH ERIKSON YN ADDAS?
(15 MUNUD)

B) YSTYRIWCH Y CANLYNOL O RAN FFYRDD O YMATEB SY'N
DDEFNYDDIOL/ANNEFNYDDIOL: (10 munud)

Gofalydd 1 : "Rwy'n grac ac rwy'n trio darllen ac wyt ti'n torri ar draws bob eiliad. Rwy am i ti chwarae â dy deganau a bod yn ddistaw".

Gofalydd 2: "Rwyt ti'n boen, paid â bod mor hunanol. Un swn arall wrthot ti a chei di glipen". (Bradshaw, 1992)

YMARFER 2 - BATHODYNNAU (15 munud)

'Owen yw f'enw, rwy'n dair, rwy'n fachgen mawr, mae Nain yn fy ngharu, rwy'n mynd i Meithrin, fy ffrind yw Thomas, rwy'n siarad Cymraeg, mae Mami'n siarad Saesneg, mae Simon yn chwerthin am fy mhen i ac yn fy ngalw i'n Welshie, mae Mami'n grac ata i'.

Sut ydyn ni trwy iaith yn helpu Owen i deimlo'n dda am y bathodynnau mae e'n eu gwisgo?

Nodiadau

Mae'r plentyn ifanc o 18 mis i 3 blwydd oed yn:

- darganfod ei bod yn berson ar wahân;
- ymchwilio i'w hamgylchedd;
- gwthio ffiniau ymddygiad.

Mae rôl iaith yn ganolog :

- wrth helpu'r plentyn i ymchwilio i'w chorff ei hun a'i hamgylchedd;
- wrth osod ffiniau clir am yr hyn sy'n iawn neu'n anghywir, yn ddiogel neu'n beryglus;
- wrth helpu'r plentyn i ddelio ag emosiynau cryf sydd weithiau'n ymddangos y tu hwnt i reolaeth.
- wrth ddehongli labeli - e.e. 'merch ydw i' - mewn ffordd adeiladol.

4 - 6 MLWYDD OED: YSGOGIAD NEU EUOGRWYDD

Yn namcaniaeth cylch bywyd Erikson mae'r amser o 4 - 6 oed yn allweddol i blentyn ifanc o ran ysgogiad neu gywilydd ac amheuaeth.

Yn ôl Erikson mae ysgogiad yn fwy nag annibyniaeth. Dyma'r cyfnod sydd fel arfer yn cysylltu ag adeg cylch meithrin/ysgol gynradd pan fo'r plentyn:

- yn dechrau cynllunio drosti'i hun;
- yn penderfynu beth y mae am wneud (yn annibynnol);
- yn rhoi'r cynllun ar waith.

Mae'r plentyn yn ystod yr oed yma'n ceisio rhoi ei medrau gwybyddol newydd ar waith. Mae plant pedair a phump oed fel arfer yn fywiog a gweithgar iawn, mewn ffordd sydd weithiau'n cael ei dehongli fel 'drygionus ac ymosodol' gan rieni.

Yn ystod y cam hwn nid y rhieni'n unig sy'n dylanwadau ar ymddygiad plant. Mae pobl broffesiynol sy'n gweithio mewn canolfannau meithrin ac ysgolion yn gwneud hyn hefyd.

Yn ôl Erikson peryglon y cam hwn o ddatblygiad yw naill ai bod y plentyn yn gorymestyn neu bod y rhieni / gofalwyr yn ei chyfyngu neu'n ei chosbi'n ormodol, a'r ddau'n arwain at deimlad o euogrwydd. Er bod angen ychydig euogrwydd er mwyn datblygu cydwybod a rheolaeth o'r hunan, os yw plentyn yn profi gormod o euogrwydd gall golli ei hwyl naturiol, ei chreadigedd a'i chael hi'n anodd sefydlu perthynas gref ag eraill.

Iaith

Erbyn i blentyn ddod yn 4 blwydd oed bydd ei hiaith wedi cynyddu'n sylweddol iawn o ran cymhlethdod gramadegol. Pan fydd plentyn yn 5 mlwydd oed dylai fod yn rhugl ac yn ramadegol.
Nododd Konner brif nodweddion y cam hwn fel a ganlyn:

'language, family, play, playmates, identity, fantasy and emotion'.
(Konner,1991)

Mae e'n awgrymu fod hunaniaeth, ffantasi ac emosiwn yn fwy arwyddocâol i blentyn rhwng 2 a 6 oed nag ar unrhyw adeg arall.

Mae modd cysylltu hyn ag iaith yn ystod y cam hwn:

Hunaniaeth - mae'r plentyn yn dechrau gosod pethau mewn categorïau; bydd yn dysgu sut mae hi'n ffitio i'r byd. Yn ystod yr adeg yma bydd y plentyn yn cyfarwyddo ei chwarae gan wneud sylwadau ar ei gweithgareddau ac wrth symud ymlaen. Bydd yn gwthio ffiniau i brofi ei galluoedd, ac i brofi pa mor bell y gall wthio'r sefyllfa cyn i rieni neu ofalwyr ymyrryd.

Ffantasi - Bydd y plentyn yn hoff iawn o storïau a bydd yn gallu eu hactio. Mae siart Mary Sheridan o gynnydd datblygiad (Adran Iechyd 'Protecting Children' 1988) yn awgrymu bod plant 4 a 5 mlwydd oed yn hoffi gwrando ar storïau hir a chymhleth, weithiau gan gymysgu'r ffeithiol a'r ffug.

Emosiwn - Mae gan blant 4 a 5 mlwydd oed emosiynau a phryderon cryf iawn ynglŷn â'r hyn sy'n digwydd o'u cwmpas a byddant yn mynegi hyn trwy eu chwarae.

Problemau

Mae plant o'r oed yma'n dueddol o feddu ar feddwl hud - weithiau'n meddwl bod eu dymuniadau neu eu gweithredoedd yn achosi i bethau ddigwydd e.e. gall y plentyn sy'n dweud 'Rwy'n dy gasáu di, Dadi, trueni na faset ti'n farw' gredu mai hi sy'n gyfrifol os yw Dadi'n marw.

Mae deall teimladau o gyfrifoldeb ac o euogrwydd, ac annog plant i'w mynegi, yn ystyriaeth sylfaenol wrth helpu plant i ddelio â newidiadau angenrheidiol ac â gwahanu a cholled (Fahlberg, 1979, Jewett,1982).

YMARFER 1 - Fy nghyfaill cyfrinachol (25 munud)

1. Darllenwch y darn canlynol am gyfaill cyfrinachol Ifan Bifan o'r llyfr plant, 'Ifan Bifan a'i ffrind dirgel' (5 munud):

'Roedd e bob amser yn barod i chwarae os oedd Ifan ar ei ben ei hun.
Dyma'r ddau yn penderfynu chwarae trên a bocsys
Rhoddodd Ifan yr injan ar y blaen...
YNA GWNAETH RYWBETH DRWG IAWN,
Cymerodd bib ei dad
i'w rhoi fel simnai ar yr injan.
Ar ôl chwarae am amser hir
sylwodd Ifan ar rywbeth ofnadwy.
Roedd pib ei dad ar goll!'
(Bergstrom, G 1976)

2. Yn awr, yn unigol, ystyriwch, neu drafodwch mewn grwpiau bach

   a) Beth mae hyn yn ei ddweud wrthoch chi am fyd plentyn 4 oed? (10 munud)

   b) Sut gall gofalwr Ifan (ei dad yn yr achos hwn) ddangos dealltwriaeth o fyd Ifan mewn ffordd a fydd yn ei helpu i ddangos ysgogiad heb iddo gael ei lethu gan euogrwydd pan fo pethau'n mynd o le? (15 munud)

Nodiadau

Gall plant 4 a 5 oed ymddangos yn hunanganolog iawn wrth chwarae ac yn eu defnydd o iaith. Gallant fynnu ymdrechu i wneud pethau eu hunain, gan gyfarwyddo hyn yn aml trwy gyfrwng iaith. Mae ganddyn nhw ddychymyg ac emosiynau cryf sydd weithiau'n drech na nhw. Yn ystod yr oed yma mae perygl y bydd plant yn gorymestyn ac yn derbyn euogrwydd gormodol.

Gellir gweld model cadarnhaol o sut y gall oedolyn helpu plentyn ifanc yn ymddygiad tad Ifan. Mae tad Ifan yn helpu trwy:

- ddeall angen Ifan am ffrind;

- fynd i mewn i fyd dychymyg Ifan trwy gynnwys Rhys e.e. gosod y ford i berson ychwanegol;

- siarad ag Ifan am Rhys;

- sylweddoli fod Ifan wedi colli ei bib, ond rhoi dull iddo ddod o hyd iddi, yn lle ceryddu.

6-11 OED : DIWYDRWYDD NEU ISRALDDOLDEB.

Yn namcaniaeth cylch bywyd Erikson mae adeg plentyndod o 6 i 11 oed yn un allweddol i'r plentyn o ran diwydrwydd neu israddoldeb. Un o'i nodweddion yw bod y plentyn yn meithrin gwybodaeth a medrau pwysig am ei diwylliant ei hun. Y mae'n cydredeg ag addysg yr ysgol iau ac â chyfnod agor byd y plentyn yn gyffredinol. Mae dylanwad addysg ysgol ar ddatblygiad plant yn destun diddordeb mawr i ymchwilwyr. Ac mae maes addysg ddwyieithog plant yng Nghymru wedi cael llawer o sylw. (Baker,1995)

Yn ystod yr adeg yma rhai o anghenion allweddol plentyn yw cael ffrindiau, dysgu cystadlu, a gallu ennill a cholli. Caiff plant yn awr eu dylanwadu gan grŵp llawer ehangach o bobl, a gan athrawon yn enwedig. Mae'r cartref yn dal yn eithriadol o bwysig fel man diogel ac meddai Bee "children of this age continue to use the presence and the support of parents / carers and continue to be influenced by their parents' judgement'. (Bee, 1994)

Yr adeg yma mewn plentyndod yw'r amser pan fo plant yn dechrau datblygu'r hyn a eilw Bee yn 'global sense of self worth' (Bee,1994). Prif elfennau'r hunan barch yma yw:

- y gwahaniaeth rhwng yr hyn a ddymunir a'r hyn y mae'r plentyn yn credu y mae wedi ei gyflawni

- synnwyr cyffredinol y plentyn o gefnogaeth oddi wrth bobl bwysig o'i chwmpas, yn enwedig rhieni a chyfoedion.

(Harter,1988 ac 1990 yn Bee,1994)

Mae'r adeg yma hefyd yn amser pan fo'r diwylliant ehangach yn dod yn bwysig iawn. Dwy elfen o'r diwylliant ehangach sy'n arbennig o bwysig yn y cyfnod hwn yn ôl Bee yw tlodi a theledu (Bee,1994).

Yn ôl Erikson canlyniad ffafriol y cam hwn o ddatblygiad yw bod y plentyn yn dod ohono gyda synnwyr o hyfedredd ac o gyrhaeddiad, gan ddechrau addysg uwchradd yn hyderus yn ei medrau a'i galluoedd.

Mae Erikson yn awgrymu y gallai dod wyneb yn wyneb ag adweithiau anffafriol oddi wrth eraill yn ystod y cyfnod hwn achosi teimladau o annigonolrwydd ac israddoldeb.

Iaith

Mae byd y plentyn yn ehangu yn ystod yr adeg yma, a bydd hyn yn effeithio ar ei defnydd o iaith.

- mae ffrindiau'n bwysig iawn.
- mae plant yn ymwneud â gweithgareddau y tu allan i'r cartref.
- mae plant yn awr yn datblygu medrau iaith newydd - dyma'r adeg pan fo plant mewn addysg ddwyieithog fel arfer yn dechrau darllen Saesneg yn ogystal â Chymraeg.

  Dyma hefyd yr adeg pan fo modd adnabod anawsterau penodol wrth ddysgu e.e. dyslecsia.

Mae Bellin yn archwilio ymhellach i oblygiadau ehangu rhwydweithiau cymdeithasol ar iaith plant oed ysgol yn ei bapur 'Proffesiynau Gofal a Chymry Cymraeg: Persbectif o Safbwynt Iaith a Seicoleg Gymdeithasol' (Bellin, 1994 yn Williams et al 1994).

YMARFER 1 (30 munud)

NOD: MEDDWL AM FYD PLENTYN 6-11 OED, GWEITHGAREDDAU ALLWEDDOL A DYLANWADAU

Lluniwch fap o'r hyn yw byd y rhan fwyaf o blant rhwng 6 ac 11 oed yn eich tyb chi, gan nodi'r cysylltiadau a all ddylanwadu ar y plentyn. Meddyliwch am y cyfuniadau iaith posib mewn gwahanol fannau, e.e. y cartref, yr ysgol, gweithgareddau hamdden, y capel, siopa.

YMARFER 2

Mae Sioned yn 8 oed. Mae ei rhieni'n siarad Saesneg ond mae hi a'i dwy chwaer yn mynychu'r ysgol Gymraeg leol mewn ardal sy'n un Saesneg yn bennaf. Maen nhw i gyd yn mynychu'r Eglwys leol lle defnyddir Saesneg, ond mae nifer o'r plant yno yn mynychu'r ysgol Gymraeg. Yn ystod gwasanaeth Nadolig arbennig i'r plant mae'r curad yn gofyn am wirfoddolwr i ddod i ysgrifennu cerdyn pen-blwydd ar gyfer person arbennig iawn. Mae Sioned yn gwirfoddoli.

Curad :	What shall we write?
Aelod o'r gynulleidfa :	Happy Birthday
Aelod arall :	What about 'Pen-blwydd Hapus'?
Curad :	Someone's trying to bring Welsh into this now. There's only room for one language on the card.

TRAFODWCH :

A) SUT GALLAI HYN EFFEITHIO AR Y FFORDD Y MAE SIONED YN TEIMLO AM EI MEDR I YSGRIFENNU / SIARAD CYMRAEG? (5 munud)

B) BETH MAE HYN YN EI DDANGOS AM DYBIAETH / AGWEDD Y CURAD? (10 munud)

C) PA NEGES ALLAI HYN EI RHOI AM YR IAITH I BLANT ERAILL SY'N SIARAD CYMRAEG? (15 munud)

Nodiadau

● Yn ystod yr adeg yma o ddatblygiad caiff plentyn ei dylanwadu'n gryf gan farn ac agweddau pobl eraill.

● Cafodd medr Sioned i ysgrifennu'r Gymraeg ei drin fel tipyn o niwsans, rhywbeth i beidio â'i gymryd o ddifrif yn y cyd-destun hwn. Tybir bod Sioned yr un mor hapus yn ysgrifennu Saesneg, ond efallai nad yw hi mewn gwirionedd. Gallai hyn arwain at fethiant o flaen plant ac oedolion eraill. Mae'n bosibl y bydd Sioned a'r plant eraill sy'n siarad Cymraeg yn teimlo nad ydynt yn cael eu trin o ddifri, a gallai diffyg sensitifrwydd ieithyddol, mewn rhai amgylchiadau, arwain at deimladau o israddoldeb.

ADOLESENS (12-18 OED): HUNANIAETH NEU DDRYSWCH RÔL

Yn namcaniaeth cylch bywyd Erikson dyma gyfnod blaenaeddfedrwydd/ 'puberty'. Mae Erikson yn cysylltu hyn â datblygiad hunaniaeth rywiol a hunaniaeth alwedigaethol.

Caiff profiad adolesens yn aml ei weld fel y cyfnod pan fo person ifanc yn ei chael ei hun wedi ei dal rhwng byd plentyndod a byd oedolion. **'It is at this time when identity as a child no longer fits and when all the choices, problems and unknowns of being an adult loom directly ahead, that the question "Who am I" may be asked with particular urgency. What may result at this stage is a sense of 'confusion"** (White,1972)

Yn ystod yr adeg yma mae pedwar argyfwng y camau blaenorol, wedi eu symboleiddio gan ymddiriedaeth, ymreolaeth, ysgogiad a diwydrwydd, yn ailymddangos, ond ar ffurf wahanol.

- Mae **ymddiriedaeth** yn ystod yr adeg yma yn golygu chwilio am bobl i gael ffydd ynddyn nhw a phobl a fydd yn eu tro â ffydd yn y person ifanc fel rhywun dibynadwy. Mae ffrindiau yn bwysig iawn.

  Ar lefel hunaniaeth gymdeithasol dyma'r adeg y mae fframwaith ideolegol yn cael ei ffurfio, e.e. mae daliadau gwleidyddol yn bwysig.

- Mae **ymreolaeth** yn ymwneud â dewis eu llwybr eu hunain yn hytrach nag un a ddewisir gan rieni.

  Dyma'r adeg pan fo pobl ifainc naill ai'n dewis dulliau byw a gwerthoedd eu rhieni neu'n dewis gwrthod y gwerthoedd hynny.

- Mae **ysgogiad** yn ymwneud â gosod nodau ar gyfer bywyd fel oedolyn ac felly mae'n cynnwys hunaniaeth addysgol a galwedigaethol.

- Mae **diwydrwydd** yn golygu cymryd cyfrifoldeb am eich gwaith eich hun ac am safon y gwaith hwnnw.

Mae angen i bobl ifainc adeg adolesens felly ddatrys eu hunaniaeth

- ym myd yr unigolyn

     ac

- yn y byd cymdeithasol.

Y mae'n broses sy'n dibynnu ar :

- sut maen nhw'n barnu eraill
- sut mae eraill yn eu barnu nhw
- sut maen nhw'n cloriannu prosesau barnu eraill

  (Ydyn nhw'n deg, yn gyson ayyb.)

- eu gallu i ystyried categorïau (teipolegau) cymdeithasol sydd ar gael yn eu diwylliant eu hunain wrth iddyn nhw ffurfio eu barn am bobl eraill.

(Cole a Cole,1993)

Mae'r nofel gan John Owen 'Pam Fi, Duw, Pam Fi?' yn rhoi enghraifft ardderchog o'r broses hon. Mae hi'n ddydd Sadwrn y 5ed o Hydref, ac mae Rhys, bachgen dwyieithog 16 oed o'r Rhondda'n ysgrifennu:

> **"Ges i 'nghyhuddo o siarad Sisneg gyda Ifs!! Fi ac Ifs??!! O'n i mor mega pissed off, mae'n anhygoel. Gall y Staffioso 'y meio i am bopeth arall, gan gynnwys y Great Train Robbery a'r Ail Ryfel Byd ond ... siarad Sisneg?? Dyw e just DDIM ar yr agenda"**
>
> **"Ma nhw'n paso miloedd o blant bob dydd sy â mwy o barch iddi rheche nag i'r iaith a dyn nhw ddim yn dweud gair, achos nhw'n dawel, ddim yn rhoi hasls ... ond achos 'mod i ac Ifs, yn hollol (wel, sa i'n gwbod os yn ni'n hollol) anghonfensiynol ond achos dyn ni ddim yn digwydd ffitio mewn 'da gweledigaeth rhai o'r staff o shwd dyle disgyblion gweddol alluog fihafio, ma' nhw'n dewish y'n cystwyo ni.'**
>
> **(Owen,1994)**

Mae adolesens a hunaniaeth adolesens yn thema sydd wedi tanio dychymyg nifer o nofelwyr Cymraeg cyfoes. Mae modd trosglwyddo'r fewn-welediad a gynigir i fyd gwaith cymdeithasol. Dyma rai enghreifftiau:

- 'Y Ferch Dawel' gan Marian Eames, sy'n archwilio byd merch 16 oed a gafodd ei mabwysiadu gan deulu cyfreithiwr yng Nghaerdydd. Caiff Heledd ei dal mewn ysfa i wybod mwy am ei hunaniaeth ei hun sy'n ei harwain i ffwrdd o fywyd dosbarth canol trefol y teulu a'i mabwysiadodd at ei mam ym Meirionnydd wledig.

(Eames, 1992)

- Mae 'Gwyn Eu Byd yr Adar Gwylltion' gan Idris John Owen yn stori mab y mans yng ngogledd Cymru sy'n colli ei ddau riant yn ystod ei lencyndod. Mae amau canllawiau moesol traddodiadol a dod o hyd i'w lwybr ei hun yn thema ganolog.

(Owen,1984)

- Mae cyfres Irma Chilton o lyfrau i bobl ifanc yn cynnig golwg ardderchog ar rai o broblemau pobl ifanc yn y Gymru gyfoes - y tro hwn yng ngogledd Cymru. Mae thema hunaniaeth yn gryf, yn enwedig gan ei bod wedi ei gwau i mewn i berthynas pobl a phynciau'n ymwneud â hunaniaeth alwedigaethol, e.e. Y Mochyn Gwydr (1989); Lliw (1988), Cyffro Cloe (1986)

Iaith

Yng Nghymru mae 22% o blant o dan 15 oed yn siarad Cymraeg, ac mae Steve Morris yn awgrymu nad yw siaradwyr Cymraeg ifanc ar y cyfan yn cysylltu'r Gymraeg â statws isel. Serch hynny, mae astudiaethau o batrymau ieithyddol ymhlith rhai yn eu harddegau sy'n siarad Cymraeg yn awgrymu fod y dewis o fynd ymlaen i ddefnyddio Cymraeg neu gael eu hamsugno gan y gymuned ieithyddol Eingl-Americanaidd ehangach yn dibynnu ar lawer o ffactorau. Mae argyfwng adolesens hefyd yn bwynt o argyfwng i'r Gymraeg. (Gruffudd, H. 1995 ymchwil heb ei gyhoeddi).

Mae 4 thema ymddiriedaeth, ymreolaeth, ysgogiad a diwydrwydd hefyd yn gallu cael eu cysylltu ag iaith ac ag ymddygiad ieithyddol pobl ifainc. Mae ymchwil diweddar Heini Gruffudd (Adran Addysg Barhaus Prifysgol Cymru Abertawe) wedi ystyried y defnydd o'r Gymraeg ymhlith pobl ifainc /oedolion ifainc yng Ngorllewin Morgannwg a Dwyrain Dyfed - ardal sydd â phatrymau hynod gymysg o ran yr iaith Gymraeg. Nod yr astudiaeth oedd ystyried materion fel:

- ble maen nhw'n siarad Cymraeg?
- gyda phwy maen nhw'n dewis siarad Cymraeg?
- y sefyllfaoedd y dewisant siarad Cymraeg;
- y pynciau a drafodant yn Gymraeg.

Mae'r ymchwil yn nodi fod y defnydd o Saesneg neu Gymraeg yn dibynnu ar amrywiaeth o ffactorau sy'n cynnwys:

- ffrindiau ac ymroddiad teulu i'r iaith;
- aelodaeth o gyrff;
- gweithgareddau a diddordebau cymdeithasol;
- ardal fyw'r person ifanc;
- hyfedredd yn yr iaith a hyder academaidd;
- 'gender';
- y pwnc a drafodir.

(Gruffudd, H 1995)

Defnyddio iaith

Mae iaith yn bwerus iawn yn ystod adolesens.

- Gellir defnyddio iaith fel ffurf o rwymo; o ddefnyddio iaith côd grŵp sy'n cadw eraill allan.
- Gellir ei defnyddio i beri sioc, e.e. i rieni ac athrawon
- Gellir ei defnyddio i uniaethu'n gryf â diwylliant a gwerthoedd diwylliannol neu, i'r gwrthwyneb, i'w gwrthod.

YMARFER I - GOROESI ADOLESENS (20 munud)

NOD : HOLI CWESTIYNAU AM ADOLESENS.

A) EDRYCHWCH AR Y CARTWNAU SY'N DOD O DAFLEN O'R ENW
'SURVIVING ADOLESCENCE' (Coleg Brenhinol Seiciatryddion)

B) BETH YW'R PRIF NEGESEUON A RODDANT AM ADOLESENS?

YMARFER 2 (I awr a I5 munud)

NODAU:

- DATBLYGU RHAI RHEOLAU SYLFAENOL AR GYFER TRAFOD
  MATERION SY'N BWYSIG I BOBL IFAINC SY'N SIARAD CYMRAEG
  YNG NGHYMRU HEDDIW.

- YSTYRIED SUT I GANIATÁU 'DEWIS' IAITH.

A) MEWN GRŴP BACH O 4/5 TRAFODWCH RAI O'R MATERION SYDD O
BWYS I BOBL IFAINC HEDDIW. (30 munud)

B) PA RAI O'R MATERION HYN Y GALLAI PERSON IFANC EU CAEL YN
ANODD I'W TRAFOD GYDAG OEDOLION? PA ROL FYDDAI GAN IAITH?

PAM GALLAI'R RHAIN FOD YN ANODD? (20 munud)

C) SUT FYDDECH YN AGOR TRAFODAETH GYDA PHERSON/POBL IFAINC?
YDYCH CHI'N GWYBOD AM DDEUNYDDIAU CYMRAEG/DWYIEITHOG
AR GYFER POBL IFAINC? (I0 munud)

CH) DATBLYGWCH GANLLAWIAU AR GYFER CANIATÁU 'DEWIS IAITH' YN
EFFEITHIOL YN ACHOS PERSON IFANC DWYIEITHOG (I5 munud).

Mae angen i weithwyr mewn sefyllfa ddwyieithog ddod yn gyfarwydd iawn â natur ddeinamig iaith yn ystod adolesens, a phatrymau defnydd iaith ymysg pobl ifainc er mwyn cynnig dewis realistig. Gall fod gan y sefyllfaoedd y caiff pobl ifainc eu hunain ynddynt, - pobl y mae ganddynt berthynas â hwy, a'r pynciau a drafodir - ddylanwad cryf ar eu dewis i ddefnyddio Cymraeg neu Saesneg.

Mae'r llenyddiaeth a ddyfynnwyd yn gynt a sylwadau cyd-weithwyr Cymraeg yn ystod yr ymchwil ar gyfer yr astudiaeth hon yn awgrymu fod pwnc rhywioldeb yn un na thrafodir yn aml yn y Gymraeg. Mae ymchwil diweddar yn nodi mai lleiafrif o bobl ifainc Cymraeg sy'n teimlo'n hapusach yn trafod cariad yn Gymraeg nag yn Saesneg, ac mae'r canran hwn yn disgyn wrth drafod pwnc penodol rhywioldeb. (Gruffudd,H 1995)

A yw'r rhigwm canlynol 'Pan Kelts' gan Carmel Gahan yn adlewyrchu deuoliaeth ddofn ymysg siaradwyr Cymraeg wrth ddefnyddio'r Gymraeg i drafod perthynas glos?

'Y'n ni wedi siarad
Kernyweg yn Aber
Llydaweg yn Nhregaron
Gwyddeleg yn Llandysul
Kymraeg ym Melfast
ond Saesneg yn y gwely'

Y 20au A'R 30au :
AGOSATRWYDD NEU ARWAHANRWYDD.

Yn namcaniaeth cylch bywyd Erikson mae'r 20au a'r 30au'n allweddol i'r oedolyn ifanc o ran datblygiad agosatrwydd neu arwahanrwydd.

Yn draddodiadol, mae'r cyfnod yma yn aml wedi cael ei weld fel cyfnod o ymsefydlogi ar ôl cyfnod mwy ansicr adolesens. Cyfnod dechrau gyrfa a chael mwy o annibyniaeth economaidd. Ceir disgwyliad cyfochrog i ddewis partner a dechrau teulu yn ôl theori Erikson. Mae'n cysylltu hunaniaeth a boddhad â'r ddelfryd o ddatblygu perthynas gariadus â phartner o'r rhyw arall. Os yw oedolyn ifanc yn methu â mynd trwy'r cam hwn yn llwyddiannus meddai Erikson, y canlyniad yw ynysedd a pherthynas arwynebol ag eraill.

O fewn theori cylch bywyd mae'n bosib ystyried sut mae oedolion ifanc sydd eu hunain wedi profi gofal gwael neu annigonol gan eu rhieni, yn ei chael hi'n anodd cychwyn ar berthynas sydd wedi ei seilio ar ymroddiad, a rhoi sail gadarn i'w plant eu hunain.

Tra bo 'delfryd' Erikson yn ffitio'r delweddau Cymreig traddodiadol ar gyfer y cyfnod yma, mae angen astudiaeth feirniadol iawn ar y cysylltiad rhwng hunaniaeth gadarnhaol, perthynas heterorywiol, patrymau bywyd teulu ac anghenion galwedigaethol ac economaidd yng nghyd-destun bywyd Cymru gyfoes.

Caiff profiad lesbiaid a phobl hoyw yng Nghymru ei fynegi yn ysgrifau'r grwp CYLCH mewn gweithiau fel 'Y Gusan Gyntaf' (1993) a 'Mewn a Mas' (1992). Yn y cyflwyniad i 'Y Gusan Gyntaf' mae Richard Crowe yn codi'r pwnc o dyfu mewn cymdeithas â delweddau a normau heterorywiol ac effaith bosib hyn ar bobl ifainc ac oedolion sy'n lesbiaid ac yn hoyw.

Mae patrymau o safbwynt hunaniaeth alwedigaethol a rol e.e. ymroi i yrfa, a rolau magu plant, hefyd yn newid, i ddynion ac i fenywod yng Nghymru. Nid yw patrymau cyflogaeth, rol dynion a menywod, y teulu a phatrymau perthynas yn statig.

Mae 'Our Sisters' Land, the Changing Identities of Women within Wales' (Aaron et al, 1994) yn rhoi sylw i'r ffordd mae patrymau bywyd a pherthynas pobl yn y gymdeithas Gymreig wedi newid yn ystod blynyddoedd diweddar. Yn y bennod 'The Changing Family in Wales' mae Sandra Betts yn crynhoi'r tueddiadau presennol ym mhatrymau'r teulu yng Nghymru (o'u cymharu â thueddiadau a nodwyd gan Rosser a Harries yn yr 1960au) :

- gostyngiad ym mhoblogrwydd priodas;

- cwymp yn y nifer o briodasau ifanc;

- tuedd arwyddocaol tuag at batrymau o fagu teulu yn ddiweddarach;

- cynnydd sydyn yng nghyfradd ysgariad.

(Betts, 1994)

Yn ystod yr un cyfnod mae cyd-fyw, torri'r cysylltiad rhwng priodas a magu plant, magu plant fel rhiant sengl, ailbriodi a theuluoedd wedi eu hailgyfansoddi wedi dod yn nodweddion pwysig o ddemograffi'r teulu.

Yr un pryd cafwyd newidiadau yn nisgwyliadau menywod a dynion ac yn rhaniad cyfrifoldebau (Pilcher, 1994). Mae hyn yn gysylltiedig â'r newid ym mhatrymau cyflogaeth yng Nghymru, yn ogystal â dylanwad tueddiadau ehangach fel ffeministiaeth, sy'n codi cwestiynau ynglŷn â phatrymau traddodiadol bywyd yng Nghymru. Mae hyn i gyd yn cael effaith ar fywydau pobl ifainc.

Iaith

Yn ystod y cyfnod yma ceir ystyriaethau penodol o ran iaith, yn enwedig rhai sy'n ymwneud â'r defnydd o iaith mewn perthynas â chwestiynau ynglŷn â throsglwyddo'r iaith i'r genhedlaeth nesaf. Mae astudiaeth o iaith ymysg teuluoedd ifanc ym Môn (Lyons, 1991) yn nodi bod:

● Patrymau defnyddio iaith yn arwyddocaol ac yn newidiol;

● Angen i bobl broffesiynol fod yn ymwybodol o'r hylifedd yma ac o'r tensiynau sydd ynghlwm wrth iaith yn ystod y cyfnod hwn.

Ystyriwch:

'Buasai hi wedi licio rhoi enw Cymraeg ar y mab; Dafydd neu Emlyn. Ond doedd dim cynnig 'da Robert i enwau felly...
'Ond fe fedyddiwyd y plentyn yng Ngharmel'

(Morgan, 1992)

'Addysg y plentyn oedd y frwydr nesaf. Roedd Gwen am iddo fynd i'r ysgol Gymraeg newydd yn y dre a fynychai'i gyfyrdyr - roedd cefndyr a chyfnitherod Gwen wedi brwydro'n galed i sefydlu ysgol Gymraeg yn y dref ac wedi llwyddo yn y diwedd - ond ni ddymunai Robert drafod y mater hyd yn oed. I'r ysgol Saesneg fel pawb arall, yr âi Trevor, ac i'r ysgol Saesneg yr aeth.'

(Morgan, 1992)

Mae'r dyfyniadau uchod o 'Hen Lwybr' Mihangel Morgan yn adlewyrchu'r tyndra sy'n glwm wrth rôl iaith a diwylliant mewn perthynas lle mae'r wraig yn siarad Cymraeg a'r gŵr yn siarad Saesneg.

(Morgan,1992)

Mewn partneriaethau lle mae un partner yn siarad Saesneg a'r llall yn siarad Cymraeg, ymddengys bod cysylltiad agos rhwng y dewis o iaith i'r plant a pha bartner sy'n siarad Cymraeg - fel arfer y tad neu'r partner gwrywaidd yw'r dylanwad dominyddol, cryfaf.

(Lyon, 1994)

Mae Gillian Clarke, a gafodd ei magu yn ystod blynyddoedd y rhyfel yn adlewyrchu'r un pwnc, ond y tro hwn trwy lygaid plentyn:

'Like most children I found the quarrels of adults painful and bewildering, and what was going on up there and out there was all too raw an enactment of the unease of my own parents' marriage, symbolised by their difference over which language they should speak to their children'.

(Clarke,1994)

YMARFER I (30 munud)

1) MEWN GRŴP BACH TRAFODWCH BETH YW ARWYDDOCÂD POSIB 'ENWI PLENTYN'.
    (15 munud)

2) MEDDYLIWCH AM Y MATH O FATERION / CWESTIYNAU A ALL GODI MEWN PARTNERIAETHAU LLE MAE UN PARTNER YN DDWYIEITHOG A'R LLALL YN SIARAD SAESNEG. (15 munud)

Nodiadau

- Gall enwi fod yn arwyddocaol oherwydd cysylltiadau diwylliannol, hanesyddol ac emosiynol. Yng Nghymru gwelir defnydd o enwau Cymraeg fel arwydd o ymrwymiad wrth yr iaith ac fel ffactor sy'n creu hunaniaeth gref neu 'robust identity' (Bellin, 1994).

  Mae partneriaethau lle mae un partner yn perthyn i grŵp diwylliannol neu ieithyddol gwahanol yn codi nifer o bynciau y mae'n rhaid eu trafod a'u datrys er boddhad y ddau bartner. Mae hwn yn bwnc sy'n codi nifer o gwestiynau:

  - pŵer mewn perthynas rhwng pobl;

  - ymlyniad diwylliannol, e.e. crefydd, gwleidyddiaeth;

  - perthynas o fewn teuluoedd, e.e. gyda mamgu a thadcu;

  - perthynas â'r gymuned ehangach.

Mae dyfyniad o 'Pam Fi, Duw, Pam Fi?' yn cynnig darlun o deulu sydd wedi datrys y tensiynau sydd ynghlwm wrth iaith:

> 'Dath Mam-gu 'ma i ga'l te. Rownd y ford te ma' fe'n amazing. Dad a hi'n siarad Sisneg â'i gilydd, a hi'n siarad Cymraeg â ni, ni'n siarad Sisneg â Dad, a Chymraeg â phawb arall. Galle'r teulu 'ma fod yn diodde o sgitsoffrenia ieithyddol - ond dyw e ddim yn creu unrhyw hasls o gwbl'.
>
> (Owen, 1994)

CANOL OED 40 - 64: CYNHYRCHEDD NEU LESGEDD

Yn namcaniaeth cylch bywyd Erikson mae'r blynyddoedd o 40 i 60 yn allweddol i'r person canol oed o ran cynhyrchedd neu lesgedd.

Dyma'r cyfnod pan fo unigolion yn ceisio bod yn gynhyrchiol, ac yn greadigol gan gyfrannu at gymdeithas. Gwelir person sy'n oedolyn aeddfed fel rhywun sy'n gallu ymboeni am eraill a gofalu amdanynt yn yr ystyr ehangaf. Gall hyn olygu rolau o fewn y teulu, o fewn y gymuned neu yn y man gwaith. Yn ôl Erikson, os nad yw oedolion o'r oed yma, am ba reswm bynnag, yn ymwneud â rolau creadigol neu gynhyrchiol, mae posibilrwydd y byddant yn peidio â thyfu fel pobl, yn mynd yn llesg ac yn poeni'n ormodol amdanynt eu hunain.

Yn ystod canol oed gall iaith fod yn agwedd o gynhyrchedd neu o greadigedd. Mae rhan menywod mewn mudiadau fel 'Merched y Wawr',e.e. yn cael ei ddisgrifio gan Shan Ashton fel

> **"far more than pleasant local activities ... they become involved in locally pertinent political activity; albeit (generally) in an implicit or indirect way, on issues such as rural housing, language matters, nursery provision and transport."**

(Ashton,1994)

Yn ei bennod disgrifiodd Steve Morris y modd y mae'r dysgwr Cymraeg yn darganfod Cymreictod. Mae canol oed yn adeg pan fo llawer o bobl yng Nghymru'n penderfynu dysgu Cymraeg fel ail iaith - gall hyn arwain at gymryd mwy o ran yn y teulu, mudiadau lleol, y gymuned a mwy o effeithiolrwydd yn y gwaith yn y cyd-destun Cymreig.

YMARFER I (30 munud)

NOD: YSTYRIED RHAI O THEMÂU CANOL OED A'U CYSYLLTIAD POSIBL Â HUNANIAETH DDIWYLLIANNOL YN Y CYD-DESTUN CYMREIG.

A) MEWN GRŴP BACH NODWCH Y SYNIADAU SYDD GENNYCH CHI AM DDISGWYLIADAU DYNION A MENYWOD YN EU CANOL OED (5 munud)

B) YN AWR RHESTRWCH YR 'ARGYFYNGAU' POSIBL SY'N GALLU DIGWYDD YN YSTOD Y CYFNOD HWN, YN ENWEDIG Y RHAI SY'N GOLYGU NEWID ROLAU A PHERTHYNAS (10 munud)

C) DEWISWCH DDAU NEU DRI A THRAFODWCH RÔL IAITH YM MHOB SEFYLLFA (15 munud).

Nodiadau

Mae blynyddoedd canol oed yn adeg pan fo dynion a menywod yn ymwneud â llawer o weithgareddau a rolau mewn perthynas â'r teulu, y gwaith a'r gymuned. Y mae hefyd yn adeg sydd ag argyfyngau penodol o ran newid rôl, e.e. wrth i blant adael y cartref, cymryd cyfrifoldebau am bobl hŷn, perygl colli gwaith neu ddiswyddiad, salwch neu anabledd, neu golli partner trwy ysgariad neu farwolaeth.

Yng Nghymru cafwyd tuedd tuag at ddysgu ail iaith sydd wedi rhoi sbardun newydd i lawer o bobl yn ystod canol oed. Mae Steve Morris wedi cynnig un enghraifft yn ei bennod. Ac mae'r llyfr 'Discovering Welshness' (Davies a Bowie, 1992) yn gasgliad o ddisgrifiadau gan grŵp o bobl o Gymru, Lloegr a rhannau eraill o'r byd ar yr hyn a olygodd dysgu Cymraeg iddynt. Mae hanes Phyllis Kinney, cerddor o America a ddaeth i fyw i Gymru'n darlunio sut mae dysgu Cymraeg fel ail iaith yn gallu ehangu bywyd unigolyn a chynnig ffocws newydd ar gyfer creadigrwydd:

> "I suppose if I say that the conscious decision to learn Welsh changed my life, some will snort with disbelief and turn to another page. But it is true. The Welsh language has given my life a focus it would not otherwise have had."
>
> (Kinney, 1992)

Mae'r ffilm 'Yn Gymysg Oll i Gyd' (HTV 1995) yn portreadu argyfwng pâr sy'n ceisio delio â sgitsoffrenia. Mewn un olygfa, mae'r wraig yn trafod salwch ei gŵr mewn grŵp cefnogi ac yn sylweddoli na fedr fynegi ing ei phrofiad yn Saesneg. "I'll have to turn to Welsh" meddai.

Y CYFNOD HŶN: 65+ : CYFANRWYDD NEU ANOBAITH

Yn namcaniaeth cylch bywyd Erikson mae'r cyfnod o 65 ymlaen yn allweddol i'r person hŷn yn nhermau cyfanrwydd neu anobaith. Y cyfnod olaf hwn yw'r amser i edrych yn ôl ac adolygu'r hyn a fu gan werthuso'r hyn a gyflawnwyd. Canlyniad positif y cyfnod hwn yw teimlad o les a boddhad gyda'r hyn a gyflawnwyd, derbyn marwolaeth, tra bo canlyniad anffoddhaol yn peri anfodlonrwydd â bywyd cynharach a phryder am farw. Dyma ddywed Erikson.

Derbynnir yn awr yn gyffredinol fod heneiddio a bod yn hen yn cael ei brofi mewn nifer o wahanol ffyrdd a bod angen rhoi llawer mwy o sylw i ddeall y cyfnod hwn yng nghylch bywyd o safbwynt pobl hŷn eu hunain. Mae'r llyfr 'I Don't Feel Old' (Thompson, Itzin, ac Abendstern,1991) yn cofnodi canfyddiadau llawer o bobl hŷn am hanes eu bywyd eu hunain. Mae gwaith yr Age Resource Exchange yn Blackheath wedi chwarae rhan bwysig wrth dynnu sylw at hanes bywyd a phrofiadau pobl hŷn o blith grwpiau ethnig gwahanol, e.e. y Gymuned Affro-Caribi. Caiff defnyddio'r gorffennol ei weld fel sgil i weithwyr cymdeithasol sy'n gweithio â dementia.

Wrth ateb y cwestiwn 'Pam defnyddio'r gorffennol?" mae Faith Gibson yn dweud:

> "Our sense of identity, self esteem and personal confidence is largely rooted in our knowledge of where we have come from and to whom we belong".
>
> (Gibson,1993)

Mae pennod Clare Wenger 'Old women in rural Wales: variations in adaptation' (Wenger,1994) yn cynnig sawl astudiaeth achos ddiddorol o fenywod hŷn, gan gynnwys siaradwyr Cymraeg mewn rhannau gwledig o ogledd Cymru. Mae hi'n canolbwyntio ar '... how life events contribute to variations in informal support, self image and identity in old age'. Mae hi'n methu, serch hynny, ag ystyried rôl iaith wrth greu a chynnal rhwydweithiau cymdeithasol (Morris a Williams, 1994).

Mae ymchwil Delyth Morris (1989) yn awgrymu bod rhwydweithiau cymdeithasol mewn rhannau o Gymru wedi eu strwythuro i raddau helaeth ar sail iaith, carennydd/ 'kinship' a hyd preswylio. O fewn y meysydd hyn adnabuwyd 3 cymuned ieithyddol - y gymuned Gymraeg frodorol, y gymuned fewnfudol ddwyieithog Saesneg / Cymraeg a'r grŵp o fewnfudwyr Saesneg uniaith. Gan y cymunedau Cymraeg roedd y rhwydweithiau cymdeithasol mwyaf helaeth o bell ffordd, a chan y siaradwyr Saesneg uniaith roedd y rhwydweithiau teneuaf. Efallai mai'r ffactor mwyaf arwyddocaol ar gyfer yr astudiaeth hon oedd y diffyg cyswllt rhwng y grwpiau.

Mae enghraifft bellach - o'r de y tro hwn, o nofel gyfoes - yn dangos sut mae pobl yn ddibynnol ar eu mynegiant ieithyddol / diwylliannol eu hunain er mwyn teimlo eu bod yn perthyn. Mae'n dangos sut y gall eu byd grebachu gyda diffyg cyfle i gymdeithasu yn yr iaith y teimlant yn gartrefol ynddi.

> '...... roedd llai a llai o bobl yn siarad Cymraeg, a dim ond criw o hen bobl fel hi'i hun oedd yn dal i fynd i'r hen gapel. Roedd ei chylch wedi crebachu a doedd hi ddim yn teimlo'n gartrefol yn y Saesneg. Câi ei gorfodi fwy-fwy i fyw ym myd ei meddwl'.
>
> (Morgan, 1992)

Iaith

Wrth i bobl symud i gyfnodau olaf eu bywyd ceir ystyriaethau penodol o ran iaith. Mae'r risg o ddatblygu clefyd organig fel strôc sy'n gallu effeithio ar leferydd ac iaith a'r gallu i gyfathrebu, yn mynd yn uwch. Mae'n gyffredin clywed am unigolion sydd wedi cael strôc yn colli eu Saesneg, gan droi'n ôl at eu hiaith gyntaf, y Gymraeg er na fyddent o bosib' wedi siarad yr iaith ers blynyddoedd. Mae'r ffenomen sy'n gysylltiedig â hyn - affasia mewn dwyieithrwydd - yn nodwedd o salwch newrolegol caffaeledig. Mae hon yn ffenomen sy'n effeithio ar unigolion mewn gwahanol ffyrdd, a bydd yn adlewyrchu profiad ieithyddol y person unigol. Y mae'n llawer mwy cymhleth na cholli un iaith ac adfer neu gyffroi un arall. Mae angen i bobl broffesiynol, fel gweithwyr cymdeithasol, fod yn effro i hyn gan ddibynnu ar arbenigedd eu cyd-weithwyr mewn disgyblaethau fel therapi lleferydd, a throi at gyrff arbenigol i gael gwybodaeth a chyngor.

Mae dementia'n effeithio ar gyfran gynyddol o bobl hŷn yng Nghymru, ac mae'n glefyd sy'n golygu bod cyfathrebu'n anodd dros ben. Mae Alan Chapman a Mary Marshall yn eu llyfr, 'Dementia, New Skills for Social Workers' yn awgrymu fod y gwaith gorau gyda phobl wedi drysu yn seiliedig ar 'tak(ing) account of the person they were before and the person they are now' (Chapman a Marshall, 1993). Gall y person â dementia deimlo ei bod yn byw mewn byd lle mae pawb yn siarad iaith wahanol. Ond, o safbwynt y gofalydd mae'n ymddangos mai'r person â dementia sy'n siarad iaith wahanol.

Yn **'Si Hei Lwli'** mae Angharad Tomos yn cynnig disgrifiad byw o fywyd gyda Bigw, hen wraig ddryslyd yn ei 90au. Mae Cymraeg a Saesneg yn gymysg wrth iddi hi gilio'n ôl i fyd ei chof...

> 'Bigw, ewch i gysgu, mae hi wedi un o'r gloch y bore.'
> 'Mary, Mary quite contrary,
> How does your garden grow?'
> ... 'Bigw, 'da ni'n gwneud ein gorau drosoch chi, a dyma sut 'da chi'n talu'n ôl?'
> 'Clywir swn ym mrig y morwydd,
> Deulu Seion, ymgryfhewch'
>
> (Tomos, A 1991)

61

Ond nid yw goblygiadau clefyd organig i iaith a chyfathrebu pobl hŷn ond yn un peth. Mae ystyriaethau ehangach pan yn edrych ar ddefnydd o'r Gymraeg ymhlith pobl hŷn a'r oblygiadau wrth iddyn nhw orfod dibynnu'n gynyddol ar ddiwylliant gwasanaeth yn hytrach nag ar rwydweithiau traddodiadol teulu a ffrindiau.

Er engraifft:

- iaith fel cyfrwng i gyfleu diwylliant i genedlaethau'r dyfodol;

- iaith fel cyfrwng i greu a chynnal rhwydweithiau o ddiddordeb a chefnogaeth;

- iaith fel cyfrwng i rannu ystyron a phrofiadau;

- iaith fel cyfrwng i hybu cyfanrwydd a chyswllt â gorffennol yr unigolyn.

YMARFER I (30 munud)

EDRYCH YN ÔL : COFIO

NOD : YSTYRIED SUT MAE HANES BYWYD WEDI EI GYSYLLTU AG IAITH A DIWYLLIANT

Mae'r canlynol yn rhestr o benawdau penodau o 'O Law i Law', nofel a ysgrifennodd T. Rowland Hughes yn 1943 :

 Y Mangyl
 Yr Harmoniym
 Y Gadair
 Bwrdd y Gegin
 Llestri Te
 Y Lliain
 Arfau

Trwy'r gwrthrychau hyn mae hen lanc 40 oed, sydd newydd golli ei fam, ac sydd ar fin gadael ei gartref, yn dwyn atgofion am berthnasau, ffrindiau, a chymeriadau yn hen gymuned y chwareli yng ngogledd Cymru.

A) MEDDYLIWCH AM EICH TADCU/MAMGU / RHIENI A GWNEWCH RESTR O WRTHRYCHAU ARWYDDOCAOL TEBYG. (10 munud)

B) PA BERTHYNAS SYDD GAN Y RHAIN Â'CH ATGOFION CYNHARAF? (10 munud)

C) RHANNWCH UN NEU RAGOR O'R GWRTHRYCHAU HYN A'U HARWYDDOCÂD Â PHERSON ARALL. (10 munud)

Nodiadau

Mae angen i waith gyda phobl hŷn gydnabod a gwerthfawrogi eu hanes a sut mae eu sefyllfaoedd, eu credoau a'u hagweddau presennol wedi cael eu ffurfio gan brofiadau unigol a chymunedol.

Mae iaith a diwylliant yn allwedd i ddeall ac i rannu ystyron ac i helpu pobl hŷn i gynnal teimlad cryf o hunaniaeth a pharch. Mae iaith hefyd yn ganolog i gynnal perthynas ac i drosglwyddo diwylliant i genedlaethau'r dyfodol.

CRYNODEB

Nod y bennod hon oedd darparu sail ar gyfer meddwl am gamau bywyd ac am arwyddocâd posibl iaith a diwylliant yn y cyd-destun Cymreig.

Bydd penodau 4 a 5 yn ailgyflwyno'r themâu hyn mewn perthynas â gweithio â phlant ac oedolion.

Llyfryddiaeth

Aaron, J., Rees, T., Betts, S. & Vincentelli, M. (gol) (1994)
Our Sisters' Land, The Changing Identities of Women in Wales. Gwasg Prifysgol Cymru, Caerdydd.

Adroddiadau i Gyflwr Addysg yng Nghymru (1847).

Ahmed, S., Cheetham, J. & Small, J. (1986)
Social Work with Black Children and their families: Batsford.

Ashton, S. (1994)
'The farmer needs a wife: farm women in Wales.'

Aaron, J et al.(ed),
Our Sisters' Land ,134.

Baker, C. (1995)
Parents' and teachers' guide to Bilingualism Multi-lingual Matters, Clevedon.

Bano, A., Crosskill, D., Patel, R., Rashman, L. & Shah, R. (1993)
Improving Practice with People with Learning Disabilities.CCETSW Northern Curriculum Development Project, Leeds.

Bee, H. (1989)
The Developing Child. Harper and Row, New York Fifth Edition, 3-37, 130.

Bee, H. (1994)
Lifespan Development. Harper Collins College Publications, 231, 242.

Bellin, W. (1994)
'Proffesiynau Gofal a Chymry Cymraeg: Persbectif o Safbwynt Iaith a Seicoleg Cymdeithasol' Williams Rh H., Davies E. & Williams H. (gol) Gwaith Cymdeithasol a'r Iaith Gymraeg. 75-121.

Bergstrom, G. (1976)
Ifan Bifan a'i ffrind dirgel. Gwasg y Dref Wen, Caerdydd.

Betts, S (1994)
'The Changing Family in Wales' Aaron et al (gol). Our Sisters' Land. 18 - 25.

Birch, A. & Malim, T. (1988).
Developmental Psychology from infancy to adulthood. Intertext Ltd.

Bradshaw, J.(1993)
Creating Love: The Next great stage of growth. Judy Piatkus Publications, London. 212.

CCETSW (1995)
Assuring Quality in the Diploma in Social Work - Rules and Requirements for the Diploma in Social Work' (1995).

CCETSW (1995)
Canllawiau Gweithredu Polisi Yr Iaith Gymraeg. CCETSW, Caerdydd.

Chapman, A. & Marshall, M. (gol) (1993)
Dementia: New Skills for Social Workers, Jessica Kingsley Publishers 10.

Chilton, I. (1986)
Cyffro Cloe, Gwasg Gomer, Llandysul.

Chilton, I. (1988)
LLiw, Gwasg Gomer, Llandysul.

Chilton, I. (1989)
Y Mochyn Gwydr, Gwasg Gomer, Llandysul.

Clark, E. and Keeble, S. (1992)
Developmental Psychology. Distance Learning Centre, South Bank University, London, 11.

Clarke, G. (1994)	dyfynnwyd yn Elfyn,M 'Writing is a Bird in Hand' (1994) yn Aaron,J et al (gol) tud 290
Cole, M. & S. R. (1993)	The Development of Children: Scientific American books, 18, 3, 20,635.
Crowe, R. (1992)	Mewn a Mas. CYLCH, Aberystwyth.
Crowe, R. (1993)	Y Gusan Gyntaf. CYLCH, Aberystwyth.
Davies, E. (1993)	They All Speak English Anyway, CCETSW Cymru, Caerdydd.
Devore, W. & Schlesinger, G. (1991)	Ethnic Sensitive Social Work practice. (1991 3edd argraffiad) McMillan, New York.
Eames, M. (1992),	Y Ferch Dawel, Gwasg Gomer, Llandysul.
Elvyn, M. (1994)	'Writing is a Bird in Hand', Aaron,J et al (gol), 283.
Elfyn, M. (1990)	'Disgwyl' Aderyn bach mewn llaw. Gwasg Gomer, 26.
England, A. (March 1994)	'Yn ôl At Y Sylfeini' Barn rhif 374, 48 a 49.
Erikson, E. H. (1963)	Childhood and Society, Revised Edition 1st Edited New York, W.W North.
Fahlberg, V. (1989)	Helping Children when they must move.BAAF,London.
Gahan, C.	'Y Pan Kelts' Lodes Fach Neis (Cyfres y Beirdd Answyddogol): Y Lolfa page 20.
Gardner, H. (1982)	Dyfynnwyd yn Birch,A & Malim,T (gol) (1988) Developmental Psychology from infancy to adulthood, Intertext Ltd, 88.
Gerber, M.	dyfynnwyd yn Bradshaw,J (1992), 205.
Gibson, F. (1993)	'The Use of the Past', Chapman,A & Marshall,M. (gol) Dementia New Skills for Social Workers, 40.
Grantham, E. & Russel, P. (1985)	'Parents as partners' Griffiths,M. & Russel,P. (gol) (1985) Working together with handicapped children, Souvenir Press.
Gruffudd, H. (1995)	Y Gymraeg a phobl ifanc, Cynllun Ymchwil. Adran Addysg Barhaus Oedolion Prifysgol Cymru Abertawe, Ymchwil heb ei gyhoeddi.
Harter, S. 1988 & 1990	dyfynnwyd yn Bee,H 1994, 237.
Hughes, T. Rowland (1978 6th argraffiad)	Chwalfa. Gwasg Gomer, Llandysul 169, 165
Hughes, T. Rowland (1943)	O Law i Law, Gwasg Gomer, Llandysul.
Humphries, G. (1974)	'What are We?' yn Ballard,P & Jones,E (gol), The Valleys Call. Ron Jones Publications, Rhondda, 1975, 72 - 80.
Jewett, C. (1982)	Helping Children Cope with Separation and Loss. Batsford,London.
Jones, N. (1993)	Living in Rural Wales. Gwasg Gomer, Llandysul.

Konner, M. (1991) — Childhood. Educational Broadcasting Company, America 156, 154, 138.

Kinney, P. (1992) — 'A Hidden Culture' yn Davies,O & Bowie,F (gol) Discovering Welshness: Gwasg Gomer, Llandysul, 3.

Levin, J. (1992) — Theories of the Self. Hemisphere, Washington, 185.

Levinson, D. J., Darrow, C. N., Klein, E. B., Levinson, M. H. & McKee, B. (1978) — The Season's of a Man's Life, New York, Knopf.

Lyons, J. (1991) — 'Patterns of parental language use in Wales', Journal of Multicultural and Multi-lingual development. 12,(3), 165-81.

Morgan, M. (1992) — Hen lwybr a storiau eraill. Gwasg Gomer, Llandysul, 36, 32.

Morris, D. & Williams, G. — 'Language and Social work Practice: the Welsh case' yn Williams, Rh H, Williams,H & Davies, E (gol) 1994, 124 - 152.

Owen, J. I. (1984) — Gwyn Eu Byd yr Adar Gwylltion. Gwasg Gomer,Llandysul.

Owen, J. (1994) — Pam Fi, Duw, Pam Fi? Y Lolfa Cyf., Talybont, 27 and 73.

Pilcher, J. (1994) — 'Who should do the housework? Three generations of Welsh women talking about men and housework' Aaron,J et a (gol) Our Sisters' Land, 31-47

Royal College of Psychiatrists : Surviving Adolescence.

Rushton, A. & Berelowitz, M. (1991) — 'The Teaching of Child Development to Dip SW students in The Teaching of Child Care in the Diploma in Social Work, CCETSW.

Russel, P. (1989) — 'Handicapped Children' in Kahan,B (gol) Child Care Research, Policy and Practice.

Sheridan, M (1960) — 'Chart Illustrating the Developmental Progress of Infants and Young Children' in Protecting Children. Department of Health 1988, 88 - 93.

The Reports of the Commissioners of Enquiry into the State of Education in Wales, 1847.

Thomas (1990) — Dyfynnwyd yn Bee, H. (1992) The Developing Child. Harper Collins College Publishers pages 130 and 131.

Taabww (1993) — Cyngor Ieuenctid Cymru, Caerffili.

Thompson, P., Itzin, C. & Abendstern, M. (gol) (1991) — I Don't Feel Old. Oxford University Press.

Tomos, A. (1991) — Si Hei Lwli. Y Lolfa Cyf. Talybont, 94 - 95.

Wenger, G. C. (1994) — 'Old Women in Rural Wales: variations and adaptation' yn Aaron,J et al (gol).

White, R. (1972) — The Enterprise of Living : Growth and Organisation of Personality' Holt, Rinehart& Winston, Inc, New York, 412.

Williams, Rh. H., Williams, H. & Davies, E. (gol)(1994) — Gwaith Cymdeithasol a'r Iaith Gymraeg,

Williams, H. (1983)   Mam a Fi. Gwasg Gomer, Llandysul, 1.

Williams, H. (1994)   'Gwaith Cymdeithasol a'r Iaith Gymraeg,' Rh.H Williams., Williams,H. & Davies,E. (gol) 'Gwaith Cymdeithasol a'r Iaith Gymraeg' 173 - 196 Cardiff: Gwasg Prifysgol Cymru.

Wyn Siencyn, S. (1995)   Sain Deall, CCETSW Cymru.

GWEITHIO GYDA PHLANT A THEULUOEDD

Nod: Ystyried y Gymraeg a'r diwylliant Cymraeg a'u goblygiadau ar gyfer gwaith cymdeithasol sy'n grymuso plant a theuluoedd.

Mae'r bennod hon ar weithio gyda phlant a theuluoedd mewn cyd-destun Cymreig wedi ei seilio ar astudiaethau achos a gyfrannwyd gan gydweithwyr.

Nod yr astudiaethau achos a'r ymarferion cysylltiedig yw cynnig cyfle i holi cwestiynau am rai o hanfodion ymarfer da gyda phlant lle mae dwyieithrwydd Cymraeg / Saesneg yn ffactor.

Wrth weithio gyda phlant a theuluoedd lle mae dwyieithrwydd yn ffactor, dylai gweithwyr cymdeithasol fod yn ymwybodol o'r amrywiaeth cyfoethog o brofiad a geir yng Nghymru o safbwynt patrymau iaith o fewn teuluoedd ac o fewn cymunedau. Nodir y pwyntiau canlynol:

- Mae siaradwyr Cymraeg yn amrywio'n helaeth o ran cefndir, gallu a defnydd o'r iaith;

- mae angen i weithwyr gydnabod a deall patrymau iaith mewn teuluoedd dwyieithog;

- mae patrymau defnyddio'r Gymraeg mewn teuluoedd dwyieithog yn gymysg a chymhleth.

(Davies, 1994)

Tanlinellir yr uchod gan ymchwil Jean Lyons i batrymau iaith ymysg teuluoedd ym Môn (Lyon ac Ellis, 1991) ac mewn gwaith heb ei gyhoeddi gan Heini Gruffudd lle mae'n edrych ar ddefnydd o'r iaith gan bobl ifainc yng Ngorllewin Morgannwg a Dwyrain Dyfed.
(Gruffudd,1995).

Mae'r astudiaethau achos yn ymwneud â 3 o'r meysydd gwaith a awgrymwyd yn 'The Teaching of Child Care in the Diploma in Social Work', (CCETSW 1991).

1. Mabwysiadu.

2. Gweithio gyda phlant ag anghenion arbennig, a gyda'u teuluoedd.

3. Amddiffyn plant.

Deddfwriaeth a pholisi

Prif egwyddor Deddf Plant 1989 yw lles y plentyn yn ei amgylchiadau unigol. Ceir nifer o adrannau sy'n tanlinellu pwysigrwydd iaith a diwylliant wrth ddarparu gwasanaethau i blant. Dyma nhw:

Adran 1 pan fo raid i lysoedd benderfynu ar unrhyw fater yn ymwneud â magu plentyn ac â'i buddiannau, mae'n rhaid iddynt ystyried 'cefndir' y plentyn. Noda Gwilym Prys Davies fod yr ymadrodd 'cefndir' plentyn yn eang ac yn cynnwys y cefndir diwylliannol a ieithyddol. (Prys Davies, 1993)

Adran 22 (5)(c) yn gosod dyletswydd ar awdurdod lleol sy'n gofalu am blentyn am fwy na 24 awr o'i chartref ei hun i roi ystyriaeth ddyladwy i 'grefydd, hil, diwylliant ac iaith' y plentyn.

Adran 64(3) yn gosod yr un dyletswydd ar berson sy'n gyfrifol am gartref plant cofrestredig.

Adran 74 un o'r meini prawf ar gyfer asesu addasrwydd gofal dydd yw ei fod yn ddigonol o safbwynt anghenion 'hiliol, diwylliannol, crefyddol a ieithyddol y plentyn'.

Hawliau Plant, Y Cenhedloedd Unedig

Erthygl 30 ; 'Cytundeb y Cenhedloedd Unedig ar Hawliau'r Plentyn 1989' : mae'n gwneud y ddarpariaeth ganlynol:

> 'In those states in which ethnic, religious or linguistic minorities or persons of indigenous origin exist, a child belonging to such a minority or who is indigenous, shall not be denied the right, in community with other members of his or her group, to enjoy his or her own culture, to profess and practice his or her own religion, or to use his or her own language.'

Cynllunio ar gyfer dyfodol sicr: Mabwysiadu

Cyflwyniad.

'Pan yn gwneud cais i asesu eu sgiliau fel rhieni mae pobl yn fregus. Rhaid sicrhau eu bod yn cael eu niweidio cyn lleied â phosib'

(CCETSW 1991)

Golyga'r angen i roi sylw i gefndir y plentyn o safbwynt 'crefyddol, hiliol, diwylliannol ac ieithyddol' (para 2 Deddf Plant 1989) fod angen i weithwyr gynllunio ar gyfer darparu adnoddau sy'n sensitif o ran iaith.

O fewn cyd-destun mabwysiadu a maethu mae angen i fyfyrwyr feddu ar 'sgiliau o ran asesu'r gallu i fod yn rhiant, systemau cynnal, gweithio gyda galar a cholled, a hybu ymlyniad' (CCETSW 1991)

Bydd y cais mabwysiadu canlynol yn pwysleisio themâu arbennig sy'n berthnasol i'r cyd-destun Cymraeg - yn ieithyddol ac yn ddiwylliannol.

Deunydd achos: Mr a Mrs Thomas (oed: 30au canol)

Roedd Mrs Thomas yn ei chael hi'n anodd beichiogi, oherwydd rhesymau meddygol cymhleth. Ar ôl tua thair blynedd o driniaeth aflwyddiannus, awgrymodd y Meddyg y dylai hi a'i phartner ystyried mabwysiadu.

Bu'r cais i gael eu derbyn ar gyfer mabwysiadu gan yr Adran Gwasanaethau Cymdeithasol yn llwyddiannus. Arhoson nhw am gyfnod sylweddol cyn cael lleoliad.

Ychydig cyn y Nadolig - bron dwy flynedd ar ôl cael eu derbyn - cawson nhw alwad ffôn oddi wrth y gweithiwr cymdeithasol i ddweud bod baban ar gael iddyn nhw. Roedd y gweithiwr cymdeithasol wrth ei fodd wrth wneud yr alwad ffôn - tybiwyd y byddai'r Nadolig yn adeg ardderchog iddyn nhw gael baban. Gwnaed trefniadau i weithiwr cymdeithasol y baban alw gyda'r wybodaeth gefndir a gwnaed trefniadau i Mr a Mrs Thomas ymweld â'r baban yn y cartref maeth.

Ar fore'r ymweliad â'r cartref maeth, ffoniodd Mr Thomas i ddweud nad oedden nhw mewn safle i allu derbyn y baban.

Ar ôl y Nadolig, ymwelodd y gweithiwr cymdeithasol â Mr a Mrs Thomas i drafod y mater. Yr unig reswm a roeson nhw dros eu penderfyniad oedd bod yr adeg yna o'r flwyddyn yn anghyfleus oherwydd y gwaith ychwanegol ar y fferm. Byddai'n amhosib iddyn nhw fynd trwy'r broses o gyflwyno a lleoli. Ymhlith pethau eraill holodd y gweithiwr cymdeithasol am ryw'r babi - gan eu bod yn ffermwyr a fyddai'n well ganddyn nhw gael mab fel y gallai etifeddu'r fferm? Dywedon nhw nad oedd hyn yn ffactor.

Tua dwy flynedd yn ddiweddarach trosglwyddwyd achos Mr a Mrs Thomas i weithiwr cymdeithasol newydd a oedd yn siarad Cymraeg. Llwyddodd y gweithiwr cymdeithasol i sefydlu perthynas rhyngddo â Mr a Mrs Thomas yn fuan, ac ni bu'n hir cyn iddyn nhw drafod eu teimladau'n agored, a'r rhesymau dros wrthod y cynnig o gael baban i'w fabwysiadu. Roedd hi'n amlwg nad oedd y pâr - yn enwedig Mrs Thomas - erioed wedi gallu debyn eu hanffrwythlondeb, ac roedd hyn yn achosi anawsterau gwirioneddol wrth iddyn nhw feddwl am gynnig cartref i blentyn rhywun arall.

Ar ôl trafodaeth faith a manwl cytunodd Mr a Mrs Thomas i dynnu eu henwau oddi ar y rhestr aros.

Ymarfer 1 - Cymru Wledig (25 munud)

Darllenwch yr astudiaeth achos a naill ai'n unigol neu mewn grŵp ystyriwch / trafodwch y canlynol:

a) Pa ystrydebluniau/ 'stereotypes' diwylliannol sy'n amlwg yn yr astudiaeth achos hon? (10 munud)

b) Beth yw eich delwedd o deulu amaethyddol yng nghanol cefn gwlad Cymru? Sut gallai'r darlun yma ddylanwadu ar yr agwedd gyntaf tuag at y pâr hwn fel darpar fabwysiadwyr? (15 munud)

Nodiadau

Mae'r syniad o etifeddu fferm gan y gwryw yn ystrydeblun o deulu ffermio Cymreig.

Roedd y gweithiwr cyntaf wedi tybio y byddai'n well gan Mr a Mrs Thomas gael bachgen fel y gallai etifeddu'r fferm. Mae'r syniad gwaelodol o etifeddu a chynnal enw'r teulu trwy'r llinach wrywaidd yn gryf. Mae'r ystrydeblun hwn yn sicr yn tarddu o'r byd amaethyddol Cymreig hanner canrif yn ôl a chyn hynny. Mae'r astudiaeth gymdeithasol o Lanfihangel yng Ngwynfa gan Alwyn Rees, a gyhoeddwyd gyntaf yn 1950, yn adlewyrchu hyn fel un o ffeithiau bywyd cefn gwlad Cymru, lle mae rhaniadau rol clir ar sail 'gender' a lle mae ' etifeddiaeth y gwryw' / 'patrilinear succession' a 'pherchnogaeth gan ddynion'/ 'male ownership' yn realiti cyffredin. Yn y bennod ar y Teulu daw'r awdur i'r casgliad:

'Although the old tribal society has long since passed away, something of its spirit lives on in the cohesion and paternalism of the present day family. This survival has been ensured by the hereditary nature of the farmer's craft. In the farming family there is no relevant matter in which the son is more expert than his father. The latter is not only his son's guardian, but also his teacher, employer and critic, and it is from his father that the son will eventually obtain the capital with which to exercise his craft independently.'

(Rees,1961)

Mae bywyd yng nghefn gwlad Cymru'n newid fel y mae llyfrau fel 'Living in Rural Wales' gan Noragh Jones (Jones, 1993) ac 'Our Sister' Land' (Aaron et al, 1994) yn ei ddangos. Mae teuluoedd a chymunedau amaethyddol yn newid, ac mae angen i weithwyr cymdeithasol fod yn ymwybodol o oblygiadau amrywiaeth diwylliannol.

'The problems arise these days when the old idea of community clashes with the new ways of doing things - not relying much on family and neighbours but paying wages to outsiders to work for you. Outsiders can be anybody from a dozen miles away, or English speaking incomers, or of course Dewi's hippies' (Jones, 1993)

(D.S. Mae'r ymarfer ym mhennod 2 'Croeso i Gymru' yn darlunio peryglon ystrydebluniau - mae'r realiti Cymreig cyfoes yn amrywiol a chymhleth).

Yn olaf, gall ymateb y gweithiwr yn y sefyllfa hon awgrymu na thrafodwyd 'gender' a disgwyliadau yn drylwyr gyda'r pâr yn ystod y cyfnod asesu.

Ymarfer 2 :
A wnawn ni ofyn am weithiwr Cymraeg -Ie neu Na? (15munud)

Mae hi'n bosibl nad oedd y pâr hwn wedi gofyn am weithiwr Cymraeg. Rhestrwch y rhesymau pam nad oedd hyn, o bosib, wedi digwydd.

Nodiadau

Ceir nifer o bosibiliadau gan gynnwys:

- Delwedd yr asiantaeth - diwylliant Saesneg yn bennaf;

- Ddim am fod yn niwsans;

- Ddim an gael eu labelu'n 'genedlaetholwyr';

- Er mwyn i'r gweithiwr beidio â meddwl eu bod yn anniolchgar neu'n anfoesgar a'u bod yn ei wrthod;

- Gallai'r cais fod wedi cael ei ohirio pe baent wedi mynnu cael gweithiwr Cymraeg;

- Am nad oedd gan yr asiantaeth drefn ffurfiol ar gyfer cynnig dewis iaith.

Ymarfer 3 (20 munud)

Beth allai fod wedi cael ei golli o'r asesiad gwreiddiol yn sgil cynnal y cyfweliadau trwy gyfrwng y Saesneg? (10 munud)

Beth yn eich barn chi yw elfennau hanfodol asesiad da mewn sefyllfa fel hon? (10 munud)

Nodiadau

Tasg y gweithiwr yw asesu parodrwydd pâr i gynnig cartref parhaol i blentyn nad yw'n blentyn iddyn nhw. Mae hyn yn awgrymu:

- fod gan y pâr adnoddau personol i dderbyn plentyn ac i ddod yn rhieni.

- eu bod yn gallu cydnabod bod gan rieni geni'r plentyn rhan bwysig o rannu gofal amdani.

- eu bod yn 'medru ymdrin â galar, gofod a hunandelwedd ym mhrofiad y plentyn'.

(CCETSW 1991)

Golyga'r ddau bwynt olaf fod angen i rieni sy'n mabwysiadu allu adnabod a chydnabod y materion sy'n effeithio ar hunan-les a hunaniaeth y plentyn, yn ogystal â gallu bod mewn empathi â nhw a gweithio â nhw. Mae hyn yn cynnwys y gallu i adnabod y golled y gallai plentyn ei theimlo wrth gael ei gwahanu oddi wrth ei rhieni geni; gallu rhoi i'r plentyn amser, gofod a dealltwriaeth i fynegi'r pethe hyn ac i weithio â nhw; a cheisio deall profiad mabwysiadu i'r plentyn.

Mae'r cyfan o'r rhain yn awgrymu aeddfedrwydd ar ran y rhieni sy'n mabwysiadu wrth iddynt ymateb i anghenion y plentyn. Bydd angen i weithwyr felly sicrhau fod darpar fabwysiadwyr wedi gallu delio â materion tebyg sy'n ymwneud â galar, colled a hunaniaeth yn gysylltiedig â'u hanffrwythloneb a'u methiant i gael plant neu'n wir ag agweddau eraill o'u profiad eu hunain.

Mae bod yn sensitif i ystyriaethau ieithyddol a diwylliannol yng nghyd-destun mabwysiadu'n golygu bod angen i'r gweithiwr fod yn effro bob amser i'r newid yn rôl iaith ar wahanol gamau yn y broses ac wrth i wahanol agweddau o fyd y pâr gael eu harchwilio. Mae hi'n bwysig deall rôl iaith wrth alluogi pâr i feddwl am hanes eu bywyd, e.e. profiad personol yn ystod plentyndod. Gall cynnig rhyddid i drafod y gorffennol olygu trafod yn y Gymraeg, er enghraifft.

Wrth symud ymlaen at faterion mwy technegol, e.e. anffrwythlondeb, mae'n bosibl y bydd pâr yn fwy abl i drafod hyn yn Saesneg neu o leiaf i ddefnyddio termau technegol Saesneg. Mae hi'n bosib y byddan nhw wedi defnyddio Saesneg wrth drafod â'r Meddyg Teulu, â staff meddygol ac mai Saesneg fydd y prif fframwaith ieithyddol a ddefnyddir. Serch hynny, efallai y byddan nhw am drafod eu teimladau am eu hanffrwythlondeb yn y Gymraeg.

Efallai na fydd y pâr yn teimlo yr un mor gysurus gyda phob agwedd o'r iaith Gymraeg. Mae angen cadarnhau, er enghraifft, pa iaith i'w defnyddio ar gyfer unrhyw waith ysgrifenedig, e.e. adroddiadau. Efallai y byddan nhw am drafod eu cais yn Gymraeg, ond gan dderbyn adroddiadau yn Saesneg.

Ymarfer 4 (30 munud)

- A yw'r ffaith fod y gweithiwr yn siarad Cymraeg yn rhwym o roi grym i'r cleient mewn sefyllfa fel hon?

- Pa ffactorau all olygu bod y cleientau'n teimlo o dan anfantais, hyd yn oed pan fyddan nhw, a phan fydd y gweithiwr, yn siarad Cymraeg?

- Edrychwch ar elfennau cadarnhaol a negyddol.

Nodiadau

Mae'r Gymraeg yn iaith fyw ac mae ganddi ei hamrywiadau ei hun: nid yw siaradwyr Cymraeg o reidrwydd yn teimlo'n hyderus wrth siarad â siaradwyr Cymraeg eraill. Er enghraifft, os oes gan weithiwr acen wahanol, neu os yw'n defnyddio geirfa sy'n ddieithr i'r defnyddiwr, gall y defnyddiwr deimlo'n israddol i'r gweithiwr mewn rhyw fodd neu'i gilydd. Mewn sefyllfa fel hon gall defnydd y gweithiwr o'r Gymraeg fod yn fodd o gryfhau ei hawdurdod yn hytrach nag o roi grym i'r defnyddiwr. Felly, gall defnyddiwr y gwasanaeth deimlo o dan anfantais o'i gymharu â'r gweithiwr er eu bod yn siarad Cymraeg â'i gilydd.

Mae sgiliau rhyng-bersonol a nodweddion personol y gweithiwr yn bwysig iawn hefyd. Dylai'r gweithiwr allu gweithio â'r materion hynod o sensitif sy'n codi o fewn cyd-destun bod yn ddi-blant.

Agwedd arall yw'r ffaith fod rhai pynciau'n arbennig o anodd i'w trafod gyda phartneriaid neu o fewn y teulu. Ydi hyn yn wir ar draws ffiniau iaith a diwylliant neu a ydy rhai pethe'n fwy o dabŵ poenus mewn rhai diwylliannau? A ydi rhai pethe'n anos fyth i'w trafod yng Nghymru?

Er enghraifft dychmygwch fod Mrs Thomas ei hun wedi cael ei mabwysiadu ond o fewn ei theulu geni. Mae hi'n ymwybodol o'r ffaith ac yn gwybod yn union pwy yw ei rhieni geni, ond mae'r pwnc yn gwbl gaeëdig. Does dim cyfle i holi cwestiynau nac i fynegi teimladau. Mae Mrs Thomas yn derbyn hyn yn oddefol. O'i safbwynt hi dyma'r ffordd i ymateb. Efallai ei bod hi'n credu mai dyma sy'n arferol i bobl yn ei sefyllfa hi yng Nghymru. Felly hyd yn oed o fewn diwylliant y teulu lle y mae pawb yn siarad Cymraeg, gall fod tuedd gref i osgoi cyfathrebu am faterion teulu a theimladau personol preifat iawn.

Mewn sefyllfa fel hon, gallai fod yn anodd iawn hyd yn oed i weithiwr Cymraeg, fedru galluogi Mrs Thomas i sôn am ei theimladau ac am ei gorffennol, a'r ffordd y gallai'r pethe hyn effeithio ar ei hagwedd tuag at fod yn agored gyda phlentyn yn y dyfodol.

Mae'r bennod 'Finding a voice in colonisation : Gender and two tongues' gan Jane Aaron yn Our Sisters' Land yn rhoi dadansoddiad defnyddiol o faterion sy'n ymwneud â gwragedd a hunaniaeth. Mae'n cyfeirio at y rhesymau pam fod gwragedd Cymraeg yn draddodiadol wrth wynebu dewis hunaniaeth efallai wedi dewis derbyn heb herio - golyga'r 'respectable model' Cymraeg i wraig ei bod yn derbyn 'severe curbs on her freedom and self assertive capacities'. (Aaron et al (Ed) 1994)

Efallai fod gweithwyr cymdeithasol eu hunain yn meddu ar ddaliadau sydd wedi eu trosglwyddo o'r naill genhedlaeth i'r llall na ellir/ddylid trafod rhai agweddau o'r profiad dynol yn enwedig gyda phlant, e.e. osgoi pwnc marwolaeth o bosib. Mae siarad am deimladau'n gwneud i oedolion deimlo y gallant gael eu brifo - mae'n ormod o fygythiad.

Mae nofel 'Y Ferch Dawel' (Eames, 1992) yn enghraifft dda o densiynau o'r fath o fewn y teulu. Mae Heledd, y plentyn mabwysiedig, wedi cael yr ymateb canlynol yn gyson i'w chwestiynau :

'Ein plentyn ni wyt ti. Ni sydd wedi dy ddewis di. Ein Heledd ni wyt ti. 'Rydan ni'n dy garu di. 'Does dim rhaid iti wybod dim byd arall'. (Eames,1992)

Ond nid yw'r hyn sy'n rhoi cysur ar y cychwyn i'r plentyn ifanc yn ei bodloni wrth iddi ddatblygu trwy ei phlentyndod hwyr i'w harddegau a byddai Heledd yn 'troi i'w byd llesmeiriol dychmygol', i'w byd cyfrinachol.

Serch hynny, nid yw'r rhieni'n unol yn eu dymuniad i gadw'r gyfrinach. Mae'r tad yn hynod o anghysurus ynglŷn â'r cyfrinachedd a'r modd y maent yn gwrthod ateb cwestiynau eu merch, tra bo'r fam yn mynnu mai cyfrinachedd yw'r ffordd orau o weithredu (Eames, 1992).

Mae'n diddorol nodi bod defnyddwyr Cymraeg eu hiaith yn aml pan yn cyfarfod â gweithiwr cymdeithasol yn dechrau gyda chwestiynau fel:

'A pwy ydych chi?'
'O ble da chi'n dod?'

Ydy hyn yn gysylltiedig â rhyw syniad am 'fyd siaradwyr Cymraeg' a'r angen i sicrhau na fydd gwybodaeth gyfrinachol yn cael ei rhannu oddi fewn iddo?

Ymarfer 5 -
Beth yw'r oblygiadau o ran y sefydliad/man gwaith? (30 munud)

Mae Deddf yr Iaith Gymraeg yn cyflwyno'r egwyddor o drin y Gymraeg ar sail gyfartal â'r Saesneg wrth ddarparu gwasanaethau i'r cyhoedd yng Nghymru".

- Pe baech chi'n gyfrifol am lunio Cynllun Iaith i'r gwasanaeth hwn beth fyddech chi'n ei gynnwys fel prif elfennau?
- Dylid nodi bod y Canllawiau Drafft ynglŷn â Ffurf a Chynnwys Cynlluniau (Bwrdd yr Iaith Gymraeg 1994) yn mynnu bod y meysydd gweithgaredd canlynol yn cael eu hystyried :

    - Cyswllt cyntaf â'r cyhoedd Cymraeg
    - Cyfarfodydd
    - Hysbysrwydd
    - Recriwtio staff
    - Hyfforddi staff.

Er mwyn llunio Cynllun Iaith effeithiol ar gyfer gwasanaeth sy'n ymwneud â darparu teuluoedd dirprwyol i blant yng Nghymru mae angen i'r gwasanaethau ystyried sut mae modd i'r Gymraeg a'r diwylliant ddod yn rhan annatod o'r holl broses.

Mae'r achos hwn wedi canolbwyntio ar recriwtio ac asesu darpar rieni sydd am fabwysiadu. Mae'n cyfeirio at y ffordd y mae'r broses o asesu a'i chanlyniadau'n gallu cael eu heffeithio gan ffactorau fel:

- p'un a oes gan asiantaeth bolisi iaith;
- p'un a yw asiantaeth yn cynnig gwybodaeth eglur am ei pholisi iaith;
- yr iaith y cynhelir yr ymholiadau cychwynnol ynddi;
- cefndir ieithyddol a diwylliannol y gweithiwr;
- sgiliau a gwybodaeth y gweithiwr;
- dealltwriaeth o anghenion ieithyddol ar wahanol gamau yn y broses, ac mewn perthynas â meysydd arbennig o waith gyda'r pâr;
- y broses gymeradwyo ei hun e.e. aelodaeth paneli asesu.

Mae'r un ffactorau'n berthnasol i waith gyda theuluoedd y plant sydd ag angen teuluoedd dirprwyol arnyn nhw yn ogystal â gyda phlant eu hunain.

Crynodeb

Mae'r maes hwn sy'n ymwneud a darparu teuluoedd eraill i blant yn faes lle y dylid rhoi sylw arbennig o gryf i themâu am hunaniaeth a thwf a datblygiad dynol. Codwyd rhai materion sy'n berthnasol i rôl yr iaith Gymraeg a'i diwylliant a'r oblygiadau ar gyfer gweithio â theuluoedd newydd o fewn y cyd-destun Cymreig. Nid yw'r achos hwn wedi ceisio cynnig atebion, ond yn hytrach mae'n holi cwestiynau ac yn cynnig cyfle i ddarllenwyr ddechrau ystyried y cysylltiad annatod rhwng ymarfer da yng Nghymru ac ymwybyddiaeth o'r iaith Gymraeg a'i diwylliant â sensitifrwydd tuag atynt.

Llyfryddiaeth

Aaron, J.,Rees, T., Betts, S. & Vincentelli, M. (1994)   Our Sister's Land. Gwasg Prifysgol Cymru, Caerdydd.

Aaron, J. (1994)   'Finding a voice in colonisation: Gender and two tongues' Our Sisters' Land, 188.

CCETSW (1991)   The Teaching of Child Care in the Diploma in Social Work, 71, Chapter 6 'Planning and the processes of care' (c) Fostering and Adoption, 59-73.

Davies, E. (1994)   They All speak English Anyway, Prifysgol Agored/ CCETSW Cymru

Davies, W. P. (1994)   'Yr Iaith Gymraeg a Deddfwriaeth' yn Williams,Rh.H., Williams,H. a Davies,D. Gwaith Cymdeithasol a'r Iaith Gymraeg, CCETSW Cymru/Gwasg Prifysgol Cymru, 41 - 73

Eames, M. (1992)   Y Ferch Dawel, Gwasg Gomer, Llandysul, 1.

Jones, N. (1993)   Living in Rural Wales, Gwasg Gomer, Llandysul,129.

Rees, A. (1961)   Life in the Welsh Countryside, Gwasg Prifysgol Cymru, Caerdydd.

Y Deddf Blant, 1989

Darllen Pellach

Brodzinsky, D. and Schechter, M. (Eds) (1990)   The Psychology of Adoption, Oxford University Press, New York.

Anabledd

'If there is any answer to disability it lies in an informed and adaptive response by the social and physical environment'.

(Gillham, 1986)

Cyflwyniad

Mae'r achos canlynol yn delio â phlentyn ifanc ag anghenion arbennig ac â'i theulu ar ddau gam allweddol yn ei datblygiad.

Mae pwnc dwyieithrwydd o fewn teuluoedd sydd â phlentyn ag anghenion arbennig yn codi cwestiynau arbennig yn y cyd-destun Cymreig. Mae'r astudiaeth achos yma'n ceisio archwilio rhai o'r anawsterau hyn gan gynorthwyo cyfranogwyr i herio rhai o'r prif dybiaethau sydd y tu ôl i lawer o'r meddwl yn y maes yma.

Defnyddiwr gwasanaeth : Sian Jones: 9 mis oed

Brodyr :   Iwan : 3 blwydd oed a Gethin 5 mlwydd oed.
                        (yn siarad ychydig Saesneg, ond Cymraeg yn bennaf)

Rhieni :   David 32 oed (Cymraeg yw ei iaith gyntaf) a Mari 29 oed (wedi dysgu Cymraeg fel ail iaith ac yn rhugl).

Cyfeiriad 1

Cyfeiriwyd Sian am y tro cyntaf i'r Tîm Adnoddau Plant pan oedd hi'n 9 mis oed. Cafodd ei derbyn i Ysbyty'r Brifysgol yng Nghaerdydd am lawdriniaeth ar ei hymysgaroedd (y 5ed tro iddi gael ei derbyn mewn tri mis).Yr un pryd, awgrymwyd fod ganddi broblemau datblygu ynghyd â diagnosis posibl o barlys yr ymennydd.

Daeth y cyfeiriad oddi wrth fam Sian a ofynnodd yn y lle cyntaf am wybodaeth am barlys yr ymennydd. Roedd y gweithiwr cymdeithasol yn wynebu mam a oedd yn hynod bryderus.

Gwybodaeth am iaith.

Mae'r teulu'n byw mewn tref yng Ngorllewin Cymru. Mae teulu'r tad, sy'n defnyddio Cymraeg gyda David, Mari a'r plant, yn byw yng Ngorllewin Cymru yn y wlad, ac mae teulu'r fam yn siarad Saesneg ac yn byw yn Abertawe.

Ymarfer 1 - Canolbwyntio ar y Teulu (60 munud).

'Gall plant ag anableddau effeithio ar fywyd eu teuluoedd niwclear, neu eu teuluoedd estynedig, a'r rhain yn cael cysylltiad â gweithwyr cymdeithasol am nifer o resymau'
(CCETSW 1991).

1. Darllenwch y wybodaeth yn y cyfeiriad am deulu Sian.

   a) Rhannwch â pherson arall sut mae sefyllfa'r teulu hwn yn peri ichi deimlo (5 munud).

   b) Sut mae hyn yn adlewyrchu'r ffordd rydych chi wedi cael eich magu i ystyried anabledd? (10 munud)

2. Sut ydych chi'n credu y gallai'r teulu gael ei effeithio gan salwch/anabledd Sian?

Gan ddechrau gyda Sian, yna ystyriwch ei mam, ei thad, Gethin ac Iwan, y rhieni-cu. Meddyliwch am Gethin ac Iwan a'u hanghenion, gan ystyried eu hoedran a'u ffordd nhw o ddirnad y ffaith fod Sian yn yr ysbyty a'r ffaith na all eu rhieni efallai gynnig iddyn nhw yr un lefel o sylw. (30 munud)

3. Beth yw'r materion allweddol i bobl broffesiynol? (15 munud)

Nodiadau

Mae'r wybodaeth a gynigir yn awgrymu nifer o broblemau uniongyrchol a all effeithio ar yr holl deulu ar lefel ymarferol ac emosiynol:

- Mae rhaid i'r teulu ddelio â'r ymyrraeth a'r gwahanu a achosir o gael plentyn sâl mewn ysbyty tuag awr o daith o'u cartref. Gall hyn achosi problemau i berthynas aelodau'r teulu â'i gilydd.

- Mae rhaid iddyn nhw ymdopi â diffyg gwybodaeth am gyflwr a rhagolygon Sian. Mae'r problemau a gysylltir ag adnabod a chael diagnosis o anabledd wedi eu cofnodi'n helaeth (Pahl a Quine, 1984). Mae'r sefyllfa'n fwy dyrys fyth, a'r berthynas rhwng pobl broffesiynol a rhieni mewn mwy o berygl pan nad yw'r cyflwr wedi ei adnabod ar unwaith (Chazan a Laing,1982). Mae hi'n bosibl i fur o ddiffyg ymddiriedaeth ddatblygu rhwng rhieni a phobl broffesiynol lle mae rhieni'n credu bod y tim proffesiynol yn celu gwybodaeth. Mae ymchwil hefyd wedi dangos pwysigrwydd rhoi cyngor yn fuan i rieni fel rhan annatod o'r broses o gyfryngu'n brydlon (Cunningham 1985). Mae ffactorau iaith a chyfathrebu yn amlwg yn allweddol felly.

- O safbwynt y ddau blentyn, Iwan a Gethin - y naill yn dair a'r llall yn bump oed - gall y sefyllfa fod yn llawn dryswch.

  - Yn dair oed bydd Iwan yn gallu gofyn cwestiynau a bydd yn gwneud ei orau i ddarganfod ac i wneud synnwyr o'r byd o'i gwmpas, ac ohono ef ei hun fel rhan o'r byd hwnnw. Mae angen iddo gael ei annog i ddarganfod, i ddysgu o fewn diogelwch ffiniau a osodwyd gan ei rieni - ffiniau na fydd ar y naill law yn rhy llac nac ar y llaw arall yn rhy gyfyng.

- Mae Gethin yn 5 oed a bydd ganddo fwy o reolaeth ar iaith na'i frawd iau. Mae Konner wedi dweud bod yr oedran hwn yn un lle y mae ffantasi a realiti yn gallu cael eu cymysgu a lle mae plant yn actio eu gobeithion a'u hofnau:

'Children play out fantasies with their friends and relatives as symbolic standins, in many ways more effective than dolls and toys. Children at this age are beset with strong emotions and many of these children generate rich fantasies'.

(Konner, 1991)

Mae hi'n hanfodol fod pobl broffesiynol sy'n gweithio gyda theulu yn effro i sut mae plant eraill yn y teulu'n byw trwy'r sefyllfa. Er enghraifft, gall Iwan brofi dryswch ynglŷn â ffiniau os yw ei rieni'n rhoi eu holl sylw i'w chwaer, ac os yw'n cael ei warchod gan bobl eraill, fel ei fam-gu - yn enwedig os nad yw'r gofalwyr eraill yn siarad, neu'n rhugl yn ei iaith. Gall fod Gethin (5 oed) yn eiddigeddus o'i chwaer iau ac y mae'n bosibl ei fod e'n teimlo'n gyfrifol mewn rhyw ffordd am yr hyn sy'n digwydd, gan arwain at euogrwydd gormodol.

Felly, wrth gyfathrebu gyda phlant mae angen bod yn effro i'w cyfnod o ddatblygiad ac i ffactorau ieithyddol.

- Ni ddylid anwybyddu rôl tadcu a mamgu. Mae llawer o gyrff gwirfoddol, e.e. 'Scope', wedi targedu rhieni-cu, yn ogystal â rhieni, trwy eu hysbysrwydd. Er mwyn cefnogi'r teulu bydd angen i'r rhieni-cu eu hunain gael gwybodaeth. Mae'r ffordd y rhoddir cyfle i'r rhieni-cu ddeall anabledd yn bwysig. Yn nheulu Sian mae gan y rhieni-cu gefndiroedd diwylliannol gwahanol iawn a gall eu ffordd o edrych ar anabledd, ac o'i dderbyn, amrywio.

Ymarfer 2 - Beth yw anghenion Sian? (30 munud)

1. Gwnewch restr o brif anghenion Sian yn ystod y cam hwn yn ei datblygiad (15 munud).

2. Yn awr meddyliwch am yr iaith Gymraeg. Mapiwch y patrymau iaith yn y teulu. Sut mae iaith yn ffactor wrth gwrdd ag anghenion Sian ac wrth helpu ei theulu i gwrdd â'i hanghenion?(15 munud)

Nodiadau

Nid yw anghenion Sian yn wahanol i anghenion unrhyw faban arall o'r un oed. Mae arni hi, fel babanod eraill o'r un oed, angen gofal cariadus ei theulu, yn enwedig ei rhieni. Mae Chazan a Laing yn awgrymu y gall fod gan rieni plant ag anghenion arbennig anawsterau arbennig wrth ymateb mewn ffordd 'gynnes a chariadus' tuag at eu plant. Gall hyn ddeillio o deimladau amdanynt eu hunain ac o fethiant i dderbyn digon o ymateb oddi wrth eu plant (Chazan a

80

Laing,1982). Gall ddeillio hefyd o'r straen arbennig y mae sefyllfa o'r fath yn ei osod ar y teulu.

Mae'r teulu - heblaw am rieni'r fam - yn ddwyieithog. Cymraeg yw iaith gyntaf David, tad Sian, ei rieni a'r ddau blentyn ieuengaf. Cymraeg yw ail iaith Mari. Dylai unrhyw waith gyda'r teulu gofleidio'r gwahaniaethau hyn a bod yn sensitif iddyn nhw a'r hyn a olygant i aelodau'r teulu. Er enghraifft, mae hi'n allweddol fod rhieni'n cyfathrebu â'u plentyn yn yr iaith sy'n gwneud iddi deimlo'n fwyaf cysurus.

Mae iaith yn allweddol. Y mae iaith :

- yn gyfrwng cyfathrebu rhwng y rhieni a'r plentyn a hi yw'r sail yr adeiledir eu perthynas arni. Dyma'r brif ffordd y caiff agosatrwydd ei greu a'i gynnal.

- yn brif offeryn datblygiad gwybyddol y plentyn.

Mynegodd y sosioieithydd Vygotsky hyn pan ddywedodd:

> **'Thought is not merely put into words, it comes into existence through them'**
>
> (Vygotsky 1962).

Rôl rhieni, felly, yw creu amgylchedd lle y teimla'r plant eu bod yn cael eu derbyn, lle maent yn ddiogel a lle y gallant ddechrau dysgu.

Cydnabuwyd y rhan a chwaraeir gan rieni wrth ddarparu profiadau dysgu cynnar gan gynlluniau fel y Cynllun Dysgu Cynnar Portage lle y mae pobl broffesiynol yn gweithio gyda rhieni er mwyn i'r plant gyrraedd targedau bychain clir. Mae rhaglenni o'r fath wedi eu seilio ar athroniaeth lle y mae pobl broffesiynol yn gweithio ochr yn ochr â rhieni ac yn cyflwyno rhaglen ddysgu i'r plentyn ar y cyd.

Mae'r prosesau sy'n rhan o gynlluniau fel Portage yn rhai rhyngweithiol/ 'interactive'. Caiff rhieni eu helpu i chwarae gyda'u plentyn ac i sbarduno datblygiad eu plentyn trwy gyflwyno ac ailadrodd tasgau. Caiff iaith ei defnyddio fel ffordd o atgyfnerthu dysgu ac o gyrraedd y nodau mewn dwy brif ffordd. Yn gyntaf, trwy roi symbyliadau geiriol i'r plentyn ac yn ail trwy ganmol y plentyn a'i helpu i deimlo balchder yn yr hyn y mae'n ei gyflawni. Mae'r broses o annog datblygiad gwybyddol, ymudol, cymdeithasol ac ieithyddol yn mynd law yn llaw â thwf y berthynas rhwng rhiant a phlentyn.

Ymarfer 3 -
A ddylen ni siarad Cymraeg neu Saesneg â Sian, neu siarad y ddwy iaith? (40 munud)

1. Gwerthuswch ymatebion y ddau feddyg plant isod.
   Beth yw'r negeseuon / tybiaethau gwaelodol sydd ynddynt am iaith a diwylliant?
   (10 munud)

2. Efallai yr hoffech atgynhyrchu'r sefyllfa trwy chwarae rôl, a'i hehangu trwy holi cwestiynau am resymau'r meddygon dros roi'r cyngor hwn (15 munud).

3. Pa un yn eich barn chi yw'r cyngor gorau i Mr a Mrs Jones
   Rhowch resymau dros eich ateb (15 munud).

Sefyllfa

Swyddfa'r meddyg plant mewn ysbyty lleol. Mae Mr a Mrs Jones newydd ofyn i'r meddyg plant a ddylen nhw siarad Cymraeg a Saesneg â Sian.

Meddyg plant A : "Fy nghyngor i yw siarad Saesneg â Sian gartre. Fe fydd ganddi well cyfle os gwnewch chi siarad Saesneg â hi. Efallai y caiff hi broblem delio â dwy iaith, ac yn nes ymlaen efallai bydd angen therapi lleferydd neu ryw help arall arni - pethau na fydd ar gael falle yn Gymraeg".

Meddyg plant B: "Fy nghyngor i yw y dylech chi ddefnyddio'r ddwy iaith gyda Sian. Defnyddiwch ba iaith bynnag sydd orau gennych chi, a'r ddau fachgen. Gallai fod o gymorth pe bai un ohonoch chi - efallai chi Mr Jones - yn siarad Cymraeg, a chithau Mrs Jones yn siarad Saesneg. Bydd hyn yn helpu Sian i beidio â chymysgu rhwng y ddwy iaith."

Nodiadau

Mae pwnc yr iaith Gymraeg yn aml wedi cael ei osgoi mewn gwaith gyda phlant ag anghenion arbennig a'u teuluoedd. Profiad llawer o rieni yng Nghymru yw eu bod wedi cael y cyngor, 'Os ydych chi am roi cyfle i'ch plentyn mewn bywyd, ewch ag e/hi adre a siaradwch Saesneg'.

Roedd yna gred waelodol y byddai plentyn ag anghenion arbennig, lle y mae ei theulu'n siarad Cymraeg, yn dioddef anfantais bellach trwy ddefnyddio'r Gymraeg. Mae hi'n bosibl cysylltu hyn â:

a) Y syniad y bydd plentyn ag anghenion arbennig mewn trafferth gyda dwy iaith ac mai'r peth mwyaf synhwyrol i'w wneud felly yw codi'r plentyn yn yr iaith ddominyddol a rhoi llai o sylw i'r iaith leiafrifol. Mae'r farn hon yn seiliedig ar ganfyddiad arbennig o ddwyieithrwydd -

'Mae defnyddio dwy iaith yn debyg i fod mewn warws. Fel y mae person yn symud o'r naill ran o'r warws i'r llall gan edrych am nwyddau gwahanol, mae'r person dwyieithog yn symud o'r naill iaith i'r llall. Trwy siarad Saesneg caiff ei chadw yn yr adran lle y cedwir geiriau Saesneg. Trwy siarad Cymraeg mae rhaid iddi groesi i adran lle y cedwir geiriau Cymraeg. Mae'r ddwy adran yn gwbl ar wahân.'

(O Parry Jones 1974)

Mae hi'n bosibl mewn rhai achosion y byddai salwch, damwain neu oed yn cau'r drws ar y naill warws neu'r llall. Mae'r farn hon yn methu â chydnabod siaradwr dwyieithog fel person cyflawn, integredig.

b) Diffyg arbenigwyr proffesiynol, e.e. therapyddion lleferydd sy'n siarad Cymraeg.

Yn ei hunangofiant 'O Ddifri' mae Dafydd Wigley, yn trafod ei brofiadau ef a'i wraig gyda'i ddau fab a etifeddodd anabledd genetig.

'Ar un adeg, ceisiwyd cymorth therapydd lleferydd. Yn naturiol, Cymraeg oedd yr unig iaith a ddeallai Alun a Ger, ond er mawr syndod inni, dim ond therapyddion uniaith Saesneg a geid yng Ngwynedd pryd hynny. Nid pwynt gwleidyddol yw dweud fod y greadures a geisiodd ein helpu yn gwbl analluog i wneud hynny oherwydd ei diffyg iaith. 'Roedd ymdopi ag anabledd y bechgyn yn ddigon anodd ynddo'i hun, heb i ddiffyg crebwyll yr Awdurdod Iechyd waethygu'r sefyllfa'.

(Wigley, 1993)

c) Y ffaith fod adnoddau arbenigol o bosib wedi eu lleoli y tu allan i Gymru, a/neu nad yw'r ddarpariaeth arbenigol o fewn Cymru'n cynnig cyfleoedd dysgu trwy gyfrwng y Gymraeg.

ch) Defnyddio fframwaith meddygol unigol ar gyfer deall anabledd a hwnnw'n canolbwyntio ar 'wella' neu 'ailsefydlu'r' plentyn ac yn edrych yn bennaf ar y problemau sy'n codi o anabledd y plentyn. Gwelir iaith felly yn broblem bosib i'r plentyn ac i'r broses o wella ac o ailsefydlu.

Mae'r model arall, sef y model cymdeithasol o ddeall anabledd yn gyson ag athroniaeth Deddf Plant 1989 ac yn edrych ar y plentyn yn gyntaf ac ar yr anabledd yn ail. **Gwelir felly fod iaith yn arwyddocaol yn natblygiad perthnasoedd ac yn fodd o integreiddio'r plentyn i'r teulu a'r gymuned y mae'n byw ynddi.**

Mae'r cyfan o'r uchod, ac eithrio'r model cymdeithasol, yn ymddangos yn bragmatig ond maen nhw'n cyfateb ag agwedd sy'n gwahaniaethu yn erbyn anabledd y plentyn ag anghenion arbennig. Yma, mae trin yr anabledd wedi ei ysgaru oddi wrth anghenion eraill y plentyn - e.e. perthynas ag eraill, hunan-barch, gwybodaeth am ei iaith a'i diwylliant ei hun.

Yn 'Agweddau ar Ddysgu Iaith' mae Geraint Wyn Jones yn awgrymu y gall dysgu dwyieithog - yn yr achos hwn gyda'r Gymraeg yn ail iaith - fod o fudd i blant ag anableddau dysgu. Mae e'n awgrymu y gall plant ddeall cysyniadau fel 'amser' yn eu hail iaith ar ôl methu eu dysgu ar adeg cynt yn eu hiaith gyntaf. (Wyn Jones, 1993).

Caiff ei gefnogi gan waith cynt gyda phlant byddar sy'n perthyn i grwpiau ieithyddol lleiafrifol a chan astudiaeth o'r Wcrain sy'n awgrymu fod '...use of a minority language in the home is not a handicap to children's academic progress'.(Strong 1988)

Os creu agosatrwydd yw un o swyddogaethau iaith, gweler pennod 1, y mae'n glir y ceir problemau o fewn teuluoedd lle y gwneir dewis ieithyddol ar sail anghenion arbennig plentyn. Os yw rhieni'n penderfynu siarad Saesneg yn unig â'r plentyn ag anabledd, caiff dynameg y teulu ei newid. Bydd y teulu i bob pwrpas wedi ei rannu yn ieithyddol.

Ymarfer 4 - Wedi ymrannu'n ieithyddol (30 munud)

Disgrifiodd Mari, mam Sian, ei theulu fel un wedi ei 'rannu yn ieithyddol'. Ers i Sian gyrraedd bu'n fwy anodd iddynt ddefnyddio'r Gymraeg o fewn y teulu bryd bynnag y mynnant. Mae Mari'n aml yn defnyddio Saesneg â Sian a Chymraeg â'r bechgyn, mae ymwelwyr â Sian fel arfer yn defnyddio Saesneg ac yn siarad Saesneg â'r bechgyn. Mae David yn siarad Cymraeg â Sian ac â'r bechgyn.

- Naill ai yn unigol, neu mewn grŵp, ystyriwch/trafodwch beth y gall hyn ei olygu. Sut y bydd hyn, yn eich barn chi, yn effeithio'r modd y mae'r teulu'n gweithredu? Efallai y carech feddwl am rwydweithiau gwasanaeth a'u heffaith nhw fel rhan o hyn.

Nodiadau

Mae'r gwahanol batrymau ieithyddol o fewn y teulu eisoes wedi cael eu trafod - ond beth mae'r rhain yn ei olygu i fyd y teulu?

Dyma beth allai Mari ei ddweud wrthych chi:

'Ar ôl i Sian gyrraedd fe newidiodd popeth. Roedden ni wedi bod yn edrych ymlaen i Sian ddod, ac felly Iwan a Gethin. Doedd hi ddim yn hir ar ôl i Sian gael ei geni pan sylweddolon ni fod rhywbeth o'i le a dechreuodd hi fynd i'r ysbyty ac roedd angen help pobl broffesiynol arnon ni.

Roedden ni bob amser wedi siarad y ddwy iaith gyda Gethin ac Iwan, ond y Gymraeg yn bendant yw'r iaith rydyn ni'n ei siarad fwyaf pan ydyn ni gyda'n gilydd fel teulu - e.e. adeg prydau bwyd. Mae David bob amser yn siarad Cymraeg â'r plant - dim ond Cymraeg fyddai fe'n ei siarad pan oedd e'n blentyn ac mae'n gwbl naturiol iddo fe siarad Cymraeg â'r plant.

Mae'r rhan fwyaf o'r bobl broffesiynol yn siarad Saesneg - yr ymwelydd iechyd, y gweithiwr Portage, a'r gweithiwr cymdeithasol - ac felly yn naturiol rydyn ni'n newid iaith pan ddôn nhw. Ag eithrio gyda'r arbenigwr plant, yn Saesneg rydyn ni'n trafod Sian. Bryd bynnag rydyn ni'n trafod problemau, yn Saesneg rydyn ni'n gwneud hynny. Pan yw Sian wedi bod yn yr ysbyty mae rhaid inni droi at fy mam am help - a dim ond Saesneg mae hi'n siarad.

Mae Iwan yn mynd i Gylch Meithrin ac mae Gethin yn mynd i'r ysgol Gymraeg leol. Roedden ni wedi penderfynu codi ein plant â'r Gymraeg yn iaith gyntaf iddyn nhw - dydyn ni ddim yn gwybod beth fydd yn digwydd gyda Sian. Os bydd angen llawer o help arbenigol arni hi - e.e. gyda'i golwg, efallai y bydd angen iddi fynd i ysgol Saesneg.'

Cyfeiriad 2

Roedd y cyfeiriad diweddarach pan oedd Sian yn 4 oed ac ar fin mynd i'r ysgol yn llawn-amser. Erbyn hyn roedd ei rhieni wedi sylweddoli fod ganddi anableddau cymhleth. Doedd dim diagnosis pendant, ond roedd hi'n glir fod ganddi anabledd corfforol a bod nam ar ei golwg. Roedd lleferydd Sian wedi datblygu'n well na'i galluoedd corfforol ac roedd hi'n ddwyieithog. Roedd yr arbenigwr plant wedi cynghori y dylai Mam siarad Saesneg ac y dylai Dad siarad Cymraeg. Roedd ei Mam wedi mynd â hi i'r Cylch Meithrin.

Y tro hwn roedd angen asesiad am le mewn ysgol. Roedd gweithiwr cymdeithasol arbenigol yn gweithio gyda'r teulu a'i thasg oedd cefnogi'r teulu trwy asesu anghenion Sian.

Dywed y Cod Ymarfer ar gyfer Deddf Addysg 1993 y canlynol am 'bartneriaeth â rhieni':

> 'Caiff cynnydd plant ei leihau os na welir rhieni fel partneriaid yn y broses addysg, gyda gwybodaeth unigryw i'w rhoi. Yn anaml y gall cymorth proffesiynol fod yn gwbl effeithiol oni bai ei fod yn adeiladu ar allu rhieni i gymryd rhan, ac oni bai bod rhieni'n sylweddoli fod pobl broffesiynol yn rhoi sylw i'r hyn a ddywedant ac yn ymdrin â'u barn a'u pryderon fel rhan annatod bwysig o'r sefyllfa'.
>
> (Adran Addysg 1994)

Ymarfer 5 - Dod i ddarganfod pethe am Sian. (25 munud)

Pwrpas yr asesiad yw cael darlun cywir am y modd y mae Sian yn gweithredu - ei chryfderau yn ogystal â'i gwendidau - i'w helpu hi i ddangos ei lefel o ddealltwriaeth ac ym mha le y mae hi o ran ei datblygiad cyflawn.

- Pam ydych chi'n credu bod defnyddio'r ddwy iaith yn bwysig i'r asesiad? (15 munud)

- Sut gallai hyn helpu rhieni Sian i gael hyder ym mhroffesiynoldeb yr asesiad? (10 munud)

Mae Mike Oliver yn tynnu sylw at gyfnod gwneud penderfyniadau am addysg plentyn; mae'n nodi ei fod yn gam hanfodol o ran cyfle'r plentyn yn y dyfodol (Oliver,1983). Mae gan Awdurdodau Addysg Lleol ddyletswydd i ddarparu datganiad anghenion addysgol arbennig i blant sydd wedi cael eu cydnabod a'u hasesu fel rhai ag 'anghenion addysgol arbennig', ac i ddweud sut y caiff yr anghenion hyn eu diwallu.

Mae Oliver yn awgrymu bod angen cymorth gwaith cymdeithasol y pryd hwn er mwyn helpu'r teulu gyda chymlethdodau'r system addysg ac wrth drafod adnoddau priodol i gwrdd ag anghenion eu plentyn. Mae Deddf Addysg 1993 am y tro cyntaf yn sefydlu rôl ar gyfer 'person wedi'i enwi' i helpu gyda mynegi barn, rhoi cyngor, gwybodaeth a chefnogaeth.

Yn y cyfnod hwn mae asesiad o anghenion yn golygu asesiad rhyngddisgyblaethol sy'n edrych ar y plentyn cyfan ac sy'n ystyried anghenion yn nhermau anghenion emosiynol a chymdeithasol yn ogystal ag anghenion mwy penodol sy'n ymwneud ag addysg.

Caiff y gwaith o asesu galluoedd plentyn ei effeithio gan lawer o bethau e.e. y cyd-destun, y berthynas â'r person sy'n asesu, hyder y plentyn a'i gallu i ymateb. Mae sgiliau cyfathrebu da yn angenrheidiol ar gyfer asesiad cywir. Os cafodd y plentyn ei magu mewn amgylchedd dwyieithog, y mae'n llai tebyg y bydd yn gallu mynegi ei photensial yn llawn trwy gyfrwng un iaith yn unig.

Ymarfer 6 - Addysg Arbennig neu addysg integredig? (30 munud)

Yn dilyn asesiad Sian, mae Mr a Mrs Jones wedi penderfynu yr hoffen nhw i Sian fynd i'r ysgol Gymraeg leol.

Trafodwch y canlynol :

1. Y manteision posibl (10 munud).

2. Yr adnoddau y bydd eu hangen i gefnogi Sian a'i theulu, gan gynnwys cefnogaeth yn y cartref (10 munud).

3. Beth yw'r ystyriaethau ieithyddol? (10 munud).

Nodiadau

Ceir ymrwymiad eang ar lefel Ewropeaidd (1987) i bolisi o integreiddio o fewn addysg gan yr holl wladwriaethau sy'n perthyn i'r Undeb Ewropeaidd. Mae hyn wedi ei seilio ar dair egwyddor:

- Hawliau dynol
- Cyfranogiad cymdeithasol
- Ansawdd y profiad addysgol.

Mae Deddf Addysg 1993 yn adeiladu ar sail Deddf Addysg 1981 trwy sefydlu'r egwyddorion hyn ar gyfer pob myfyriwr ag anghenion addysgol arbennig:

- Bod angen cael y mynediad ehangaf posib i addysg gytbwys ac eang, gan gynnwys y Cwricwlwm Cenedlaethol;

- Dylai plant ag anghenion arbennig, gan gynnwys plant â datganiadau am anghenion addysgol arbennig, gael eu haddysgu ochr yn ochr â'u cyfoedion mewn ysgolion prif lif lle y bo hynny'n briodol, a chan ystyried dymuniadau eu rhieni.

(Cod Ymarfer 1994)

Mae integreiddio yn y cyd-destun hwn yn golygu :

- integreiddio cymdeithasol yn ogystal ag integreiddio addysgol;

- hyfedredd cymdeithasol ac addysgol;

- annibyniaeth;

- datblygiad sgiliau cyfathrebu.

Dylid nodi bod y Ddeddf hefyd yn pwysleisio 'defnydd effeithlon o adnoddau'.

Mae Chazan a Laing (1986) yn awgrymu 'with young children there is every reason to expect the ordinary school or group to be capable of meeting many of their needs'. Mae'r rhaglen ysgol arferol yn pwysleisio datblygiad iaith a datblygiad cymdeithasol. Mae'n diddorol nodi fod Deddf Gyhoeddus America (94 - 142) wedi gorchymyn addysg gydradd mewn amgylchfyd â'r lleiaf posib o gyfyngiadau. Cydnabyddir yn gyffredinol fod hyn yn golygu'r ysgol leol yng nghymdogaeth y plentyn, gyda brodyr a chwiorydd a chyfoedion ac mewn amgylchedd sy'n 'weithredol' h.y. sydd o ddefnydd uniongyrchol mewn bywyd bob dydd.

Mae'r cyfan o'r uchod yn cynnig her o ran sefyllfa bresennol plant sydd ag anghenion arbennig yng Nghymru, plant sydd wedi eu geni i deuluoedd Cymraeg ac sy'n siarad Cymraeg fel iaith gyntaf. Mae trafodaethau â Gwasanaeth Ymgynghorol Addysg Arbennig Cymru (SNAP) ac â rhai rhieni i blant Cymraeg yn awgrymu fod rhieni'n wynebu llawer o rwystrau o fewn y systemau addysg a gwasanaethau cymdeithasol:

- Diffyg ffurflenni priodol a gwybodaeth am drefniadau yn y Gymraeg;

- Pobl broffesiynol na allant adnabod neu gydnabod rôl allweddol iaith a diwylliant Cymru i blant a theuluoedd;

- Adnoddau arbenigol sy'n methu â darparu gwasanaeth trwy gyfrwng y Gymraeg;

- Adnoddau prif lif, - e.e. ysgolion Cymraeg - lle na all y plentyn dderbyn cymorth arbenigol / neu lle mae'n derbyn lefel is o gymorth arbenigol e.e. cymorth arbenigol gydag anawserau iaith a lleferydd.

Mae'r cyfan o'r uchod yn unol â chasgliadau Pwyllgor Swann (1985) ar wasanaethau i grwpiau lleiafrifol ethnig yn Llundain. Y ffaith bwysig oedd 'minority groups felt alienated and rejected'. A yw hyn yr un mor wir am rieni Cymraeg eu hiaith yng Nghymru?

Mewn rhai rhannau o Gymru gall plant o deuluoedd Cymraeg dderbyn adnoddau arbenigol ac integredig, gan gynnwys ysgolion integredig a hynny yn Gymraeg. Yn anffodus, nid yw hyn yn wir ledled y wlad ac mae rhieni mewn rhannau o Gymru'n gorfod ymdopi â galwadau magu plentyn ag anabledd ynghyd â herio'r system.

Crynodeb

Mae'r her o weithio gyda phlant ifanc ag anableddau a gyda'u teuluoedd yn gallu peri i'r gweithiwr mwyaf profiadol deimlo'n sigledig. Yn y maes hwn mae ceisio hybu datblygiad a thwf iach yn uchel ar yr agenda ac mae gwaith yn y maes hwn yn graddol gydnabod yr angen i bobl broffesiynol o'r gwahanol ddisgyblaethau weithio mewn partneriaeth â theuluoedd, - partneriaeth sy'n cydnabod eu hanghenion a'u dyheadau yn ogystal â rhai'r plentyn.

Gall fod gan y plentyn ag anabledd a enir i deulu dwyieithog ddwy anfantais os yw pobl broffesiynol yn methu ag adnabod neu gydnabod ei hanghenion ieithyddol a diwylliannol, a rôl allweddol iaith a diwylliant yn natblygiad perthnasoedd a ffurfiant hunaniaeth.

Llyfryddiaeth

CCETSW (1991)
'Working with children with Special Needs and their families' Chapter 7 of The Teaching of Child Care in the Diploma in Social Work, 80 - 86.

Chazan, M. & Laing, A. (1982)
The Early Years.Gwasg Prifysgol Agored, 5,17,18,19, 42 and 43.

Cunningham, C. (1988)
Early Intervention : some results from Manchester Cohort Study, Department of Mental Handicaps, University of Nottingham.

Department for Education (1994)
Code of Practice on the Identification and Assessment of Special Needs, H.M.S.O.

Erikson, E. (1963)
Childhood and Society, New York,W.W Norton, 239-261

Gillham, B. (Ed) (1986)
Handicapping conditions in Children Helm Special Education - Rhagair.

Konner, M. (1991)
Childhood. Broadcasting Company, America,171.

Oliver, M. (1983)
Social Work with Disabled People. MacMillan.

Pahl, J. and Quine, E. (1984)
Families with Mentally Handicapped Children : A study of stress and a service response, Canterbury Health Services Research Unit, University of Kent.

Strong, M. (Ed) 1988
'A bilingual approach to educating deaf children' in Language,Learning and Deafness, Cambridge University Press, America.

Swann Committee (1985)
Education for All, Report of the Commission of Enquiry into the Education of Children from Ethnic Minority Groups,Department of Education and Science, HMSO.

United States Public Law 94-142 :
quoted in Carter,T.D.T.'Parents behind U.S.Change to Integration', Where, No.175 February 1982, Advisory Centre for Education.

Vygotsky, L. S. (1962)
Thought and Language, Wiley,NY.

Wigley, D. (1993)
O Ddifri, Gwasg Gwynedd, Caernarfon, 106.

Wyn Jones, G.
Agweddau at Ddysgu, Iaith, Canolfan Astudiaethau Iaith, Llangefni, 24.

Darllen Pellach

Middleton, L. (1992)
Children First: Working with children and disability,Venture Press.

Russel, P. (1991)
'Working with children with physical disabilities and their families : the social work role' in Oliver,M (ed) Social Work, Disabled people and disabling environments: Jessica Kingsley Publishers,London.

Amddiffyn Plant

'Mae arolwg diweddar gan yr NSPCC yn awgrymu bod un o bob chwech o blant yn dioddef camdriniaeth emosiynol, corfforol neu rywiol. Ac mae ymchwil ddiweddaraf NSPCC Cymru yn datgelu nad yw'r plant yn credu bod unrhywun yn barod i wrando arnynt heb sôn am eu hamddiffyn. Yr un stori o sgubo'r newyddion drwg dan y carped. Dyw e ddim yn digwydd yng Nghymru ac yn sicr ddigon dyw e ddim yn digwydd yn y Gymru wledig'

(Thomas, 1995)

Cyflwyniad

Nod yr astudiaeth achos yma yw ystyried rhai cwestiynau ynglŷn ag amddiffyn plant yn y cyd-destun Cymreig.

Cydnabyddir bod y deunydd yn gyfyngedig, e.e. nid yw'n ystyried y broses ganolog o asesu cyflawn/'comprehensive assessment'.

Defnyddwyr gwasanaeth :   Ieuan 11 oed; Rhiannon 8 oed
Rhieni :   Tom a Sarah Rees - canol y 40au

Y Gymraeg yw iaith gyntaf y teulu cyfan gan gynnwys y teulu estynedig, ond maen nhw i gyd yn gallu siarad Saesneg. Mae Ieuan a'i chwaer Rhiannon yn mynd i ysgol gynradd Gymraeg mewn tref fach tua 6 milltir o'u cartref. Mae llawer o'r plant eraill yn yr ysgol yn dod o gefndir di-Gymraeg.

Cefndir

Mae'r teulu Rees yn byw mewn pentref bach o ryw 6 o dai mewn cymuned wledig yng ngorllewin Cymru - Cymraeg yw iaith y gymuned agosaf.

Mae Mr Rees yn fecanydd, gyda hanes o broblemau cefn. Nid yw Mrs Rees yn gweithio. Mae'r pentref yn ynysig, heb gyfleusterau, ac mae'r teulu'n ei chael hi'n anodd cael deupen llinyn ynghyd.

Gofynna'r ysgol i'r Gwasanaethau Cymdeithasol/Heddlu ymchwilio i honiad o gamdrin plant. Mae'r ysgol wedi derbyn llythyr oddi wrth Mrs Rees (sydd ag ychydig o anawsterau dysgu) yn honni bod ei gŵr yn cam-drin Ieuan, y plentyn hynaf, gan ei gicio a'i geryddu â gwregys lledr. Ni ddywedir dim am Rhainnon y ferch ieuengaf. Mae'r ysgol yn dweud bod Ieuan yn fachgen unig ar y maes chwarae yn yr ysgol, a chaiff ei boeni'n aml gan y bechgyn eraill. Mae'n brin o hyder ac mae'n tangyflawni'n addysgiadol. Mae'r chwaer ieuengaf fel pe bai'n sefydlog a hapus, ac er nad yw'n hynod o ddisglair, mae'n ymdopi â'r ysgol.

Ymarfer 1 -
'Dyw e ddim yn digwydd yng Nghymru ac yn sicr ddigon dyw e ddim yn digwydd yn y Gymru wledig' (30 munud)

Ystyriwch y datganiad uchod, naill ai'n unigol neu mewn grŵp. Ystyriwch:

a) Beth allai fod wrth wraidd cred o'r fath? (15 munud)

b) Sut gallai cred o'r fath ddylanwadu ar amddiffyn plant yn ardaloedd gwledig Cymru? (15 munud)

Nodiadau

- Mae perthyn, neu garennydd, yn bwysig iawn i Gymry.

Gall hyn fod yn arbennig o wir mewn sefyllfaoedd gwledig,- ac yng nghymoedd y De, o bosib - lle mae pobl yn dal i gael eu hadnabod yn ôl eu perthynas ag eraill - mae e'n perthyn i Jones, Jones Penrhiw ac ati. Mae pobl mewn teuluoedd yn gofalu am ei gilydd, fel y dengys ymadroddion poblogaidd - anodd tynnu dyn o'i dylwyth, e.e. Mae teuluoedd a chymunedau wedi tueddu i lynu wrth ei gilydd ac maen nhw'n cefnogi ac yn amddiffyn eu haelodau rhag dylanwadau o'r tu allan. O fewn y Gymru wledig mae menywod a phlant wedi tueddu i gael eu diffinio mewn perthynas â'r system yma o berthyn. (Ashton, 1994)

- Gwelir y teulu a'r cartref yn lloches rhag trais y byd allanol.

Mae'r syniad hwn yn un eang. Mewn ardaloedd gwledig, ni bu'r syniad o 'baradwys y cartref' yn anghyffredin. Mae gwaith Cymorth i Fenywod yng Nghymru, serch hynny, wedi dangos bod y realiti dipyn yn wahanol. I lawer o fenywod yng nghefn gwlad ac i'w plant, mae realiti'r cartref yn un o drais. (Charles, 1994)

- Lle mae pobl yn byw mewn sefyllfaoedd ynysig, gallant deimlo mai nhw yw'r unig rai sy'n dioddef o drais a gall y myth o deulu hapus aros heb ei herio.

Gall gweithwyr ac eraill

- gael eu heffeithio gan ystrydebluniau o'r fath
- deimlo nad oes angen/na ddylent ymyrryd mewn rhwydweithiau cymuned/ systemau teulu sy'n ymddangos yn glòs.

Cyfrifoldebau wrth Amddiffyn Plant

Ceir y ddyletswydd benodol i ymchwilio i sefyllfaoedd lle cwyd mater o amddiffyn plant yn Adran 47 Deddf Plant 1989.

Mae'r achos uchod yn sefyllfa lle mae'r awdurdod lleol :

> 'have reasonable cause to suspect that a child who lives, or who is found in their area is suffering, or is likely to suffer significant harm.'

Ac felly rhaid i'r Awdurdod Lleol wneud - neu beri gwneud - ymholiadau a ystyrir ganddyn nhw'n angenrheidiol i'w galluogi i benderfynu pa gam, os o gwbl, y dylid ei gymryd i ddiogelu neu i hybu lles y plentyn.

Fel rhan o'r broses:

- rhaid cymryd camau i weld y plentyn
- mae dyletswydd ar asiantaethau arbennig i gynorthwyo yn yr ymholiadau hynny os gelwir arnyn nhw i wneud hynny oni bai y byddai'n afresymol yn yr holl amgylchiadau i wneud hynny.

Rhaid i bob ymchwiliad gael ei weithredu o fewn y drefn weithredu fel y'i nodir gan Bwyllgor Amddiffyn Plant yr Ardal. Mae Working Together, 1991, yn sefydlu'r prosesau allweddol canlynol o fewn yr ymchwiliad cychwynnol:

- sefydlu'r ffeithiau ynglŷn â'r amgylchiadau sydd wedi achosi'r ymchwiliad a'r gofid a fynegwyd;
- penderfynu a yw'r sail am y gofid wedi ei gyfiawnhau;
- nodi ffynonellau a lefelau risg;
- penderfynu ar ffordd o weithredu i amddiffyn, neu unrhyw weithred arall, mewn perthynas â'r plentyn ac ag unrhyw blant eraill.

Ymarfer 2 - Ymchwiliad cychwynnol (30 munud)

a) Yn unigol/neu mewn grŵp rhestrwch yr elfennau sy'n sicrhau ymchwiliad cychwynnol da mewn sefyllfa'n ymwneud ag Amddiffyn Plant. (15 munud)

b) Beth yw nodweddion gwaith rhyngddisgyblaethol effeithiol? (15 munud)

Mae cynllunio'n ganolog i'r broses yma. Mae angen i'r asiantaethau tywys, h.y. y Gwasanaethau Cymdeithasol a'r Heddlu, weithio o fewn canllawiau 'Working Together' a'r 'Memorandum of Good Practice' i benderfynu:

a) amseriad yr ymateb

b) ble dylai'r cyfweliad â'r plentyn/plant gael ei gynnal - nid swyddfa heddlu na swyddfa gwasanaethau cymdeithasol

c) amcanion y cyfweliad

ch) a ddylid recordio'r cyfweliad ar fideo?

d) pwy fydd y prif gyfwelydd?

dd) pwy fydd yn cyflenwi rôl yr oedolyn priodol?

e) a gaiff y plentyn/plant eu harchwilio'n feddygol gan

i) feddyg plant

ii) feddyg heddlu

iii) feddyg teulu

iv) gyfuniad o'r tri

Mae hi'n bwysig cael dealltwriaeth o'r ffactorau ieithyddol yn y sefyllfa hon. Mae'r teulu i gyd yn siarad Cymraeg, mae'r athrawon yn siarad Cymraeg, ac mae tybiaeth ynghlwm wrth ymarfer da y bydd y gweithiwr cymdeithasol sy'n cyfweld â'r plentyn yn siarad Cymraeg hefyd.

'Consideration of race, language and gender may influence the choice of interviewer. A child should be interviewed in his/her first language except in the most exceptional circumstances'.

(Memorandum of Good Practice, 1992)

Beth yn eich barn chi fyddai'n ffurfio 'amgylchiadau eithriadol'?

Ymarfer 3 - Rhoi eich hun yn esgidiau Ieuan. (20 munud)

Rhowch eich hun yn safle Ieuan yn ystod y cyfweliad. Pa fath o gwestiynau byddech chi'n eu holi? Beth fyddai eich teimladau a'ch hofnau yn y sefyllfa hon?

Nodiadau

Mae'r 'Memorandum of Good Practice' yn cyfeirio at gyflwr meddwl y plentyn a dywed y gall plentyn sy'n cael ei gyfweld ynglŷn ag unrhyw ffurf ar gamdriniaeth brofi amrywiaeth o emosiynau ac y gall ddangos newidiadau o ran ymddygiad. Yn 'Working with Abused Children' mae Celia Doyle yn cynnig bod modd defnyddio'r emosiynau a ddisgrifir gan Erikson i nodweddu canlyniadau afiach neu negyddol yn ystod camau o ddatblygiad, - sef, diffyg ymddiriedaeth sylfaenol, cywilydd, amheuaeth, israddoldeb, euogrwydd, dryswch rôl, teimlad ynysig, marweidd-dra ac anobaith - i ddisgrifio teimladau plant sy'n cael eu cam-drin gan rieni. (Doyle,1990)

Gall plant sy'n cael eu cam-drin deimlo:

- cyfrifoldeb am yr hyn a ddigwyddodd;

- yn annheyrngar;

- ofn am y posibilrwydd o chwalu'r teulu;

- ofn trais pellach os byddan nhw'n datgelu.

Mae nifer o emosiynau eraill wrth gwrs. Bydd angen i weithwyr fod yn sensitif i emosiynau cymhleth plentyn tra'n aros yn glir ac yn wrthrychol am amcanion y cyfweliad.

Ymarfer 4 - Cyfweld ag Ieuan (30 munud)

Beth ddylid ei ystyried pan gaiff Ieuan ei gyfweld? (15 munud)

Beth yw'r ffactorau i'w hystyried o ran iaith, yn enwedig a ddylai Cymraeg, Saesneg neu'r ddwy iaith gael eu defnyddio yn ystod y cyfweliad? (15 munud)

Nodiadau

Dywed y 'Memorandum of Good Practice':

'The joint investigating team should note the child's chronological age and then assess the apparent developmental stage that the child has reached, taking an overview of cognitive, linguistic, emotional, social, sexual, physical and other development and the child's attention span'.

(Memorandum of Good Practice 1992)

Mae'r bennod gan Eve Brock sy'n dwyn y teitl 'Becoming a Tightrope Walker' yn 'Good Practice in Child Protection' (Owen a Pritchard,(Gol) 1993) yn cynnig cyngor gwerthfawr ar gyfweld â phlentyn mewn ymchwiliad ar amddiffyn plant. Un pwynt canolog a wna yw na ddylai plentyn "gael ei gamdrin ymhellach gan y cyfweliad'. Mae angen i weithwyr proffesiynol ddod â chymaint o wrthrychedd ag sy'n bosib i'r cyfweld, gan osgoi dilyn llwybrau holi wedi eu seilio ar eu barn a/neu eu rhagdybiaethau eu hunain a hynny'n gallu arwain y plentyn. Nod y cyfweliad yn y pen draw yw ceisio deall y sefyllfa o safbwynt y plentyn.

Mae Ieuan yn ddwyieithog - Cymraeg yw ei iaith gyntaf, ond gall e hefyd siarad Saesneg, ac mae angen ystyried hyn. Mae ymchwil i ddefnydd o'r iaith Gymraeg ymhlith pobl ifainc yng Nghymru (Gruffudd, H 1995) yn nodi bod plant a phobl ifainc yn gallu bod yn hynod o ddethol yn eu defnydd o iaith. Mae defnydd o iaith ac agwedd tuag ati yn gallu amrywio gan ddibynnu ar :

- â phwy maen nhw'n siarad;

- y sefyllfa y cân nhw eu hunain ynddi;

- y pwnc a drafodir;

- eu lefel o fedr / hyder yn yr iaith;

- rhyw'r person ifanc;

- y grwpiau y maen nhw'n rhan ohonyn nhw;

- y graddau y mae'r iaith yn cael ei siarad yn y teulu, yr ysgol, yr ardal maen nhw'n byw ynddi;

- goblygiadau iaith o ran awdurdod.

(Gruffudd, 1995 Ymchwil heb ei gyhoeddi)

Gall agweddau plant tuag at y Gymraeg fel iaith leiafrifol mewn diwylliant Eingl-Americanaidd fwyafrifol newid wrth iddyn nhw fynd yn hŷn. Mae hi'n hanfodol i weithwyr dwyieithog fod yn ymwybodol o ffactorau a all ddylanwadu ar batrymau defnydd iaith ymhlith plant a phobl ifainc.

Yn achos Ieuan dylid nodi ei fod yn 'brin o hyder' ac yn tangyflawni'n addysgiadol. Mae e hefyd mewn ysgol lle mae nifer arwyddocaol o'r plant yn fewnfudwyr o Loegr - fel plentyn o deulu Cymraeg brodorol efallai y caiff ei boeni oherwydd ei iaith.

Mae Ieuan yn 11 oed, - ar ddiwedd y cam a ddisgrifir gan Erikson fel un a nodweddir gan ddiwydrwydd yn erbyn israddoldeb. Mae'r wybodaeth yn yr astudiaeth achos hon yn awgrymu bod Ieuan wedi dod trwy'r cyfnod hwn o blentyndod â theimladau o israddoldeb. Mae e nid yn unig yn tangyflawni yn yr ysgol, ond os yw honiadau ei fam yn wir, mae e hefyd yn dioddef camdriniaeth gorfforol ac emosiynol gan ei dad.

I grynhoi, mae'n allweddol fod Ieuan yn cael dewis go iawn dros ba iaith i'w defnyddio yn y cyfweliad.

Ymarfer 5 - Yr Archwiliad Meddygol (20 munud)

Mae Ieuan yn 11 oed. Fel rhan o'r drefn amddiffyn plant mae'n rhaid iddo gael archwiliad meddygol.
Mae'r meddyg teulu a'r ymgynghorydd plant, sy'n cynnal yr archwiliad corfforol, yn uniaith Saesneg.

  a) Pa broblemau all godi o anallu'r meddygon i siarad Cymraeg â Ieuan?
  (10 munud)

  b) Sut gall y gweithiwr cymdeithasol gefnogi Ieuan yn y sefyllfa hon? (10 munud)

Nodiadau

Mae pŵer a goblygiadau statws iaith yn hynod o gryf yma. Mae Ieuan mewn safle gwan dros ben ac yn ôl pob tebyg mae e'n teimlo'n hynod o ddiamddiffyn. Gall defnyddio Saesneg yn lle'r Gymraeg danlinellu awdurdod y meddyg gan ei gwneud felly yn fwy bygythiol. Gall hyn leihau gallu Ieuan i gyfathrebu'n rhydd - e.e. i ateb unrhyw gwestiynau gan y meddyg neu i ddeall esboniadau a gynigir gan y meddyg.

Gall y gweithiwr cymdeithasol roi cymorth i Ieuan ymdopi â'r archwiliad meddygol trwy gynnig esboniad sy'n ymwneud â'r canlynol :

- yr hyn fydd yn digwydd;

- pam mae rhaid i'r meddyg weld Ieuan;

- trwy ateb cwestiynau Ieuan;

Mae'r archwiliad meddygol yn dangos tystiolaeth o gleisio sy'n gyson â bod y plentyn hynaf wedi ei guro â gwregys a'i gicio, ond fel arall mae e wedi ei fwydo'n dda ac mae'n iach. Serch hynny, mae holl ymarweddiad Ieuan yn awgrymu camdriniaeth emosiynol sylweddol dros gyfnod hir, ac mae'n amlwg fod arno gryn ofn o'i dad. Nid yw'r plentyn ieuaf yn dangos arwyddion camdriniaeth gorfforol nac emosiynol, ac mae'n ymddangos ei bod yn wir hoff o'i thad.

Ymarfer 6 - Sefydlu rheolau sylfaenol ar gyfer Cynhadledd Achos (60 munud)

Mae 'Working Together under the Children Act' yn sefydlu am y tro cyntaf y dylid caniatáu i rieni a phlant fod mewn cynhadledd achos.

Mae rôl y gynhadledd achos yn ddeublyg :

- penderfynu a ddylid gosod enw'r plentyn (ac enwau plant eraill yn y teulu) ar Gofrestr Amddiffyn Plant yr Ardal

- ffurfio Cynllun Amddiffyn Plentyn i'r plentyn/plant a fydd yn sicrhau lles y plentyn.

a) Naill ai yn unigol neu mewn grŵp ystyriwch rai o elfennau allweddol cyfathrebu mewn cynhadledd achos amlddisgyblaethol lle mae cwestiwn amddiffyn plentyn yn cael ei drafod? (15 munud)

b) Beth yw'r ystyriaethau ychwanegol pan fo rhieni a phlentyn yn cymryd rhan? (15 munud)

c) Datblygwch rai egwyddorion ar gyfer ymarfer da (30 munud)

Nodiadau

a) Er mai gweithio mewn partneriaeth yw nod pob cynhadledd achos sy'n ymwneud ag amddiffyn plant, mae'r realiti'n anodd. Mae'r bobl broffesiynol sydd â rhan yn y gynhadledd achos yn dod o gefndir hyfforddiant gwahanol, a gall fod ganddynt olwg a barn wahanol. Caiff y problemau eu dwysau gan natur y materion a drafodir - mae amddiffyn plant bob amser yn fater llosg.

Mae'r ddogfen 'Protecting Children' wedi canfod nifer o beryglon sy'n gysylltiedig â gweithio rhwng asiantaethau, sef:

- ffiniau ar gyfer rolau a chyfrifoldebau heb eu diffinio;
- agendau cudd sy'n dylanwadu ar y gweithgaredd ffurfiol;
- cystadleuaeth a gelyniaeth ymhlith pobl broffesiynol;
- awydd i osgoi anghytundeb agored ynglŷn â rheoli achosion

(D.O.H.1988)

A allai diffyg polisi cytûn ar iaith rhwng yr asiantaethau - polisi i gefnogi eu hymarfer - fod yn berygl pellach yn y cyd-destun Cymreig?

b) Pan fo rhieni a phlant yn cymryd rhan caiff dimensiwn arall ei ychwanegu at sefyllfa sydd eisoes yn gymhleth. Mae hi'n hanfodol bod y gwaith cynllunio ymlaen llaw yn nodi'n glir y materion sy'n codi a'r rhan a gymer rhieni a phobl broffesiynol eraill.

Mae rhai problemau a nodwyd gan Townsend (1992) yn perthyn i'r meysydd canlynol:

- rhannu gwybodaeth mewn cynadleddau achos pan fo rhieni'n bresennol; mae hyn yn codi cwestiynau penodol i'r heddlu a swyddogion meddygol;
- dangos uniaethiad staff gyda phlant a gafodd eu cam-drin a hynny yng ngwydd rhieni sydd wedi methu ag amddiffyn eu plant.
- rhieni sy'n colli pwyll ac yn ymosodol
- rhieni a all ddod â gwrthdaro i'r wyneb yn ystod cynhadledd achos

(Townsend, 1992)

c) Dyma nodweddion ymarfer da:

- Cadeirio da;
- Paratoi'r sawl sydd yn cymryd rhan;
- Eglurder am bwrpas y gynhadledd achos;
- Dylai ymchwilio ac asesu ddigwydd y tu allan i'r gynhadledd achos a dylid defnyddio cynhadledd i gyflwyno pynciau canolog, casgliadau ac argymhellion.

Er gwaethaf y problemau a nodwyd gan Townsend a chymhlethdod ychwanegol presenoldeb rhieni, mae Dalrymple a Burke (1995) yn awgrymu mai peth iawn yw rhoi lle i rieni yn yr holl broses. Maen nhw'n cefnogi eu barn trwy gyfeirio at ymchwil Bell sy'n nodi'r manteision yma :

- Roedd ansawdd y wybodaeth a rannwyd yn gwella. Roedd rhieni'n gallu cywiro camwybodaeth. Roedd pobl broffesiynol yn fwy tebyg o feddwl yn ofalus am yr hyn y bydden nhw'n ei ddweud, sut roedd hyn yn cael ei eirio er mwyn bod yn fwy gwrthrychol a pherthnasol ac er mwyn sicrhau tystiolaeth i gefnogi datganiadau.
- Roedd y cadeirio'n fwy pwrpasol;
- Roedd pobl broffesiynol yn credu y byddai rhieni'n llai tebyg o weld asiantaeth arbennig yn fwch dihangol gan fod penderfyniadau'n amlwg yn rhai ar y cyd;

- Credwyd bod cynlluniau asesu'n fwy realistig wrth gael deialog â rhieni. Credai 45% o sampl Bell fod sylw gwell wedi ei roi i holl gwestiwn ystyried risg.

(Bell, 1993)

Ymarfer 7 : Pa iaith y dylid ei defnyddio yn y Gynhadledd Achos? (25 munud).

a) Beth fydd y sefyllfa ieithyddol yn y Gynhadledd Achos? (5 munud)

b) A ddylai'r ffaith fod y meddyg yn siarad Saesneg ddylanwadu ar iaith y gynhadledd achos? Rhowch eich rhesymau (10 munud).

c) A ddylid defnyddio cyfleusterau cyfieithu? Os felly, ar gyfer pwy y dylai'r rhain fod? (10 munud)

Nodiadau

- Mae Ddeddf Plant 1989 yn argymell sensitifrwydd diwylliannol a ieithyddol wrth weithio gyda phlant a theuluoedd a chafodd hyn ei gryfhau gan Ddeddf yr Iaith Gymraeg 1993, (gw: Canllawiau Drafft ar Ffurf a Chynnwys Cynlluniau Bwrdd yr Iaith Gymraeg, 1994). Mae angen i asiantaethau ddatblygu polisïau ar ddefnyddio'r iaith mewn sefyllfaoedd penodol e.e. cynadleddau achos. Dylid rhoi'r brif ystyriaeth i les y plentyn.

- Mae'n brofiad cyffredin yng Nghymru fod siaradwyr Cymraeg yn aml yn plygu i anghenion ieithyddol rhai nad ydyn nhw ond yn gallu siarad Saesneg, ac wrth wneud hyn maen nhw o bosib yn creu sefyllfaoedd lle maen nhw eu hunain o dan anfantais. Gall y problemau waethygu lle mae'r person arall yn weithiwr proffesiynol neu mewn safle o ddylanwad ac awdurdod. Mae deddfwriaeth yn anelu at gynnig cydraddoldeb i ddefnyddwyr ieithoedd lleiafrifol, yn enwedig y rhai hynny sydd mewn sefyllfaoedd gwan neu ddiamddiffyn. Ni ddylai iaith y meddyg fod yn ystyriaeth.

- Mae adran Sian Wyn Siencyn ar gyfieithu yn 'Sain Deall' yn cynnig canllawiau defnyddiol. Yn y sefyllfa hon byddai cyfleusterau cyfieithu o'r Gymraeg i'r Saesneg yn ddefnyddiol i bobl broffesiynol nad ydyn nhw'n siarad Cymraeg.

(Siencyn 1995)

98

Ymarfer 8 : Cynllunio ar gyfer y dyfodol? (50 munud)

Mae Ieuan yn 11 oed.

a) Pe baech chi'n weithiwr cymdeithasol iddo, beth fyddai eich prif gonsyrn/
ofidiadau amdano a'i ddatblygiad yn y dyfodol? Meddyliwch am hyn yn nhermau
thema Erikson o ddiwydrwydd yn erbyn israddoldeb.
Gwnewch restr o'ch ystyriaethau (30 munud).

b) Beth fydd yn rhaid ei ystyried wrth weithio gyda Ieuan yn y dyfodol? (20 munud)

Nodiadau

- Mae Ieuan yng nghanol ei blentyndod. Dyma'r cam yn ôl Erikson pan fo angen i blant
ddatrys yr argyfwng neu densiwn rhwng diwydrwydd ac israddoldeb. Caiff plant eu
herio i ddatblygu sgiliau a galluoedd newydd. Maen nhw'n effro iawn i ymatebion pobl
eraill tuag atyn nhw ac yn gweithio'n galed i ennill cymeradwyaeth, cariad ac
edmygedd eraill.

Mae'r ysgol yn disgrifio Ieuan fel :

  - plentyn unig

  - plentyn sy'n cael ei boeni gan blant eraill

  - plentyn heb hyder

  - plentyn sy'n tangyflawni'n addysgiadol.

Mae'r archwiliad meddygol yn nodi bod :

  - Ieuan wedi cael ei gam-drin yn gorfforol gan ei dad

  - Ieuan yn ofni ei dad

  - Ieuan wedi cael ei gam-drin yn emosiynol dros gyfnod hir

  - Ieuan yn cael ei wneud yn fwch dihangol.

Yn eu pennod ar 'The Social Relations of Middle Childhood' mae Cole a Cole yn
archwilio'r angen am hunan-barch a'i gysylltiadau ag iechyd meddwl. Tra bo hunan-
barch uchel mewn plentyndod wedi ei gysylltu â hapusrwydd a bodlonrwydd mewn
bywyd diweddarach, mae diffyg hunan-barch wedi ei gysylltu ag iselder, pryder a diffyg
ymaddasiad yn yr ysgol ac mewn perthnasau cymdeithasol. (Cole a Cole, 1993)

Dyma ffactorau sy'n gysylltiedig â datblygiad hunan-barch :

  - arferion yn y teulu sy'n derbyn a dangos parch at blant;

  - ffiniau wedi eu diffinio'n eglur;

  - parch at fod yn unigolyn.

- Os bydd Ieuan yn aros gyda'i deulu neu os bydd angen gofal arall arno nod canolog y gwaith fydd hybu ei ddatblygiad iach, cadarnhaol at y dyfodol. Felly, bydd angen i unrhyw gynllun ystyried lles corfforol ac emosiynol Ieuan a'r hyn a fydd yn lleihau perygl iddo ac yn gymorth iddo gyflawni ei botensial. Dyma'r meysydd targed a ystyrir:

  - Gwaith gyda'r teulu i wella perthynas;

  - Gwaith gyda Ieuan i'w helpu i ddatblygu hunan-barch a hyder. Gall hyn olygu bod Ieuan i gymryd rhan mewn gweithgareddau sy'n ei gynorthwyo i ddatblygu sgiliau.

    Dylai gwaith gyda'r teulu ystyried pwysigrwydd iaith a diwylliant.

Os penderfynir symud y plentyn o'i gartref am 24 awr neu ragor, caiff iaith ei hystyried, ynghyd â ffactorau eraill fel crefydd, diwylliant, fel rhan o'r cynllun gofal.

'Rhoddir dyletswydd o dan Baragraff 11, Atodlen 2, ar yr awdurdodau lleol pan yn darparu gofal dyddiol ac wrth annog pobl i fod yn rhieni maeth i gymryd i ystyriaeth y gwahanol grwpiau hiliol y mae plant mewn angen yn perthyn iddynt o fewn eu talgylch.' (Prys Davies, 1994)

Dyma gwestiynau i'w hystyried :

- A ddylai cartref maeth Cymraeg ei iaith fod ar gael i Ieuan?

- A oes digon o rieni maeth sy'n siarad Cymraeg?

- Beth yw'r oblygiadau i blentyn o gael ei roi mewn cartref maeth lle mae'r iaith a siaredir yn wahanol i'w iaith bob dydd?

- Os caiff plentyn ei roi mewn cartref di-Gymraeg pa neges fydd yr asiantaeth yn ei rhoi i'r plentyn?

- Sut gall hyn ddylanwadu ar hunaniaeth/hunan-ddelwedd y plentyn?

Ymarfer 9 :
Gweithio tuag at wasanaeth sy'n sensitif at iaith a diwylliant plant yng Nghymru (30 munud).

a) Beth yw'r ystyriaethau sy'n codi o'r achos hwn? (15 munud)

b) Beth ddylai gael ei gynnwys yng Nghynlluniau Iaith asiantaethau sy'n gweithio ym maes Amddiffyn Plant yng Nghymru?
(15 munud)

Nodiadau

- Yr angen am bolisi iaith sy'n sefydlu canllawiau clir ar gyfer defnyddio iaith ym mhob rhan o'r trefniadau ar gyfer amddiffyn plant.

- Polisïau sy'n sicrhau fod systemau recriwtio, dethol, hyfforddi a chefnogi staff yn sensitif i ystyriaethau iaith a diwylliant yn y cyd-destun Cymreig.

Crynodeb

Mae amddiffyn plant yn cynnig sawl her arbennig o fewn cymunedau Cymraeg eu hiaith ac yng Nghymru yn gyffredinol. Mae angen i weithwyr o fewn y maes hynod gymhleth hwn fod yn effro i nifer o elfennau e.e. cyfathrebu â theuluoedd, â phlant ac ag asiantaethau eraill er mwyn sicrhau'r canlyniadau gorau posib i blant yng Nghymru.

Llyfryddiaeth

Ashton, S. (1994)	'The farmer needs a wife : farm women in Wales' Aaron et al (gol) Our Sisters' Land, Gwasg Prifysgol Cymru, 122 - 140.
Bell, M. (1993)	'See no evil, speak no evil, hear no evil' Community Care Inside, 28 October.
Brock, E. (1993)	'Becoming a tightrope walker' in Owen,H & Pritchard,J.(Eds) Good Practice in Child Protection: A Manual for Professionals, Jessica Kingsley Publishers, 113-124.
Canllawiau Drafft ynghylch Ffurf a Chynnwys Cynlluniau Iaith (1994),	Bwrdd Yr Iaith Gymraeg, Caerdydd.
Charles, N. (1994)	'The Refuge Movement and domestic violence' Aaron et al (gol) Our Sisters' Land., 48 - 61.
Cole, M. & S. R. (1993)	The Development of Children. Scientific American Books, 516 -562.
Darymple, J. & Burke, B. (1995)	Anti-oppressive Practice : Social Care and the Law. Gwasg Prifysgol Agored, Buckingham, 72, 142 - 146.
D.O.H (1991)	The Children Act : Guidance and Regulations. Vol 6 Children with disabilities. HMSO London.
Doyle, C. (1990)	Working with abused children. MacMillan, 10.
Gruffudd, H. (1995)	Y Gymraeg a phobl ifainc : Cynllun ymchwil Adran Addysg Barhaus Oedolion, Prifysgol Cymru Abertawe, Ymchwil heb ei chyhoeddi.
Department of Health (1988)	Protecting Children: A guide for Social Workers undertaking a comprehensive assessment. HMSO.
Home Office and department of Health (1992)	Memorandum of Good Practice. HMSO, 10-25.
Prys Davies, G. (1994)	'Yr Iaith Gymraeg a Deddfwriaeth', Gwaith Cymdeithasol a'r Iaith Gymraeg, CCETSW/Gwasg Prifysgol Cymru.
Thomas, R. G. (1995)	'Beth am y plant?', Golwg rhif 42.2 Mehefin 1995.
Townsend, D. (1992)	'New Rules and new problems', Community Care 26 March.
Working Together (1988):	A guide to arrangements for inter-agency co-operation for the protection of children. Department of Health and the Welsh Office, HMSO 1988.
Wyn Siencyn, S. (1995)	Sain Deall, CCETSW Cymru, 28,29 and 30.

GWEITHIO GYDAG OEDOLION

Nod yr adran hon yw rhoi cymorth i fyfyrwyr ystyried y Gymraeg yng nghyd - destun ymarfer gwrth - orthrymol gydag oedolion Cymraeg eu hiaith. Caiff ei seilio ar yr egwyddorion canlynol:

- ymarfer da yw ymarfer sy'n grymuso;
- nid oes modd gwahanu ymarfer sy'n grymuso oddi wrth ystyriaethau am y Gymraeg a'i diwylliant.

Mae angen i ymarfer a pholisi yng Nghymru integreiddio iaith a diwylliant. Mae Thompson (1993) wedi diffinio gormes fel hyn:

> **'Inhuman or degrading treatment of individuals or groups; hardship and injustice brought about by the dominance of one group over another; the negative and demeaning exercise of power. Oppression often involves disregarding the rights of an individual or group and thus is the denial of citizenship'**
>
> **(Thompson,1993)**

Bydd yr achosion yn y bennod hon yn dangos beth yw ystyr bod yn hen, yn sâl yn feddyliol, yn gorfforol anabl neu'n berson ag anableddau dysgu ac ar yr un pryd yn siaradwr Cymraeg ac yn aelod o grŵp ieithyddol lleiafrifol o fewn diwylliant gwasanaeth sydd ar y cyfan yn Eingl-ganolog.

Mae deunydd yr achosion wedi ei seilio ar sefyllfaoedd real defnyddwyr gwasanaeth sy'n siarad Cymraeg mewn gwahanol rannau o Gymru ac sydd ar wahanol adegau o'u bywyd. Nod y deunydd, yr ymarferion ategol a'r nodiadau yw hybu trafodaeth, ac ystyried ymarfer da trwy:

- Edrych ar y gofynion proffesiynol, cyfreithiol a pholisi ar gyfer ymarfer sy'n sensitif yn ieithyddol;
- Tynnu sylw at sefyllfa gofalwyr/defnyddwyr gwasanaeth;
- Codi cwestiynau a thrafod materion sy'n ymwneud ag iaith a diwylliant;
- Ystyried polisi ac ymarfer.

Beth yw Asesu a Rheoli Gofal?

'Care Management and assessment constitute one integrated process for identifying and addressing the needs of individuals within available resources, recognising that these needs are unique to the individuals concerned'

(DOH 1991)

Mae'r pwyslais felly ar:

- Gymhwyso gwasanaeth i gwrdd ag angen;
- Delio ag anghenion unigolion mewn ffordd gyflawn.

Dyma'r cyfiawnhad:

'The empowerment of users and carers. Instead of users and carers being subordinate to the wishes of service providers, the roles will be progressively adjusted. In this way users and carers will be enabled to exercise the same powers as consumers of other services'

(DOH,1991)

Defnyddir y diffiniad canlynol o ymarfer sy'n grymuso fel fframwaith ar gyfer y bennod hon:

- mae gan bawb sgiliau, dealltwriaeth a gallu;
- mae gan bobl yr hawl i gael eu clywed, i gyfranogi, i ddewis, i ddiffinio problemau ac i weithredu;
- mae problemau pobl yn gymhleth ac mae gormes cymdeithasol yn ffactor sy'n cyfrannu;
- mae pobl sy'n gweithio ar y cyd yn gryf;
- rhaid i ddulliau gwaith fod yn wrth-elitaidd ac yn wrth-orthrymol.

(Mullender a Ward 1991)

Mae'r diagram canlynol wedi ei addasu o'r Care Management and Assessment Practitioner's Guide er mwyn tanlinellu rôl/goblygiadau iaith a diwylliant ym mhob un o'r 7 cam yn y broses o Asesu a Rheoli Gofal.

Rheoli Gofal : Y Broses a Goblygiadau o Safbwynt Iaith

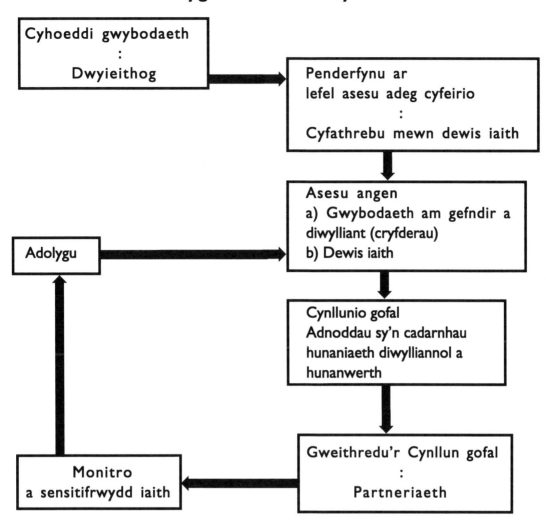

Cyhoeddi gwybodaeth
:
Dwyieithog

Penderfynu ar lefel asesu adeg cyfeirio
:
Cyfathrebu mewn dewis iaith

Asesu angen
a) Gwybodaeth am gefndir a diwylliant (cryfderau)
b) Dewis iaith

Adolygu

Cynllunio gofal
Adnoddau sy'n cadarnhau hunaniaeth diwylliannol a hunanwerth

Gweithredu'r Cynllun gofal
:
Partneriaeth

Monitro a sensitifrwydd iaith

Llyfryddiaeth

Thompson, N. (1993) Anti-discriminatory practice', MacMillan, London, 31

SSI (1991) Care Management and Assessment: Practitioner's Guide.9,10.

Smale, G. & Tuson, G. with Biehal, and Marsh, P. (1993) Empowerment, Assessment and the Skilled Worker, N. HMSO London

Mullender, A. and Ward, D. (1991) Self Directed Group Work: Users take action for Empowerment. Whiting and Birch,London.

Iechyd Meddwl

Deddfwriaeth a chanllawiau polisi sy'n ymwneud ag iaith a diwylliant mewn perthynas ag Iechyd Meddwl.

Nid yw Deddf Iechyd Meddwl 1983 yn cyfeirio'n benodol at iaith neu gefndir diwylliannol claf. Serch hynny, mae Adran 13(2) yn hawlio y dylai gweithiwr cymdeithasol cydnabyddedig 'gyfweld â'r claf mewn dull addas' pan fo'n asesu a ddylai'r claf gael ei derbyn i ysbyty meddwl yn erbyn ei hewyllys.

Cyhoeddwyd Cod Ymarfer ar Ddeddf Iechyd Meddwl 1983 yn 1993 (H.M.S.O. 1993), sy'n ymestyn canllaw'r cod blaenorol ar iaith a diwylliant. Mae'r cod newydd yn cynnig y canllaw canlynol ar iaith a diwylliant:

Y canllaw ar Asesu

Dylai'r bobl berthnasol ystyried y meini prawf statudol yn ogystal â :

- dymuniad a barn y claf am ei hanghenion ei hun;

- amgylchiadau teuluol a chymdeithasol;

- y risg o wneud tybiaethau wedi eu seilio ar ryw person, cefndir cymdeithasol a diwylliannol neu darddiad ethnig.

Y canllaw ar 'Gyfrifoldeb proffesiynol y gweithiwr cymdeithasol cydnabyddedig'

2.11 The A.S.W. must interview the patient in a suitable manner
   a. Where the patient and the A.S.W cannot understand each other's language sufficiently, wherever practicable recourse would be had to a trained interpreter who undersands the terminology and conduct of a psychiatric interview (and if possible the patient's cultural background).

   b. Where another A.S.W with an understanding of the patient's language is available, consideration should be given to requesting him to carry out the assessment or assist the A.S.W assigned to the assessment.

   c. The A.S.W. should bear in mind the potential disadvantages of a patient's relative being asked to interpret. Where possible, a trained interpreter should be used in preference to a relative, neighbour or friend;

2.19 A proper medical examination requires:

- direct examination of a person's mental state, excluding any possible preconceptions based on the patient's sex, social and cultural background or ethnic origin;

Where the patient and doctor cannot understand each other's language the doctor should, wherever practicable, have recourse to a trained interpreter who understands the terminology and conduct of a psychiatric interview (and if possible the patient's cultural background).

Ymarfer (45 munud)

Darllenwch y wybodaeth o'r Cod Ymarfer sy'n ymwneud ag iaith.

Naill ai'n unigol neu mewn grŵp ystyriwch:

1. Beth yw goblygiadau'r Côd Ymarfer ar gyfer ymarfer sy'n sensitif yn ieithyddol? (15 munud)

2. Beth yw effaith posib cyfieithu yn y cyd-destun hwn? (10 munud)

3. Beth yw goblygiadau posib cyfieithu a chael cyfieithydd yn bresennol? (10 munud)

4. Pa ddewisiadau eraill a all fod ar gael? (10 munud)

Nodiadau

Mae Cod Ymarfer 1993 yn agor y ffordd at sensitifrwydd ieithyddol trwy gydnabod rôl allweddol iaith a diwylliant o fewn asesu Iechyd Meddwl. Ond a yw hyn yn berthnasol i waith yn y cyd-destun Cymreig?

Gallai rhwystrau godi o fewn y cyd-destun Cymreig o'r ymadrodd **'Lle nad yw'r claf a'r gweithiwr cymdeithasol cydnabyddedig yn medru deall iaith ei gilydd yn ddigonol'/** 'where the patient and ASW cannot understand each other's language sufficiently'.. Mae hyn yn gofyn am gydnabyddiaeth benodol ar ran y claf a'r person proffesiynol nad oes digon o ddealltwriaeth rhyngddynt. I gleifion, gall hyn ddwysau unrhyw deimlad o wendid a diffyg hyder tra bo pobl broffesiynol - sydd wedi cael eu hyfforddi a'u cymdeithasoli mewn cyd-destun sy'n aml wedi gwthio ystyriaethau am y Gymraeg i'r ymylon - yn gallu credu nad oes unrhyw broblem wirioneddol os gall claf siarad Saesneg. Mae angen ystyried grym delweddau am y Gymraeg a Chymreictod a dylanwad hyn ar hunan ddelwedd. (Gweler pennod 2)

Mae'r broses o gyfieithu'n gymhleth. (Wyn Siencyn, 1995). Serch hynny, y gair a ddefnyddir yn y Côd Ymarfer yw 'dehongli'/ 'interpret' yn hytrach na chyfieithu. Mae hyn yn ychwanegu dimensiwn pellach. Disgwylir fod gan y cyfieithydd arbenigedd mewn cyfweld ym maes iechyd meddwl. Ond, ychwanegir 'os yn bosib'/'if possible' at y fantais o gael 'gwbodaeth am gefndir diwylliannol y claf'/ 'knowledge of the patient's cultural background'.

'The personal powerlessness experienced by those undergoing mental distress is compounded by a service which denies choice and dignity and is underpinned by the threat of compulsion'.

(Barker, 1991)

Cyflwyniad

Mae'r astudiaeth achos hon yn delio ag oedolyn ifanc Cymraeg y cafwyd ei fod yn dioddef o sgitsoffrenia.

Mae'r astudiaeth yn darlunio rhai o'r anawsterau ynglyn â 'dewis' iaith - mae'n peri inni holi'r cwestiwn 'Pa ffactorau sydd ynghlwm wrth hwyluso dewis iaith gwirioneddol a beth yw'r goblygiadau o ran ymarfer sy'n grymuso?'

Diffiniad o sgitsoffrenia - 'Schizophrenia is a medical term for people who through no fault of their own, have developed a serious problem in which their thoughts, feelings and behaviour have become very disturbed'

(Smith a Birchwood, 1985)

Astudiaeth Achos: Gareth Jones 22 oed.
Tad: Dafydd Jones 46 oed.

Y cyfeiriad

Mae Dafydd Jones yn ffonio Tîm Iechyd Meddwl y Gymuned am ei fab Gareth Jones sy'n 22 oed. Mae e'n ei chael hi'n anodd trafod ymddygiad Gareth. Mae Gareth yn gwrthod cymryd ei foddion, mae'n ei gau ei hun yn ei ystafell ac yn gwrthod dod allan. Mae e'n cyhuddo ei dad o 'ladd ei fam' ac mae Dafydd Jones yn poeni y gallai Gareth fynd yn dreisgar.

Cafwyd bod Gareth yn dioddef o sgitsoffrenia pan oedd yn 18 oed - cafodd ei dderbyn i ysbyty. Tan yn ddiweddar mae ymddygiad Gareth wedi bod yn gymharol sefydlog.

Mae Dafydd Jones a'i fab Gareth yn byw mewn tref yn Ne Cymru ers ychydig dros flwyddyn. Symudon nhw i'r De o bentref bach yng Ngorllewin Cymru i fod yn agos at rieni Dafydd ar ôl i'w wraig gael ei lladd mewn damwain car. Maen nhw mewn cysylltiad â'u meddyg teulu, ond dydyn nhw ddim wedi derbyn cefnogaeth oddi wrth weithiwr cymdeithasol.

Ymarfer 1 (30 munud)

a) Ystyriwch y wybodaeth yn y cyfeiriad.

b) Beth yw'r tasgau sy'n wynebu'r gweithiwr cymdeithasol Iechyd Meddwl?

c) Beth yw pwysigrwydd pennu dewis iaith yn ystod y cam hwn?

Gallech ystyried :

- elfennau cyfathrebu effeithiol;

- elfennau cyfathrebu effeithiol i rywun nad yw'r Saesneg yn iaith gyntaf iddo;

- cyfathrebu effeithiol mewn perthynas ag iechyd meddwl;

- pwysigrwydd cyfathrebu effeithiol mewn asesiad sownd a dibynadwy, yn enwedig pan yn asesu risg a pherygl.

Yn dilyn trafodaeth â'r meddyg teulu, penderfynwyd cyfeirio'r achos at Weithiwr Cymdeithasol Iechyd Meddwl er mwyn cael asesiad.

Ymarfer 2 - Cyfweld mewn 'dull addas?' (30 munud)

Darllenwch y canllawiau ar asesu a'r gofynion ynglŷn â'r cyfweliad o'r Cod Ymarfer.

a) Beth a olygir gan y term 'cyfweld â chlaf mewn dull addas', gan gyfeirio'n arbennig at sefyllfa Gareth? (15 munud)

b) Dychmygwch mai chi yw'r gweithiwr a meddyliwch am/trafodwch eich tybiaethau personol am Gareth a'i deulu, gan gynnwys tybiaethau am bwysigrwydd, neu ddiffyg pwysigrwydd y Gymraeg yn y sefyllfa hon. (15 munud)

Ymarfer 3 - Pwer iaith. (20 munud)

Beth yw'r perthnasoedd pwer yn y fan hon? (10 munud)
Sut gallen nhw gael eu dylanwadau gan ystyriaethau ieithyddol? (10 munud)

Bydd angen i chi ystyried

- y materion statws sydd wrth wraidd iaith -

- y berthynas bwer yn y broses asesu -

- yr angen i rymuso Gareth a Dafydd yn y broses asesu.

Yn ystod eich ymweliad cyntaf rydych yn sefydlu'r darlun canlynol o Gareth a'i deulu a'i sefyllfa.

Ganed Gareth mewn pentref bach gwledig yng Ngorllewin Cymru ac fe'i magwyd ef yno. Roedd Dafydd a'i wraig Angela wedi symud i'r gorllewin oherwydd swydd Dafydd, ac roedden nhw wedi penderfynu ymgartrefu yn yr ardal. Roedd Gareth wedi mynychu ysgolion lleol tan iddo adael yr ysgol yn 16 oed. Y Gymraeg oedd iaith y teulu, yr ysgol, ffrindiau a bywyd yn gyffredinol.

Roedd Gareth yn unig blentyn ac ymddangosai i'w dad fel pe bai'n ymddwyn fel y rhan fwyaf o bobl yn eu harddegau. Roedd e'n ganolig yn yr ysgol ac roedd tipyn o ffrindiau ganddo bob amser.

Pan oedd e'n 18 oed derbyniwyd Gareth i ysbyty seiciatrig lleol a chafwyd ei fod yn dioddef o 'sgitsoffrenia'. Roedd Mr a Mrs Jones wedi cael eu brawychu gan y newid a fu yn Gareth - roedd e'n ddrwgdybus ac yn cwyno ei fod yn clywed lleisiau. Rhoddwyd moddion iddo ac yn y pen draw cafodd ddychwelyd adref at ei rieni. Ar ôl dychwelyd o'r ysbyty roedd wedi bod yn llesg gan gadw ato'i hun. Roedd Mr a Mrs Jones wedi bod yn bryderus yn ei gylch - doedd dim llawer o wybodaeth ganddyn nhw a doedden nhw ddim yn gwybod sut i ddelio â'r newidiadau yn Gareth.

Cyn iddo gael ei dderbyn i'r ysbyty roedd Gareth wedi bod yn gweithio fel clerc gyda chwmni lleol, lle byddai'r Gymraeg yn cael ei defnyddio'n helaeth. Ac ar ôl iddo ymsefydlogi cytunodd y cwmni ei dderbyn yn ôl yn rhan amser. Roedd ei gyngyflogwyr wedi nodi ei fod 'ychydig yn brin o gymhelliad' ond roedd yn hapus wrth ei waith. Dilyn clwb pêl-droed lleol, ar y cae ac oddi arno, oedd prif weithgaredd cymdeithasol Gareth. Roedd ei ddiddordeb wedi parhau i raddau llai ar ôl iddo adael yr ysbyty.

Rhai misoedd cyn i Dafydd a Gareth Jones symud i'r De, lladdwyd Mrs Jones mewn damwain car. Ar ôl marwolaeth ei wraig penderfynodd Dafydd Jones symud i'r De lle y gallai fod yn agos at ei rieni a allai roi help iddo ofalu am Gareth. Roedd e wedi gweithio gydag awdurdod lleol a llwyddodd i ddod o hyd i waith tebyg. Ond roedd hyn yn golygu cael swydd is ac ychydig llai o arian.

Ers symud i'r De roedd Dafydd a Gareth wedi methu â sefydlu perthynas â llawer y tu allan i'r teulu agos. Roedd ymddygiad Gareth wedi gwaethygu'n raddol. Yn ystod y mis diwethaf gwrthododd gymryd ei foddion. Mae Dafydd Jones yn sylwi ei fod e weithiau'n encilio ac yn anfodlon cyfathrebu ac ar adegau eraill byddai'n colli ei limpyn gan daflu pethau a chyhuddo ei dad o 'ladd ei fam'. Penderfynodd Dafydd Jones ffonio'r Gwasanaethau Cymdeithasol ar ôl i Gareth ymosod arno'n gorfforol. Mae'n cyrraedd pen ei dennyn. Pan oedd ei fam yn fyw hi oedd yr un â'r dylanwad mwyaf ar Gareth.

Cymraeg yw'r iaith a ddefnyddia Dafydd â Gareth bob tro.

Yn ystod y cyfweliad roedd hi'n anodd cyfathrebu â Gareth a oedd yn ddi-raen ei olwg ac yn cadw ato'i hun. Canfu'r gweithiwr cymdeithasol nad oedd Gareth yn teimlo'n hapus yn y De a bod ganddo deimladau cymysg am ei dad.

Ymarfer 4 - Esbonio ymddygiad Gareth. (30 munud)

Darllenwch y wybodaeth a gafwyd o'r ymweliad a meddyliwch am y gwahanol ffyrdd o esbonio ymddygiad Gareth.

Beth yw'r ystyriaethau allweddol y mae'n rhaid eu hystyried yn ystod y cam hwn o'r asesiad?

a) Arwyddocâd ymddygiad Gareth.

b) Y math o ymyrraeth / 'intervention' sydd ei angen yn ystod y cam hwn?

c) Ym mha ffordd mae iaith yn bwysig?

ch) Yn ôl Erikson, o bosib gellir disgrifio Gareth fel oedolyn ifanc sy'n wynebu argyfwng 'agosatrwydd yn erbyn arwahanrwydd'. Sut gall hyn fod yn berthnasol?

Nodiadau

Gall y modelau canlynol, sy'n cynnig ffordd o ddeall y profiad a'r anghenion a ddaw â phobl i gysylltiad ag asiantaethau gofal cymdeithasol, fod o fudd wrth ystyried sefyllfa Gareth Jones:

- Ffactorau perthnasol i'r unigolyn a'i phrosesau mewnol e.e. mynd yn hŷn; cyflwr meddygol.

- Yr unigolyn yn ei hamgylchedd uniongyrchol - e.e. perthynas ag eraill / lefelau straen yn y gwaith a'r berthynas rhwng yr elfennau hyn.

- Ffeithiau am yr unigolyn yng nghyd-destun grwpiau cymdeithasol a'i sefyllfa o fewn strwythur cymdeithas.

(Braye a Preston-Shoot,1995)

Mae'r llyfr 'Living After Mental Illness: Innovations in Service' (Patmore,1987) yn dod â nifer o gasgliadau'n seiliedig ar astudiaethau ymchwil ar salwch meddwl at ei gilydd. Nodir y ffactorau canlynol fel rhai pwysig wrth ystyried sgitsoffrenia a'r potensial ar gyfer gwella wedi cyfnod cychwynnol neu gyfnod diweddarach mewn ysbyty:

- Rôl allweddol rhwydwaith o gefnogaeth bersonol i helpu'r person i wella ar ôl iddi ddod allan o'r ysbyty.

Mae ymchwil yn America ac ym Mhrydain yn awgrymu bod llawer o bobl yn colli perthynas a chyfleoedd cymdeithasol fel canlyniad i ... **' disruption to the person's social world which is incumbent upon the person's first breakdown'. 'Networks decrease with admissions to hospital - family links are greater than other links but these also tend to shrink.'**

(Lipton, Cohen, Fischer a Katz,1987)

> 'Active intervention at both an individual level and a network level
> at the time of the first psychotic episode is essential in order to
> prevent network collapse and resultant social isolation'
>
> (Lipton, Cohen, Fischer a Katz, 1987)

● Pwysigrwydd gwaith a chael rôl cymdeithasol yn y broses o wella. (Warner,1985)

Mae gwaith Warner yn bwysig am ei fod yn cydnabod ffactorau diwylliannol ac
economaidd a all broffwydo'r canlyniad ar gyfer y rhai sy'n dioddef o sgitsoffrenia.
Mae e'n gwrthgyferbynnu'r pwysau a roddir ar bobl mewn cymdeithasau diwydiannol
yn y gorllewin gyda lefelau uchel o ddiweithdra gyda chymdeithasau 'gwerinol' mewn
rhannau eraill o'r byd lle y mae'n haws i bobl sy'n dioddef o sgitsoffrenia ddychwelyd i
rôl a werthfawrogir yn gymdeithasol o fewn patrymau llafur cymunedau pentrefol.
Ffactor arall yw cyfraniad ... 'generally tolerant, non-critical, non-stigmatising attitudes
on the part of the family, extended family and wider community in all but prolonged,
violent, or socially disruptive manifestations of mental illness'. (Warner,1985)

● Pwysigrwydd y teulu wrth helpu'r unigolyn i wella o salwch meddwl. Gall agweddau,
disgwyliadau ac ymddygiad o fewn y teulu ddylanwadu ar ganlyniadau (Barrowclough a
Tarrier, 1987). Datblygwyd techneg o fesur 'mynegiant emosiwn'/ 'expressed emotion'
(EE) i asesu'r awyrgylch emosiynol mewn teuluoedd (Vaughan a Leff, 1976) a
chysylltwyd hyn â chanlyniadau i gleifion.

Cysylltwyd canlyniadau gwael i ddioddefwyr sgitsoffrenia ag agweddau beirniadol o
fewn teuluoedd neu ag agweddau ar y llaw arall sy'n oramddiffynnol. (McCarthy,1988)

Ymarfer 5 - Yr Asesiad Iechyd Meddwl (15 munud).

> **Ystyriwch/trafodwch y canlynol:**
>
> Pa broblemau a allai godi wrth i Gareth gael ei asesu gan dîm seiciatrig nad
> yw'n cynnwys siaradwr Cymraeg?

Nodiadau

Gallai defnyddio Deddf Iechyd Meddwl 1983 yn y sefyllfa hon beri bod Gareth yn colli ei ryddid.
Mae'r asesiad sylfaenol yn cynnwys edrych ar:

- hanes y claf;
- personoliaeth sylfaenol;
- archwiliad o 'gyflwr meddwl' presennol;
  (Edrychwch ar fformat Asesiad Cymdeithasol yn 'Social Work Practice in Mental
  Health' yn Huxley, P. 1985)

Gallai'r broses hon fod yn ddethol dros ben - mae'r claf ac eraill yn cynnig gwybodaeth, ond mae'r seiciatrydd yn dethol yr hyn sy'n berthnasol. Gall cyfathrebu gael ei gyfyngu gan :

- natur y wybodaeth a roddir gan y claf ac eraill

- y ffordd y caiff y wybodaeth ei dethol a'i defnyddio

'The way that people describe disturbance to clinicians is stongly influenced by cultural norms and models of illness'

(McCarthy, 1988)

Bydd y tîm seiciatrig yn dylanwadu'n gryf ar y broses hon o ran:

- barn pobl broffesiynol am ddylanwad ffactorau penodol mewn mathau arbennig o salwch;

- canfyddiad pobl broffesiynol o'r bobl sy'n rhoi'r wybodaeth;

- y ffordd y gwelir pobl broffesiynol gan y person a gaiff ei asesu.

'If the doctor's beliefs do not mesh with those of the family, both parties are likely to emerge from the interview dissatisfied and with a sense of not having been listened to'

(McCarthy, 1988)

Mae cyhoeddiad y Northern Curriculum Development Team yn y gyfres ar ymarfer gwrthhiliol, 'Improving Mental Health Practice' yn archwilio'r broses o ddadansoddi ac asesu mewn seiciatreg.

Nid yw asesu'n niwtral, y mae yn hytrach yn broses sy'n cael ei dylanwadu gan berthnasoedd pwer a'r rheiny yn eu tro yn cael eu llywodraethu gan gyd-gysylltiad rhwng diwylliant ac ymddygiad.

'Besides listening to and observing the patient, the doctor had to be self aware:

'What is my attitude?
Am I understanding the situation from the patient's point of view or from mine alone?
What is my reaction to his behaviour?'

In short the interview had to examine both the patient's and professional's words and actions'.

(Armstrong, wedi ei ddyfynnu yn Clarke, et al 1993)

Mae gwaith diweddar yn y cyd-destun Cymreig wedi dangos fod y potensial am gamddealltwriaeth yn fwy pan fo pobl broffesiynol yn uniaith a'r defnyddiwr yn ddwyieithog, e.e.

Mae Sian Wyn Siencyn yn cyfeirio at broblemau a all ddigwydd pan fo person sy'n rhugl yn y Gymraeg yn siarad â gweithiwr uniaith, e.e. y fam Gymraeg sy'n dweud wrth y gweithiwr fod ei mab iau yn 'pulling on his younger brother'. Mae adroddiad y gweithiwr cymdeithasol yn cofnodi fod y plentyn yn dreisgar tuag at ei frawd iau, tra mewn gwirionedd, yr hyn y mae'r fam yn ei wneud yw cyfieithu'r idiom Gymraeg '**tynnu ar**' yn llythrennol - yr ystyr yw '**poeni, tynnu coes, cael hwyl**.' Mae hyn, wrth gwrs, yn rhoi agwedd gwbl wahanol i'r sefyllfa (Wyn Siencyn,1995)

Yn dilyn yr asesiad caiff Gareth ei dderbyn i ysbyty seiciatrig lleol dan Adran 2 o'r Ddeddf Iechyd Meddwl - Gorchymyn Asesu.

Ymarfer 6 -
Dod yn glaf mewn ysbyty seiciatrig - A oes gan Gareth unrhyw hawliau fel siaradwr Cymraeg? (30 munud)

a) Naill ai fel unigolyn neu fel grŵp rhestrwch agweddau o fywyd fel claf mewn ysbyty - o gyfnod cyrraedd i adeg ymadael.

b) Canolbwyntiwch ar yr elfennau sy'n ymwneud â hawliau a thrafodwch sut mae'r rhain yn gysylltiedig ag iaith a/neu ddiwylliant.

c) Sut mae modd i staff yr ysbyty ymddwyn yn sensitif at anghenion ieithyddol Gareth Jones a'i deulu yn ystod ei arhosiad yn yr ysbyty?

Nodiadau

Dylai eich rhestr gynnwys:

Derbyn i'r ysbyty

- Cael ei dderbyn mewn ffordd sy'n sensitif i Gareth fel siaradwr Cymraeg;
- Cael cynnig gwybodaeth ysgrifenedig a llafar am hawliau yn Gymraeg.

Triniaeth

- Dylai Gareth gael cynllun triniaeth sydd wedi ei gofnodi'n iawn. Yn ddelfrydol dylid ei drafod gydag ef a Dafydd, os yw Gareth yn cytuno, i sicrhau ei fod yn gallu cyfrannu at y cynllun a rhoi cyfle iddo ddweud a yw'n cytuno ag e. Ceir yr egwyddorion sylfaenol ynglŷn â 'chydsyniad'/ 'consent' ym mhennod 15 o God Ymarfer 1993.

Derbyn therapi a mathau eraill o gymorth

Mae perygl y bydd pobl fel Gareth a Dafydd sy'n siarad Cymraeg fel iaith gyntaf yn cael eu trin yn yr un ffordd â phawb arall heb gael dewis iaith. Os caiff ystyriaethau ieithyddol eu pwysleisio, mae'n bosib y caiff claf, a'i deulu, eu labelu fel rhai 'anodd, afresymol'. Gan y bobl broffesiynol y mae'r rôl rheoli a nhw sy'n gallu diffinio 'gwyriad' ('deviance'). (Green,1982) Fel yn achos aelodau o grwpiau lleiafrifol ieithyddol eraill y mae'n bosib:

- na fyddan nhw'n gallu elwa'n llawn o rai mathau o gymorth e.e. cynghori am ei fod yn anaddas yn ieithyddol.

- nad yw rhai mathau o gymorth, e.e. llinellau cymorth ffôn neu grwpiau cefnogaeth i berthnasau, yn darparu ar gyfer siaradwyr Cymraeg.

Ymarfer 7 (15 munud)

Rhestrwch linellau cymorth a grwpiau cefnogaeth sydd ar gael yn Gymraeg - yn lleol ac yn genedlaethol.

Ymarfer 8 - Herio penderfyniadau (45 munud).

Mae Gareth Jones yn apelio i'r Tribiwnlys Adolygu Iechyd Meddwl. Mae'n hawlio na ddylid ei gadw yn yr ysbyty yn erbyn ei ewyllys.

a) Nodwch yr holl eiriau a gysylltwch â 'Thribiwnlys Iechyd Meddwl'.(10 munud)

b) Yna, canolbwyntiwch ar yr holl eiriau sy'n gysylltiedig â

iaith, cyfathrebu a phwer. (5 munud)

c) Mewn grŵp chwaraewch rôl neu drafodwch Dribiwnlys Iechyd Meddwl. Sut gall sefyllfa Tribiwnlys gael ei gwneud yn llai bygythiol i ddefnyddwyr gwasanaeth / gofalwyr sy'n perthyn i grŵp ieithyddol lleiafrifol - pobl sy'n siarad Cymraeg fel iaith gyntaf yn yr achos hwn? (30 munud)

Dyma'r rolau:
- Gareth
- Dafydd (ei berthynas agosaf)
- Gweithiwr cymdeithasol
- Cyfreithiwr i gynrychioli Gareth (os yw'n dewis cael un)
- Y Cadeirydd (a ddaw o gefndir cyfreithiol)
- Seiciatrydd
- Person lleyg (fel arfer â chefndir mewn gwaith cymdeithasol, neu rywun sydd wedi gweithio yn y sector gwirfoddol).

Nodiadau

' Ein hegwyddor arweiniol, ym mhob mater sy'n ymwneud â gwaith y Tribiwnlys, yw cynnig yr amddiffyniad mwyaf i hawliau'r unigolyn, a bod yn rhaid iddi barhau felly, ac wrth gwrs, yn hynny o beth delir bod yr hawl i ddefnyddio iaith gyntaf eich dewis yn sylfaenol' (Ymateb i ymholiad gan aelod o'r cyhoedd 1995)

Ymarfer 9 - Ymarfer sy'n grymuso (30 munud)
Gwasanaethau Cefnogi yn y Gymuned

Mae Gareth yn awr wedi bod yn yr ysbyty am bedwar mis. Chi oedd ei weithiwr cymdeithasol yn ystod y cyfnod hwn. Rydych chi wedi ymweld â'r ysbyty i weld Gareth sawl gwaith, ac wedi ymweld â Dafydd yn y cartref.

Mae Dafydd am i Gareth ddod adre, ond yn ystod ei gyfnod yn yr ysbyty mae Gareth wedi penderfynu nad yw e am ddod adre, ond byddai'n hoffi symud i'w lety ei hun. Mae e'n holi am y posibilrwydd o fynychu Canolfan Gofal Dydd, lle gallai gadw cysylltiad â phobl ifainc y cyfarfu â nhw yn yr ysbyty, neu gael rhyw fath o waith gyda chefnogaeth arbennig. Mae Gareth fel pe bai'n ei bellhau ei hun oddi wrth Dafydd. Mae Dafydd yn arbennig o drist nad yw Gareth yn siarad Cymraeg ag ef bellach.

a) Beth yw rolau allweddol gwaith cymdeithasol a gwasanaethau Iechyd Meddwl yn y Gymuned gyda Gareth a Dafydd yn ystod y cyfnod hwn?

b) Pam ei bod yn bwysig deall safiad Gareth ar iaith ac ymateb Dafydd iddo?

c) Ystyriwch gamau bywyd Gareth a Dafydd.

Nodiadau

a) Nod gwaith cymdeithasol gyda Gareth fydd ei helpu i wneud cynlluniau realistig ar gyfer ei ddyfodol a'i alluogi i'w rhoi ar waith. Rôl gwasanaethau yn y gymuned fydd

- cefnogi Gareth ar ôl iddo adael yr ysbyty;
- cynllunio rhaglen ymyrryd/'intervention'.

Mae gan Dafydd ei anghenion ei hun. Mae'r wybodaeth sydd ar gael yn awgrymu ei fod wedi bod yn dioddef o iselder ac nad yw wedi cael y cyfle i ddelio â'i alar a'i golled ar ôl marwolaeth ei wraig. Yn ogystal â hyn fe hefyd yw perthynas agosaf Gareth, ac mae'r ychydig astudiaethau sydd ar gael yn awgrymu fod ar draean o berthnasau, o bosib, angen cymorth gyda symptomau seiciatrig sy'n deillio o'r rôl cefnogi. (Creer et al., 1982, Fadden et al., 1987 y cyfeirir ato yn Mc Carthy,1988). Mae asesiad o anghenion y perthynas ei hun yn hanfodol.

Mae ymchwil yn dangos fod diddordeb a chefnogaeth barhaus y teulu o bosib yn hanfodol

'Families are a major resource for long lasting social relationships'

Ond, mae teuluoedd pobl â salwch meddwl tymor hir ag angen cymorth wedi ei strwythuro er mwyn iddyn nhw fedru helpu'r person i weithredu ar ei fwyaf effeithiol. (Barrowclough a Tarrier,1987)

Bydd cymorth effeithiol yn ystyried camau bywyd ac arwyddocad hyn o ran gwaith cymdeithasol. I Gareth fel oedolyn ifanc byddai'n rhesymol disgwyl ei fod ar yr adeg lle y byddai'n ystyried symud oddi wrth ei deulu gan ddatblygu mathau gwahanol o berthnasau â phobl. Y realiti i Gareth yw bod ei salwch wedi ei orfodi i sefyllfa o ddibyniaeth.

Mae Dafydd yn y cyfnod pan fyddai efallai'n cymryd mwy o gyfrifoldeb yn y gweithle neu yn y gymuned. Y realiti i Dafydd yw ei fod yn ofalwr a bod hyn o reidrwydd wedi golygu gostyngiad o ran rhagolygon gyrfa a chyfyngiad yn ei fywyd y tu allan i'r cartref.

b) Bydd angen i'r rhaglen gefnogi gyda theulu Gareth fod yn effro i ddeinameg iaith ac ystyron posib agwedd amwys Gareth tuag at defnyddio'r Gymraeg gyda'i dad. I Dafydd mae iaith yn amlwg yn arwyddocaol iawn fel symbol a chyfrwng:

- agosrwydd rhyngddo ef a Gareth;

- yr etifeddiaeth ddiwylliannol a rannant;

- dealltwriaeth rhyngddo ef a Gareth;

I Gareth gall gwrthod defnyddio'r Gymraeg â Dafydd olygu:

- ei fod am ymbellhau oddi wrth ei dad;

- ei fod yn cosbi ei dad;

- ei fod yn mynegi ei angen am annibyniaeth;

- ei fod yn ceisio torri ei gysylltiad â'r gorffennol;

- ei fod yn ei chael hi'n anodd ymdopi â defnyddio'r Gymraeg gyda'i dad, am ei fod yn ofni'r lefel uchel o emosiwn a allai gael ei fynegi.

Wrth gwrs, efallai mai'r hyn y mae Gareth yn ei wneud yw addasu'i hun i set newydd o amgylchiadau lle y mae'n haws defnyddio'r Saesneg yn lle'r Gymraeg, a lle mae hynny'n fwy derbyniol yn gymdeithasol. Efallai ei fod wedi sylweddoli, mewn ysbyty gyda staff uniaith Saesneg, mai problem yw'r Gymraeg ac un ffordd sicr o ennill ffafr yw trwy droi ei gefn ar ei 'odrwydd' ychwanegol.

Ymarfer 10 -
Sut mae modd grymuso gofalwyr a defnyddwyr Cymraeg eu hiaith?
(30 munud)

a) Beth yw hanfod ymafer gwrth-orthrymol gyda Gareth a Dafydd? (15 munud)

b) Pam fod cydnabod iaith a diwylliant trwy gydol y gwaith gyda defnyddwyr gwasanaethau iechyd meddwl yn ganolog i ymarfer sy'n grymuso? (15 munud)

a) Mae ymarfer iechyd meddwl yn faes lle mae hawliau'n uchel ar yr agenda. Bydd ymarfer sy'n grymuso yn rhoi modd:

- i Gareth a Dafydd gael eu clywed;

- iddynt ddiffinio eu sefyllfa eu hunain;

- iddynt ddewis;

- iddynt gydnabod a delio gyda'r anghydraddoldeb y gallan nhw ei brofi fel aelodau o grŵp ieithyddol lleiafrifol o fewn y system iechyd meddwl;

- iddynt weithio gyda'u cryfderau.

b) Mae cydnabod yr iaith Gymraeg :

- yn gymorth i unioni'r anghydbwysedd pwer;

- yn cynnig cyfle gwell ar gyfer partneriaeth gydradd;

- yn cynnig mwy o reolaeth i'r gofalwr a'r defnyddiwr;

- yn hwyluso dealltwriaeth;

- yn gwneud gwasanaethau'n fwy addas;

- yn cynyddu'r posibilrwydd o gael canlyniad cadarnhaol.

Sut y gellir sicrhau fod ymarfer ym maes iechyd meddwl yn parchu amgylchiadau defnyddwyr gwasanaeth a'u teuluoedd?

Llyfryddiaeth

Armstrong, D. (1983)	'Political Anatomy of the body: Medical knowledge in Britain in the twentieth century', Cambridge University Press, 64-72.
Barker, I. 1991	Power Games Hove, Pavilion dyfynnwyd gan Braye, S & Preston Shoot,M. (1995) Empowering Practice in Social Care, Gwasg Prifysgol Agored, 48.
Barrowclough, C. & Tarrier, N. (1987)	'Recovering from Mental Illness : Following it through with a Family' in Patmore,C.(gol), Living After Mental Illness , Croom Helm, London, 37.
Braye, S. and Preston Shoot, M. (1995)	Empowering Practice in Social Care, Gwasg Prifysgol Agored, 50, 51.
Bellin, W. (1994)	'Proffesiynau Gofal a Chymry Cymraeg : Persbectif o Safbwynt Iaith a Seicoleg Cymdeithasol' Gwaith Cymdeithasol a'r Iaith Gymraeg Huws Williams, Rh, Williams,H & Davies,E. (gol.) Gwasg Prifysgol Cymru,Caerdydd.
Clarke, P., Harrison, M., Patel, K., Shah, M., Varley, M. and Zack-Williams, T. (1993)	Improving Mental Health Practice,CCETSW, Leeds
Creer, C., Sturt, E., and Wykes,T.(1982)	'The role of relatives' in J.K.Wing (gol) Long Term Community Care: Experience in a London Borough. Psychological Medicine Monograph, Supplement 2.
Davies, E. (1994)	They All Speak English Anyway,Prifysgol Agored/CCETSW Cymru.
Department of Health and Welsh Office (1993)	Code of Practice Mental Health Act 1983, HMSO.
Erikson, E. (1963)	Childhood and Society, Norton, New York.
Fadden, G., Bebbington, P., & Kuipers, L., (1987)	'Caring and its burdens: a study of the spouses of depressed patients', British Journal of Psychiatry, 151, 660-7.
Green, J. W. (1982)	Cultural Awareness in the human services Englewood Cliffs N.J. : Prentice-Hall.
Huxley, P. (1985)	Social Work Practice in Mental Health. Gower Community Care Practice handbooks.

Lavender, A. &
Holloway, F. (gol) (1988)

Community Care in Practice: Services for the Continuing Care Client. John Wiley and sons, Chichester.

Lipton, F., Cohen, C., Fischer, E. &
Katz, S.

'Schizophrenia: a network crisis ' Schizophrenia Bulletin, Volume 7, 1981, Issue number 1.

McCarthy, B. (1988)

'The Role of Relatives' in Lavender et al (gol) Community Care in Practice: Services for the Continuing Care Client, 207-224.

Patmore, C. (Ed)(1987)

Living after Mental Illness. Croom Helm,London.

Smith, J. & Birchwood, M. (1985)

What is Schizophrenia? Family Centre for Advice, Resources and Education Department of Clinical Psychology, West Birmingham Health Authority.

Warner, R. (1985)

Recovery from Schizophrenia, Routledge and Kegan Paul, London.

Vaughan, C. E., and Leff, J. P. (1976)

The measurement of expressed emotion in families of psychiatric patients. British Journal of Social and Clinical Psychology, 15, 157-165.

Wyn Siencyn, S. (1995)

Sain Deall, CCETSW Cymru, 36.

Darllen Pellach

Improving Mental Health Practice :

A Training Manual (1993) Clarke,P., Harrison, M., Patel, K., Shah, M., Varley, M. & Zack-Williams,T. Northern Curriculum Development Group,CCETSW Leeds.

Anabledd Dysgu

'Different identities are forged between the 'self' and the person's immediate environment - particularly his/her family life. Parents continue to mould and reflect identity long after they have died'.

(Atkinson a Williams, 1990)

Cyflwyniad

Mae'r astudiaeth achos hwn yn darlunio sefyllfa dyn canol oed ag anableddau dysgu cymedrol yng nghyd-destun ehangach gofal yn y gymuned. Mae Evan Watkins i bob pwrpas yn siaradwr Cymraeg uniaith, gyda rhai ymadroddion o Saesneg. Mae e'n byw mewn ardal draddodiadol Gymraeg ond lle mae llawer o fewnfudwyr o Loegr.

Nod yr astudiaeth hon yw :

- annog ystyriaeth o rôl iaith wrth gymell person ag anableddau dysgu i ymdopi â chyfnod o newid

- edrych ar oblygiadau iaith ar gyfer gwneud defnydd o gryfderau a) defnyddiwr a b) y gymuned

- meddwl am anghenion ieithyddol o fewn fframwaith normaleiddio ac egwyddorion Strategaeth Cymru Cyfan. Dyma brif egwyddorion 'Strategaeth Cymru Cyfan' :

    - Yr hawl i batrymau normal o fywyd o fewn y gymuned;

    - Yr hawl i gael eich trin fel unigolyn;

    - Yr hawl i ofyn am gefnogaeth ychwanegol gan y cymunedau yr ydych chi'n byw ynddynt a chan wasanaethau proffesiynol er mwyn rhoi cyfle i ddatblygu i'ch potensial llawn fel unigolion.

(Panel Ymgynghori Cymru Gyfan 1991)

Defnyddiwr gwasanaeth: Evan Watkins 46 oed.
Gofalwr: Mr Watkins 80 oed.

HANES

Mae gan Evan Watkins anawsterau dysgu ac epilepsi ers ei blentyndod. Mae e wedi byw mewn pentref Cymraeg trwy gydol ei oes. Roedd e'n byw gyda'i rieni nes iddyn nhw farw 6 blynedd yn ôl.

Ni chafodd Evan addysg ffurfiol. Aeth i Ganolfan Hyfforddi Iau a gynhaliwyd gan yr Adran Iechyd ac yna i Ganolfan Hyfforddi Oedolion (Canolfan Gweithgareddau Cymdeithasol) tua 20 milltir o'i gartref. Doedd Evan ddim yn arbennig o hapus yn y Ganolfan yma a threuliai fwy o amser gartref gyda'i deulu nag yn y Ganolfan.

Yn dilyn marwolaeth ei rieni, roedd Evan yn byw ar ei ben ei hun gyda chymorth cartref. Daeth hyn i ben ar ôl blwyddyn ac aeth Evan i fyw gydag ewythr agos, a oedd yn oedrannus ac yn anabl, mewn llety Cyngor. Yn ystod y cyfnod hwn trefnodd gweithiwr cymdeithasol i Evan fynd i Ganolfan Ddydd leol, ac i ofalydd Cartref di-Gymraeg helpu Evan a'i ewythr yn y cartref.

Yn ddiweddar mae ewythr Evan wedi bod yn sâl. Ar ôl cyfnod yn yr ysbyty, symudodd i ofal preswyl. Mae Evan wedi parhau i fyw ar ei ben ei hun gyda chymorth cartref. Serch hynny, nid yw ei ddwy chwaer briod yn hapus ei fod yn byw ar ei ben ei hun yn ddi-baid a chredant fod hyn yn achosi gormod o beryglon i'w ddiogelwch . Mae ei chwiorydd yn gofyn i Evan gael ei ailasesu, gyda'r bwriad o'i symud i lety'r Gwasanaethau Cymdeithasol tua 30 milltir o'i gartref.

Rôl y gweithiwr cymdeithasol yw adolygu'r Cynllun Unigol a helpu Evan i wneud penderfyniadau am y dyfodol.

Ymarfer 1: Paratoi.
Deall byd Evan / deall Evan. (40 munud)

Rydych chi'n weithiwr cymdeithasol yn paratoi i weithio gydag Evan.
Darllenwch y wybodaeth ac ystyriwch/trafodwch y canlynol:

1. Beth sydd angen i chi ei ystyried o ran :

    - Evan ei hun;

    - sefyllfa Evan; (10 munud)

2. Mae egwyddor normaleiddio'n egwyddor bwysig wrth weithio gyda phobl ag anableddau dysgu.

    'Normalisation implies, as much as possible the use of culturally valued means in order to enable, establish and or/maintain valued social roles for people'

    (Wolfensburger a Tullman, 1989)

    Beth mae hyn yn ei olygu, yn eich barn chi, i waith yng Nghymru; ac i waith gydag Evan fel siaradwr Cymraeg? (20 munud)

3. Pa ystyriaethau personol sydd wrth i chi baratoi i weithio gydag Evan? (10 munud)

Nodiadau

Mae Evan yn ddyn canol oed gydag anableddau dysgu. Mae'n mynd trwy gyfnod o newid. Am ei 40 mlynedd cyntaf bu'n byw gyda'i rieni. Yn ystod y 6 blynedd diwethaf collodd ei rieni, a methodd ei ymdrechion i fyw ar ei ben ei hun gyda chymorth. Yn awr mae e'n wynebu cyfnod pellach o ansicrwydd pan fydd angen gwneud penderfyniadau am ei ddyfodol.

Bydd angen cael gwybodaeth am y canlynol wrth adolygu sefyllfa Evan:

1. Dylai unrhyw asesiad ddechrau gyda dealltwriaeth o Evan ei hun, asesiad sy'n ystyried ei alluoedd, ei brofiad o fywyd a'i gam o ran datblygiad. Beth yw'r ystyriaethau a'r pryderon i Evan? Beth fyddai Evan yn eu dewis o safbwynt nodau personol a beth fyddai'r ffyrdd o'u cyrraedd?

2. 'Normaleiddio': Theori a goblygiadau ymarfer .

   Yn achos Evan dylai hyn olygu:

   - y radd o annibyniaeth a dewis a fyddai'n arferol i aelodau o'r gymdeithas nad ydynt yn anabl;

   - cael mynediad i adnoddau a phrofiadau cymdeithas agored i'r un graddau ag yn achos unrhyw ddinesydd arall;

   - cael byw mewn ffordd debyg i fwyafrif pobl eraill o'r un oed.

   (Wolfensburger a Tullman,1989).

   Wrth ei weithredu, gall y cysyniad o normaleiddio olygu pethau gwahanol i wahanol bobl. Ymhlith y prif feirniadaethau ohono mae'r disgwyliad fod pobl ag anableddau dysgu yn ymaddasu i normau ac ymddygiad sy'n cynnwys y rhain a gaiff eu harddel gan grwpiau dominyddol. Gall hyn felly roi pwysau mawr ar bobl ag anableddau dysgu i addasu er mwyn cael eu derbyn.

   Mae'r cysylltiad a wneir rhwng 'normaleiddio' a 'dinasyddiaeth' hefyd yn agored i feirniadaeth :

   > **'There is always a danger with equal rights arguments that existing material, psychological and cultural inequalities are overlooked'**
   > (Ryan a Thomas, 1993).

3. Gwybodaeth am y gymuned leol a'r adnoddau sydd ar gael ar gyfer cefnogi Evan, yn enwedig yr adnoddau sy'n sensitif i ystyriaethau ieithyddol.

4. Ymwybyddiaeth o'r hunan, gan gynnwys ystrydebluniau personol o bobl ag anableddau dysgu, ac o'u teuluoedd.

Ymarfer 2:
'Ceisio adeiladu hunaniaeth gadarnhaol mewn byd sydd yn gwadu un i bob bwrpas' (30 munud)

1. Yn unigol neu mewn grŵp ystyriwch/trafodwch y prif bethau sydd wedi eich siapio fel person. Ystyriwch sut mae'r pethau sy'n bwysig yn eich bywyd wedi newid o bosib gyda threigl amser.(10 munud)

2. Yn awr ystyriwch Evan Watkins.
   Yn seiliedig ar y wybodaeth sydd gennych chi am Evan, ystyriwch/trafodwch beth, yn ôl pob tebyg, fu'r prif ddylanwadau ar ei fywyd . Sut gallai'r rhain fod wedi ei helpu i deimlo'i fod yn cael ei werthgawrogi fel person? (10 munud)

3. Beth yw'r problemau arbennig i oedolyn sydd hefyd yn siaradwr iaith leiafrifol wrth geisio cynnal hunaniaeth / cadw urddas?
   (10 munud)

Nodiadau

1. Mae'n debyg i chi nodi nifer o ffactorau cyson , e.e. eich teulu, eich ffrindiau, eich ysgol, lle y cawsoch chi eich magu, profiadau penodol, eich hunaniaeth genedlaethol, eich gyrfa.

   Bydd y pwyslais wedi symud a bydd yr hyn sy'n bwysig i chi yn amrywio yn ôl yr adeg o'ch bywyd a'ch patrwm byw.

2. Mae gwaith diweddar ar oedolion ag anawsterau dysgu wedi nodi dylanwad cryf rhai ffactorau cyson ar hunaniaeth oedolion ag anableddau dysgu (Atkinson a WIlliams,1990) sef :
   - teuluoedd
   - diwylliannau
   - gorffennol
   - gwreiddiau

   Mae'r rhain yn arbennig o bwysig wrth ystyried profiad oedolion ag anableddau dysgu gan eu bod yn aml yn cael eu rhwystro rhag profi gweithgareddau eraill mewn bywyd e.e. gwaith, priodi neu fod mewn perthynas sefydlog, cael plant, cael rhan weithgar mewn bywyd cymdeithasol, diwylliannol neu wleidyddol. Gellir cysylltu hyn â thuedd i weld pobl ag anableddau dysgu fel rhai mewn rhigol, neu fel pobl sy'n gwyro o'r norm o ran eu datblygiad. Mae hyn yn dylanwadu ar agweddau am y math o rolau y gellir eu priodoli i bobl ag anableddau dysgu - e.e. ymhlith y rolau a briodolir i bobl ag anableddau dysgu mae 'rôl y claf', 'y diniwed sanctaidd', y 'plentyn tragwyddol' (Baxter,1989).

3. Yn achos Evan mae profiad o'i deulu, ei ddiwylliant, ei orffennol a'i wreiddiau wedi digwydd trwy gyfrwng y Gymraeg. Serch hynny, mae Evan yn siaradwr Cymraeg mewn diwylliant gwasanaeth a ddominyddir gan y Saesneg yn hytrach na'r Gymraeg.

Mae hanes yr iaith yng Nghymru'n adlewyrchu sefyllfa lle mae'r Gymraeg ei hun wedi cael ei chysylltu â rhwystr i bobl yn addysgiadol ac â chyflwr meddwl israddol (Elwyn Jones, 1847). O bryd i'w gilydd cynghorwyd rhieni pobl ag anableddau dysgu i siarad Saesneg â'u plant (Gweler yr Astudiaeth achos ym mhennod 4). Mae'n bosib fod dyfyniad o adroddiad gwerthuso Ceredigion ar Strategaeth Cymru Gyfan yn arwydd o agwedd sy'n cysylltu'r iaith Gymraeg â phroblemau :

> **"Mae N. yn eithafol o ddisymud ac nid yw'n ymwneud â neb. Prin mae'n gadael y ward. Efallai ei fod yn siaradwr Cymraeg".**
> **(dyfynnwyd yn Evans, Beyer a Todd, 1987)**

Byddai theori Erikson am gamau bywyd yn awgrymu fod Evan, yn 46 oed, yn y cyfnod o fywyd a nodweddir gan 'weithgaredd yn erbyn llesgedd', pan fo oedolion aeddfed yn ymwneud â gweithgareddau sy'n cyfrannu at fywyd y gymuned. Ond, yn aml gwelir pobl ag anableddau dysgu'n dderbynwyr goddefol yn hytrach nag yn bobl sy'n gallu cyfrannu - yn ddibynnol ar eu teuluoedd ac eraill am gymorth, yn hytrach nag yn ymwneud â gweithgareddau a rolau a gaiff eu parchu gan gymdeithas.

Mae un o ddaliadau sylfaenol prosiect mewn cymuned Gymraeg, Antur Waunfawr, yn cofleidio'r athroniaeth sylfaenol:

> **' Mai trwy wasanaethu eraill y mae unigolyn yn cael ei dderbyn ac mai dyna sy'n rhoi urddas iddo'**

Mae'r prosiect hwn yn un sy'n rhoi gwerth ar iaith a diwylliant fel rhan o anghenion beunyddiol pobl, gan alluogi unigolion i symud i rolau mwy addas o fewn y gymuned honno.

Serch hynny, 'dyw prosiectau o'r fath ddim yn norm. Mae'r wybodaeth am Evan yn awgrymu fod gwasanaeth mor sylfaenol â gofal cartref hyd yn oed yn methu â dangos sensitifrwydd at ystyriaethau ieithyddol. Mae hyn yn cadarnhau ei ddibyniaeth.

Ymarfer 3: Mynegi tristwch (20 munud)

Mae Evan wedi dioddef colled sawl gwaith yn ystod ei fywyd - colli ei rieni,e.e. Y mae e'n awr i bob pwrpas wedi 'colli' ei ewythr.

Trafodwch:

Beth yw'r ffordd orau i helpu Evan i ymdopi â'r ffaith fod ei ewythr yn symud i ofal preswyl?
Pa broblemau a allai Evan eu hwynebu wrth fynegi colled neu dristwch?
(20 munud)

Gall pobl ag anableddau dysgu ddioddef gorthrwm mewn sawl maes yn eu bywydau - trwy ystrydebluniau, trwy labelu, trwy beidio â chael cyfle, trwy fynegiant o bwer gan eraill sy'n eu cadw nhw yn eu lle. Un ffurf gyffredin ar orthrwm yw'r modd y mae pobl ag anableddau dysgu'n cael eu rhwystro i bob pwrpas rhag mynegi eu meddyliau a'u teimladau am brofiad dynol, e.e. galar a cholled, a rhywioldeb. Efallai y gwneir hyn am resymau paternalistig - 'Rydyn ni'n gwneud hyn er ei les e'. Fe all hyn ddigwydd am fod pobl broffesiynol yn teimlo'n anghysurus am eu sgiliau/galluoedd wrth helpu'r person. Gwelir pobl ag anableddau dysgu weithiau fel plant tragwyddol, a chyfyngir trafodaeth am salwch a marwolaeth i oedolion.

Bydd ar weithwyr angen sgiliau wrth annog Evan i'w fynegi ei hun yn y ffordd mwyaf addas iddo ef, gan ystyried :

- lefel dealltwriaeth Evan;

- gallu ieithyddol Evan, e.e. efallai ei fod yn deall mwy nag y gall ei fynegi ar lafar;

- cyfyngiadau a all godi o'i ddiwylliant, e.e. ynglŷn â mynegi emosiwn.

Efallai hefyd y bydd angen helpu Evan gadw mewn cysylltiad â'i ewythr, e.e. a yw'n gallu defnyddio trafnidiaeth gyhoeddus, neu a fydd angen cynorthwy-ydd arno?

Ymarfer 4:
Galluogi Evan i gymryd rhan a hwyluso'r broses o gymryd rhan mewn cynllunio personol - Rhwystrau a strategaethau i'w goresgyn. (60 munud)

- Yn unigol neu mewn grŵp gwnewch gynllun o'r hyn a allai fod yn rhan o gynllun unigol i Evan - cynhwyswch yr holl elfennau y credwch chi sydd o bwys ym mywyd dyn 45 oed, er enghraifft, tŷ, arian, gwaith, gweithgareddau hamdden, perthynas ag eraill, iechyd ...(30 munud)

- Troswch y rhain yn nodau pendant e.e. 'Hoffwn aros yn fy nghartref fy hun' ac yna ystyriwch ffyrdd o wireddu hyn.(10 munud)

- Pa broblemau a allai godi wrth weithio gydag Evan pan yn :

  a) Ei helpu i fynegi ei ddewis

  b) Gwireddu'r cynllun. (20 munud)

Mae hwyluso dewis yn egwyddor sylfaenol normaleddio - wedi ei seilio ar sylweddoli nad oes gan bobl ag anableddau dysgu yn aml fawr o reolaeth ar eu bywydau bob dydd. Er mwyn gwneud dewisiadau realistig bydd ar Evan angen :

- Gwybodaeth briodol am y dewisiadau sydd ar gael iddo;

- Help i ddeall unrhyw risg;

- Anogaeth i fynegi ei ddewis;

Mae sgiliau cyfathrebu da yn hanfodol - caiff y rhain eu seilio ar sefydlu perthynas dda ag Evan ac ar ddeall ei lefel o weithredu. Bydd hyn yn cynnwys :

- ystyriaeth o sut mae Evan yn gweithredu mewn gwahanol sefyllfaoedd;
- ei ymwybyddiaeth o ba ddewisiadau a all fod ar gael iddo;
- ei lefel o hyder a'i allu i fynegi ei ddymuniad.

Gall lefel hyder Evan - ei allu i fynegi yr hyn mae e am ei gael a'i anghenion - ddibynnu i raddau helaeth ar ei brofiad blaenorol o bobl. A gymeron nhw amser i wrando ar ei syniadau neu a fu e mewn sefyllfaoedd a reolwyd gan bobl eraill?

Y mae'n dal yn brofiad cyffredin i bobl ag anableddau dysgu bod llawer o'r penderfyniadau am fywyd bob dydd, - e.e. dewis dillad, dewis gweithgareddau - yn cael eu gwneud gan rywun arall. Mae'r math o ddewis sy'n perthyn i fyd yr oedolyn, e.e. dewisiadau am berthynas ag eraill, trefniadau byw, yn fwy problematig fyth os ydyn nhw'n creu gwrthdaro rhwng y person a phobl arwyddocaol eraill fel y teulu neu staff gofal.

Ymarfer 5: Nerfus a diflas neu'n gadarnhaol ac ymrwymedig? Grymuso neu golli grym? (20 munud)

Ystyriwch/neu drafodwch (mewn grŵp)

Pe penderfynid cynnal cyfarfod cynllunio i Evan i'w helpu i gyflawni ei gynllun unigol beth yw'r ffactorau a allai ei arwain i fod naill ai'n nerfus a diflas neu'n gadarnhaol ac yn ymrwymedig?
(20 munud)

Nodiadau

Mewn gwaith gwerthuso ar Strategaeth Cymru Cyfan nodir 'anawsterau wrth geisio annog unigolion i gymryd rhan'. Ond hyd yn oed mewn ardal fel Gogledd Cymru ni cheir cyfeiriad at iaith fel ffactor a allai fod o bwys. ('Consumer Involvement and The All Wales Strategy', Hydref 1991).

Mewn un astudiaeth o'r Strategaeth sy'n edrych ar 'Gynllunio Unigol' mewn perthynas â 23 defnyddiwr mewn un sir yng Nghymru, meddir,

'What emerged . . . was a very clear picture of the consumers as passive and often confused participants in a process that happened to them'

Gwnaed y sylwadau/cwestiynau penodol canlynol:

- Sut oedd presenoldeb person mewn cyfarfod yn cael ei droi'n beth gweithredol, ymarferol?

- Ni wnaeth unigolion ond ... 'one in ten recorded contributions in spite of obvious efforts to include them'.

- Teimladau - 'individuals were more likely to be nervous/bored than confident and involved'.

(Consumer Involvement and The All Wales Strategy, 1991)

Mae'n amlwg fod yr hyn a gychwynnodd fel ffordd o rymuso, wedi ei seilio ar athroniaeth partneriaeth a chymryd rhan, yn gallu dirywio i fod yn brofiad sy'n gwanhau'r ddefnyddiwr. Mae angen rhoi sylw i nifer o elfennau e.e. :

- iaith;

- cyfathrebu;

- a diwylliant proffesiynol cyfarfodydd.

Ymarfer 6: Newid rheolau'r gêm (30 munud).

Ym mhennod 1 mae Llinos Dafis a Sian Wyn Siencyn yn amlinellu nodweddion **'Sefyllfaoedd Cryf a Gwan'** o ran Iaith.

Naill ai fel unigolyn neu fel grŵp rhestrwch **sefyllfaoedd cryf** a **sefyllfaoedd gwan** ac yna defnyddiwch hwn fel fframwaith i ddatblygu strategaeth ar gyfer galluogi Evan a defnyddwyr eraill ag anableddau dysgu i gymryd rhan mewn cyfarfodydd cynllunio. (15 munud)

Ystyriwch sut y gallwch leihau'r anghyfartaledd o ran pwer a newid rheolau'r gêm rhyngoch chi fel person proffesiynol ac Evan fel defnyddiwr gwasanaeth.
(15 munud)

Nodiadau

Gellir crynhoi nodweddion sefyllfaoedd gwan fel a ganlyn: diffyg paratoi, diffyg profiad, diffyg awdurdod, bod mewn sefyllfa sy'n emosiynol gymhleth, methu â rheoli'r sefyllfa, gorfod defnyddio ail iaith.
Mae gwaith gwerthuso ynglŷn â chynnwys defnyddwyr yn Strategaeth Cymru Cyfan yn cynnig argymhellion am yr hyn sy'n ei gwneud hi'n hwylus i ddefnyddwyr gwasanaeth gymryd rhan mewn systemau cynllunio unigol. Mae'r rhain wedi cael eu trosi'n egwyddorion ar gyfer annog ymarfer effeithiol:

- darparu pamffledi esbonio sydd wedi eu hysgrifennu'n glir ac yn syml am drefniadau cynllunio unigol i bobl ag anabledd dysgu ac i'w rhieni;

- darparu cyfleoedd cyn cyfarfodydd i esbonio'n fanwl bwrpas a threfniadau'r cynllunio unigol;

- cynnig rhyw gymaint o reolaeth ar bwy sy'n cael ei wahodd;
- galluogi pobl ag anableddau dysgu i gael rhyw faint o brofiad o'r dewisiadau sydd ar gael;
- sefydlu dymuniadau cyn cyfarfodydd, nid yn ystod cyfarfodydd;
- rhoi rheolaeth, neu lais, ynglŷn â man cynnal y cyfarfod;
- cyfyngu'r nifer o bobl broffesiynol;
- defnyddio gwahanol gyfryngau, e.e. lluniau, sleidiau, fideo i gynyddu dealltwriaeth;
- osgoi defnyddio iaith dechnegol, broffesiynol;
- sicrhau fod rhywun yn gyfrifol am gadarnhau bod penderfyniadau'n cael eu deall.

Ni sonnir am ddewis iaith er bod y pwyntiau uchod i gyd o reidrwydd yn ymwneud ag iaith a chyfathrebu. Mae cyfarfodydd yn un o'r meysydd yr ymdrinir â hwy yn y Canllawiau Drafft ynghylch Ffurf a chynnwys Cynlluniau Iaith (Bwrdd yr Iaith Gymraeg 1993). Awgrymir sawl dewis i gyrff, ac yn eu plith mae dau ddewis a fyddai'n addas mewn sefyllfa fel un Evan:

- cynnig gwneud darpariaeth i siaradwyr Cymraeg bob tro y trefnir cyfarfod;
- cynnig cyfarfod dwyieithog pan gredir ei bod yn debyg y bydd person sy'n mynychu'r cyfarfod am siarad yn Gymraeg;

Ymarfer 7: Helpu Evan i symud ymlaen : Rôl Eiriolaeth (20 munud).

Bydd yr ymarfer hwn yn y lle cyntaf yn rhoi safbwynt Evan:

Evan:	**'Beth licwn i yw aros yma a gofalu am fy hun. Licwn i fwy o ffrindiau ac i weithio . . .**
Joan (chwaer hŷn)	**'Dydw i ddim yn meddwl ei bod yn syniad da i Evan fyw ar ei ben ei hun'**
Margaret (chwaer iau)	**'Rwy'n cytuno. Evan, 'dwyt ti ddim yn meddwl y byddet ti'n well yn yr hostel yn Nrefach? Beth os wyt ti'n cael ffit yn y nos?**

Naill ai yn unigol neu mewn grŵp bach ystyriwch / trafodwch beth fyddai rôl 'eiriolwr' yn sefyllfa Evan. (20 munud)

Nodiadau

Mae sgiliau sylfaenol gwrando a deall yn allweddol i weithgaredd eiriolaeth - y prif nod yw grymuso a chefnogi person i fynegi ei hanghenion ei hun. Mae angen cael dealltwriaeth glir am y perthnasoedd pwer a allai gael eu dwysau mewn gwaith gyda pherson ag anableddau dysgu, e.e. pwer aelodau'r teulu; aelodau'r gymuned; pobl broffesiynol a allai fod yn baternalistig yn eu hagweddau. Gall hyn gael ei ddwysau ymhellach mewn sefyllfaoedd lle mae traddodiad o ofalu am bobl yn y teulu.

Ymarfer 8: Patrymau gofal sy'n llifo oddi wrth gylch o ffrindiau.
(30 munud)

Caiff yr ymarfer olaf hwn ei seilio ar ystyried Evan yng nghyd-destun ei gymuned leol. Mae'r Cyfarfod Cynllunio Unigol wedi cytuno:

- y dylai Evan aros yn ei gartref ei hun;

- y caiff Evan gymorth i ymuno mewn rhai gweithgareddau lleol e.e. mynd i'r dafarn;

- y bydd Evan yn ymuno â chynllun profiad gwaith.

● Pa fath o adnoddau y bydd eu hangen i gefnogi'r nodau hyn?
● Beth yw'r goblygiadau i waith asiantaethau?

Nodiadau

'Mae'r ymdrech yn yr Antur wedi ei chanolbwyntio ar roi'r unigolyn mewn sefyllfa lle mae ei hyder ynddo ei hun yn cael ei atgyfnerthu'
(Stori Antur Waunfawr, 1995)

Daw'r dyfyniad uchod o 'Stori Antur Waunfawr' - disgrifiad dwyieithog o ddeng mlynedd cyntaf prosiect cymunedol i oedolion ag anableddau dysgu yng Ngogledd Cymru.

Gall hyn gael ei drosi'n egwyddor ar gyfer gweithio gydag Evan, sef y dylai unrhyw waith gael ei seilio ar helpu Evan i lwyddo. Bydd angen i unrhyw becyn Gofal Unigol i Evan gynnig cefnogaeth iddo ddatblygu ei sgiliau'i hun, e.e. gofalu amdano'i hun; bydd angen iddo edrych ar ffyrdd o leihau risg tra'n creu cyfleoedd. Yn y ffordd yma rhoddir allwedd i Evan symud ymlaen yn ei ddatblygiad ei hun.

Bydd hyn yn cynnig her i asiantaethau wrth drefnu help, e.e. rhaglen hunan-gymorth, gyda staff sy'n siarad Cymraeg. Bydd yn golygu recriwtio a hyfforddi staff a gwirfoddolwyr o'r gymuned Gymraeg - gweithgaredd a fydd yn gofyn am wybodaeth am ddiwylliant ac adnoddau lleol.

Unwaith eto mae profiad Antur Waunfawr yn arwyddocaol o fewn y cyd-destun Cymreig am y gwelir fod gan unigolion gysylltiadau ystyrlon a hynny fel rhan o gymdeithas ehangach lle y mae hawliau a chyfrifoldebau'n cydberthyn. Mae'r fenter hon yn amlygu agwedd sy'n gosod pobl ag anableddau dysgu o fewn fframwaith cyflawn yr anghenion a'r adnoddau sy'n bodoli mewn ardal leol. Wrth wneud hynny y mae'n gwireddu tair prif egwyddor Strategaeth Cymru Gyfan.

Llyfryddiaeth

Atkinson, D. & Williams, F. (1990)   Know Me as I Am. Gwasg Prifysgol Agored,13.

Baxter, C. (1989)   'Parallels between the social role perceptions of people with learning difficulties and black and ethnic minority people', Brechin,A and Walmsley,J (gol) Making Connections.Gwasg Prifysgol Agored,237 - 246.

Consumer Involvement and The all Wales Strategy -
     Report from the All Wales Advisory Panel from The Consumer Involvement Sub Group (Hydref 1991), 9,12.

Evans, G., Beyer, S., Todd., S. (1987)   A Report on the findings of a preliminary survey of people with a Mental handicap in the Ceredigion District, Mental Handicap in Wales Applied Research Unit, Caerdydd, 45.

Ryan, J. and Thomas, F. (1993)   'Concepts of Normalisation',

Bornat, J., Pereira, C., Pilgrim, D., Williams, F., (gol)(1993)   Community Care a Reader. MacMillan, 245.

'Stori Antur Waunfawr' (1995)   Antur Waunfawr a Gwasg Carreg Gwalch, 23, 25.

Report of the Commissioners of Enquiry into the State of Education in Wales, 1847.

Whittaker, A. (1993)   'Involving People With Learning Difficulties in Meetings', Bornat,J, Pereira,C., Pilgrim,D., Williams,F (gol) (1993) Community Care A Reader. MacMillan Press,308-316.

Wolfensberger, W. and Tullman, S. (1989)   'Our Common Humanity' in Brechin,A. and Walmsley,J.(gol)(1989) Making Connections. The Open University, 211, 218.

Further reading

Care Management and Assessment : A Practitioner's Guide (1991) D.O.H.

Oswin, M. (1991)   Am I allowed to cry? Human Horizon series, Souvenir Press.

Pobl Hŷn

'The forms of plural societies in which families lived in island like communities, surrounded and supported by others of similar ethnic or class background are no longer typical. In our daily lives we have become increasingly dependent on public services and on co-operation with others who may not share our culture'.

(Cook a Cook Gumpertz 1988)

Cyflwyniad

Mae'r astudiaeth achos hon yn ymwneud â gwraig oedrannus ag arni arwyddion o ddementia.

Y cwestiwn canolog yma yw:

- Sut mae gweithwyr cymdeithasol yn canfod yr hyn sy'n cael ei ddweud wrthyn nhw gan y bobl hŷn y maen nhw'n eu hasesu?
- Ydyn nhw'n dehongli ystyron yn gywir?
- Beth yw'r goblygiadau o ran defnyddio iaith ac effeithiau hyn ar ddatblygiad a hunaniaeth bersonol?

Mae erthygl gan D. Barrett yn y cylchgrawn 'Elders' sy'n dwyn y teitl 'Community Care Assessments: language and older people - hearing is not always understanding' (Barrett, 1993) yn ystyried darganfyddiadau ymchwil ar iaith ac ystyron a phobl hŷn. Y pwynt sylfaenol a wneir yw bod rhaid deall y rhan allweddol sydd gan iaith yn y system gymdeithasol er mwyn deall y system honno'i hun. Mae e'n awgrymu fod hyn yn astudiaeth arbennig o bwysig yng nghyd-destun asesu pobl hŷn ar gyfer gofal yn y gymuned - er enghraifft gall dau berson hŷn ddweud wrth weithiwr eu bod yn 'ymdopi' yn ariannol. Mewn un achos gall hyn olygu nad ydynt ond prin yn ymdopi, tra mewn achos arall gall olygu eu bod yn rheoli adnoddau sylweddol yn effeithiol.

Ni all gweithwyr ragdybio ystyron cytûn, hyd yn oed pan siaradant yr un iaith â'u defnyddwyr. Mae'r sefyllfa'n fwy cymhleth fyth pan fo person yn ymwneud â mwy nag un iaith a diwylliant. Mae hi'n bwysig bod gweithwyr yn effro i ffactorau fel profiad o fywyd, cefndir dosbarth, rhyw a system gwerthoedd personol - yr holl bethe sy'n effeithio ar y broses o weithio gyda defnyddwyr a'r rhai sy'n gofalu amdanyn nhw.

Defnyddiwr : Mrs Megan Williams, 83 mlwydd oed.
Gofalydd : Mrs Carys Lewis (nith) 62 mlwydd oed.

Y cyfeiriad

Mae Mrs Lewis wedi ffonio i ofyn am ymweliad â'i modryb Mrs Megan Williams. Mae Mrs Lewis wedi bod yn gofalu am ei Modryb am y ddwy flynedd diwethaf gan ei bod hi wedi gwanhau ac yn ei chael hi'n anodd mynd o gwmpas y tŷ. Bu farw gŵr Mrs Williams, a fu'n brifathro, 4 blynedd yn ôl. Roedd Mr a Mrs Williams yn byw yn Lloegr, ond symudon nhw yn ôl i Ddyffryn Aman pan ymddeolodd Mr Williams 25 mlynedd yn ôl. Mae Mrs Lewis yn byw tua milltir oddi wrth ei Modryb ac ni fu gofalu amdani'n ormod o broblem tan yn ddiweddar. Mae gŵr Mrs Lewis yn awr yn sâl ac yn sydyn cafodd bod ei Modryb yn "mynnu mwy ac yn anodd ei thrin". Mae Mrs Williams wedi dechrau anghofio pethau, e.e. mae hi'n gadael y ffwrn drydan ymlaen, all hi ddim cofio ble mae ei harian, ac mae hi wedi dechrau cyhuddo ei nith o ddwyn ei harian.

Mae'r gweithiwr cymdeithasol sydd ar ddyletswydd yn gofyn a yw Mrs Williams yn siarad Cymraeg, a dywed ei nith:

"Ydy, mae hi'n gallu siarad Cymraeg, ond fel arfer dim ond gyda ni yn y teulu. Os yw'r meddyg neu'r nyrs ardal yn galw, mae'n well 'da hi siarad Saesneg â nhw."

Ymarfer 1 - Paratoi (20 munud)

Ystyriwch neu drafodwch mewn grŵp:

a) Pam mae hi'n bwysig holi am ddewis iaith Mrs Williams ar yr adeg yma?

b) Beth allech chi ei gasglu o'r hyn sydd gan Mrs Lewis i'w ddweud am ddefnydd ei Modryb o'r Gymraeg?

Efallai yr hoffech feddwl am beth y mae hyn yn ei awgrymu am:

- yr iaith Gymraeg ei hun
- ddefnydd Mrs Williams o'r iaith
- y ffordd y mae cysylltiadau proffesiynol yn cael eu llunio
- ddehongliad Mrs Jones o'r sefyllfa.

Nodiadau

a) Er nad yw'r Deddf Gwasanaeth Iechyd Cenedlaethol a Gofal yn y Gymuned 1990, yn sôn am iaith yn benodol, y mae materion yn ymwneud â **chyfathrebu** yn sylfaenol i'r holl broses o asesu a rheoli gofal. Mae canllawiau a ddaeth yn sgil y ddeddfwriaeth wedi pwysleisio y dylai ymarferwyr a rheolwyr fod yn ymwybodol o:

- wahaniaethau ieithyddol a diwylliannol
- gymlethdodau cyfathrebu ar draws ffiniau diwylliannol a ffiniau eraill.

'The complexities of communication across cultural and other boundaries, such as race, ethnicity as defined by professionals, ... tend to be underestimated or even ignored'.

(Smale, Tuson, Biehal a Marsh, 1993)

- O dan Ddeddf yr Iaith Gymraeg 1993 dylai'r Gymraeg a'r Saesneg gael eu trin ar sail gydradd wrth ddarparu gwasanaethau i'r cyhoedd yng Nghymru.

- Mae rhaid i adrannau Gwasanaethau Cymdeithasol ddatblygu Cynlluniau Iaith i ddangos sut y caiff yr egwyddor hon ei throsi'n bolisi ac yn ymarfer dyddiol wrth weithio gyda defnyddwyr.

- Mae sensitifrwydd at iaith yn rhan annatod o ddarparu gwasanaeth da i ddefnyddiwr dwyieithog.

- Mae dementia'n codi problemau penodol o ran cyfathrebu.

b) Mae'r canlynol yn ddefnyddiol wrth ddechrau deall ymateb Mrs Jones i'r cwestiwn am ddefnydd iaith:

- Y syniad o 'beuoedd' - h.y. mae'r Gymraeg yn draddodiadol yn iaith y cartref a'r aelwyd ac yn iaith cysylltiadau personol, ond nid yn iaith materion cyhoeddus mwy ffurfiol.

- Y ffaith fod pobl sy'n siarad Cymraeg weithiau'n bychanu eu gallu ieithyddol eu hunain;

- Ymostwng i ewyllys pobl broffesiynol. Mae rhai pobl hŷn o hyd yn ymostwng yn llwyr i bobl broffesiynol;

- Gall cais am siarad Cymraeg gael ei weld fel gwendid;

- Gall pobl hŷn hefyd ystyried bod gofyn am gymorth yn brofiad sy'n peri stigma yng Nghymru. Mae angen i weithwyr fod yn enwedig o ymwybodol o hyn mewn rhai cyd-destunau e.e. pan yn trafod budd - daliadau.

- Efallai nad oes gwybodaeth ddwyieithog glir ar gael.

Ymarfer 2 - Paratoi ar gyfer asesu (15 munud)

- A oes gwahaniaeth pa un ai gaiff achos Mrs Williams ei roi i weithiwr uniaith Saesneg neu i un dwyieithog?
- Rhowch resymau dros eich ateb.

Nodiadau

- bydd defnyddio'r iaith fwyaf cartrefol i'r person yn:
    - hwyluso'r berthynas â'r gweithiwr
    - helpu'r person i fynegi teimladau ac anghenion
    - hwyluso dealltwriaeth gytûn

- mae asesu'n ymwneud â'r person cyfan. Ni fyddai asesiad o Mrs Williams gan ddefnyddio un o'i hieithoedd yn debyg o roi darlun cyflawn ohoni (Bellin, 1994).

- mae'r broses asesu mewn Gofal yn y Gymuned yn edrych ar berson o onglau gwahanol gan gynnwys rhwydweithiau teuluol a chymdeithasol, hanes meddygol, lefel weithredu yn gorfforol ac yn feddyliol. Gall pobl hŷn sy'n ddwyieithog deimlo'n fwy cysurus wrth drafod rhai agweddau yn Saesneg ac eraill yn Gymraeg.

- mae asesu'n ymwneud â chryfderau person yn ogysgtal â'i gwendidau. Y mae hefyd yn ymwneud â hanes bywyd person a gall profiadau ar bwyntiau gwahanol ym mywyd Mrs Williams fod yn benodol o ran iaith.

- y syniad o 'reolaeth ieithyddol' (Green, wedi ei ddyfynnu yn Bellin,1994).

  Mae David Green yn awgrymu'r syniad o 'reolaeth' pan fo iaith yn cael ei 'dethol'. Mae 'rheolaeth' yn y cyd-destun hwn yn golygu ' rhoi sylw'. Os oes rhaid i berson hŷn dwyieithog ganolbwyntio ar un iaith yn unig mewn trafodaeth â pherson proffesiynol, yna bydd y sylw sydd ei angen i fygu'r 'iaith weithredol' arall yn galw am fwy o ymdrech.

- bydd cael defnyddio'r ddwy iaith o fudd pendant mewn unrhyw fath o ymwneud (Bellin, 1994);

- mae dewis iaith yn grymuso defnyddiwr ac yn cryfhau'r asesu;

- mae iaith yn ffactor bwysig wrth ddatblygu a chynnal rhwydweithiau cymdeithasol (Morris, 1989).

> **Ystyriwch:**
>
> Beth yw rhai o'r materion penodol ar gyfer gweithwyr Cymraeg/Saesneg eu hiaith? (30 munud)

Peryglon ar gyfer gweithwyr Cymraeg eu hiaith

Mae angen i fyfyrwyr a gweithwyr Cymraeg eu hiaith fod yn ymwybodol o amrywiadau diwylliannol a ieithyddol o fewn Cymru, ac o effaith dosbarth, oed, rhyw, a gwahaniaethau o ran hil ar yr asesiad. E.e. byddai angen i fyfyriwr gwrywaidd ifanc a gafodd addysg ddwyieithog yng Nghaerdydd ond sy'n dod o gefndir dosbarth canol Saesneg ei iaith ddeall y gwahaniaethau diwylliannol a ieithyddol fyddai'n bodoli wrth weithio â phobl hŷn o gefndir dosbarth gwaith mewn ardaloedd gwledig yng ngogledd neu orllewin Cymru neu yn hen gymoedd glo'r de. Efallai y byddai'r person hŷn balch sy'n gwrthod derbyn cymorth ymarferol yn dal i gysylltu 'lles' â phrofiadau annymunol yn ystod y Dirwasgiad. Mae gweithio gyda phobl â dementia yn anodd hyd yn oed pan fo'r gweithiwr a defnyddiwr y gwasanaeth yn defnyddio'r un iaith.

Peryglon i weithwyr di-Gymraeg

Mae angen i fyfyrwyr / gweithwyr Saesneg eu hiaith fod yn ymwybodol o'r cyfyngiadau a osodir gan iaith wrth asesu person sydd â'r Gymraeg yn iaith gyntaf. Mae gwybodaeth o ddiwylliant a hanes lleol yn bwysig a gallai hyn fod o gymorth wrth ddeall sefyllfa'r person hŷn. Mae hi hefyd yn bwysig bod iaith yn cael ei chydnabod yn agored, a bod y gweithiwr yn cydnabod unrhyw ddiffygion a all godi. Mewn rhai achosion gall fod yn bwysig trosglwyddo'r achos i gydweithiwr sy'n siarad Cymraeg. Ond lle na cheir cydweithwyr sy'n siarad Cymraeg dylid nodi'r oblygiadau a'u dwyn i sylw rheolwr.

Ymafer 3 - Yr Asesiad Cyflawn - Hybu urddas ac unigoliaeth. (20 munud)

Mae'r Canllaw Ymarfer i Aseswyr a Rheolwyr Gofal yn awgrymu y dylai'r canlynol fod yn un o'r gwerthoedd sylfaenol wrth Asesu a Rheoli Gofal:

'dealltwriaeth o urddas ac unigoliaeth pob defnyddiwr a gofalydd'.

Ystyriwch y canlynol o ran yr egwyddor uchod.

Mae'r gweithiwr gwrywaidd yn gweinyddu'r asesiad gofal gyda Mrs Williams a'i nith, gan ddefnyddio ffurflenni Asesu Rheolaeth Gofal yr asiantaeth. Nod yr asesiad cyflawn yw rhoi sylw i'r person hŷn a'i sefyllfa yn eu cyfanrwydd. Y mae'n ymwneud â gallu ac anabledd cofforol a meddyliol, lefel dibyniaeth, anghenion gofalwyr, hanes y person, gan gynnwys cysylltiadau â'r gymuned.

Yn ystod yr asesiad gwêl fod Mrs Williams weithiau'n rhugl, ond bryd arall yn crwydro ac yn ymddangos yn ddryslyd. Mae Carys, nith Mrs Williams, yn huawdl iawn ynglŷn â'i phroblemau ei hun ac am ei hanallu ei hun, - ac anallu aelodau eraill o'r teulu i ymdopi. Mae hi'n credu y byddai ei modryb ar ei hennill o fod mewn gofal preswyl.

G. Cymdeithasol:	Mrs Williams, I have to ask you some questions about how you are managing at home now. Can you manage to get out of bed by yourself or do you need help from someone else?
Mrs Williams -	Yes
G. Cymdeithasol:	Good What about making yourself a meal?
Mrs Williams -	Carys brings me dinner every day
G.C. :	Can you go to the toilet by yourself?
Mrs Williams -	Of course I can.
Carys :	But Auntie Megan you know that you are having a lot of little accidents now, you wet yourself just before the gentleman arrived and I had to mop it up again ...
G.C.:	Does your Aunt have incontinence aids from the Health authority?

Mrs Williams :	It used to be so good when Idris was alive - we used to have such lovely times together. When we lived in Luton we used to do everything together...
	I don't want to trouble Carys and the others - if only Idris was still here.
	Carys - What did you do with my money, I can't find my purse - she's a naughty girl you know, she's always taking my money.

Nodiadau

Y thema ar gyfer henaint yn ôl dull Erikson o edrych ar gylch bywyd yw cyfanrwydd yn erbyn anobaith. Yn ganolog i hyn mae'r gallu i edrych yn ôl dros fywyd a chael teimlad o foddhad a chyfanrwydd. Er mwyn helpu Mrs Williams i gynnal ei synnwyr o urddas, ac i'w helpu hi i deimlo ei bod yn cael ei pharchu fel unigolyn, dylai gweithiwr cymdeithasol gofio'r canlynol:

- mae pobl hŷn sy'n cael eu hasesu mewn sefyllfa o ddibyniaeth ac maen nhw'n frau ac yn hawdd i'w clwyfo;

- mae perygl bod Mrs Williams yn cael ei gweld gan eraill, ac y bydd hi'n ei gweld ei hun, yn 'broblem', yn faich i bobl eraill;

- mae'r broses o wneud cais am wasanaethau ac o gael asesiad yn gallu ymyrryd mewn bywyd personol;

- gofynnir i'r person ateb cwestiynau dieithryn am faterion hynod o bersonol e.e. gwlychu, y gallu i ofalu amdanyn nhw eu hunain, cyflwr ariannol.

Mae Mrs Lewis yn y cyfnod sy'n cael ei nodweddu gan greadigedd yn erbyn llesgedd. Mae'n bwysig nodi ei bod yn gofalu am ddau berson - gofalu am ei gŵr a gofalu am ei modryb oedrannus.

- Mae Mrs Lewis hefyd mewn sefyllfa lle y gall gael ei chlwyfo'n hawdd - fel menyw ac fel gofalydd, mae'n bosib y byddai'n teimlo ei bod hi'n cael ei defnyddio a'i thanbrisio. Wedi'r cyfan, mae hi'n gwneud yr hyn y byddai unrhyw fenyw arall yn ei wneud yn ei sefyllfa hi, on'd yw hi?

Mae Atkins a Twigg (1995) yn awgrymu bod tuedd ymhlith pobl broffesiynol i weld gofalydd fel rhywun 'atodol' i'r person y gofelir amdani yn hytrach na fel person yn ei rhinwedd ei hun. O fewn y cyd-destun Cymreig gall rhwydweithiau gofal fod yn ffynhonnell o gryfder ac o straen yr un pryd. Mae gofalu am dylwyth yn dal yn elfen gref iawn mewn rhai rhannau o Gymru (Wenger, 1994). Ond, gall hyn gael effaith negyddol ar ddarparwyr gwasanaeth sy'n dibynnu'n rhy drwm ar ofalwyr ac yn methu â chynnig cefnogaeth ddigonol.

Ymarfer 4: Beth yw nodweddion Asesu sy'n grymuso? (30 munud)

a) Rhestrwch y nodweddion asesu a rheoli gofal sydd, yn eich barn chi, yn grymuso Mrs Williams a Mrs Lewis.

b) Beth yw'r goblygiadau ar gyfer ymarfer gwaith cymdeithasol?

Nodiadau

Ceir sawl model o reoli gofal ac asesu (gweler y llyfryddiaeth). Mae rhai ohonyn nhw yn cael eu harwain gan bobl broffesiynol neu drefn ac mae eraill wedi eu seilio ar ddelfryd o bartneriaeth rhwng pobl broffesiynol a phobl allweddol yn y sefyllfa h.y. y person hŷn, y gofalydd, rhwydweithiau ac adnoddau lleol.

Yn y model Cyfnewid a ddatblygwyd gan Smale (Smale 1991) mae dau neu ragor o bobl yn dod at ei gilydd ac yn cyrraedd cyd-ddealltwriaeth ynglŷn â natur y broblem, ffyrdd o'i hateb neu ei rheoli a hynny trwy ymwneud rhyngddyn nhw. Cyfathrebu yw prif elfen y broses yma. Caiff y model ei weld fel y gwrthwyneb i'r 'model holi' lle mae'r broses asesu yn broses weinyddol neu drefnyddol, gyda'r gweithiwr yn holi amryw o gwestiynau fel arfer wedi eu seilio ar ffurflen, er mwyn pennu lefel a natur yr anghenion, fel sail ar gyfer datblygu cynllun gofal.

Mae Mrs Williams yn ddibynnol ar ei nith, ond mae'n bosib bod gwrthdaro rhwng buddiannau'r ddwy ochr. Dylid nodi nad yw Mrs Lewis yn dweud ei bod hi ac aelodau eraill yn anfodlon gofalu am ei modryb, yn hytrach teimlant na allant fynd ymlaen i ofalu. Mae gofal preswyl wedi ei gynnig fel ateb ond nid yw'r posibiliadau eraill wedi cael eu harchwilio a gall canlyniadau symud Mrs Williams i ofal preswyl achosi trafferthion i Mrs Williams gan adael i Mrs Lewis deimlo'n euog.

Ail nod allweddol 'Caring for People' (D.O.H. 1989) yw 'sicrhau bod cefnogaeth ymarferol i ofalwyr yn flaenoriaeth uchel i ddarparwyr gwasanaeth'/ "ensure that service providers make practical support for carers a high priority".

Mae ymchwil Enid Levin yn nodi ei bod yn **"essential that the providers of services have a clear understanding of: who cares for whom, why and in what circumstances; their experience of caring and its consequences and the kinds of services required"**.

Mae ymchwil i ofal pobl hŷn yn awgrymu bod:

- yr anawsterau o gynnal person hŷn yn y gymuned yn fwy os yw'n dioddef o dementia;

- perthnasau sy'n gofalu yn fwy tebyg o ffafrio gofal preswyl os nad ydyn nhw'n teimlo'n agos at y person hŷn;

- agweddau gofalwyr tuag at ofal preswyl yn bwysig iawn wrth broffwydo a fydd person hŷn yn mynd i ofal preswyl.

(Levin, Sinclair a Gorback,1989)

Yng Nghymru ceir traddodiad cryf o ofal, yn enwedig gan berthnasau benywaidd, yn ferched fel arfer, ond gan y teulu estynedig yn achos pobl hŷn ddi-blant, a chan rai nad ydyn nhw'n berthnasau o gwbl mewn rhai cymunedau clòs iawn. (Wenger,1994)

Ymarfer 5: Cynllunio Gofal (30 munud)

Yn ystod yr ail ymweliad mae'r gweithiwr nad yw'n siarad Cymraeg, yn holi sut byddai Mrs Williams yn teimlo ynglŷn â gadael ei chartref a mynd i ofal preswyl. Y pryd hwn mae Mrs Williams yn troi at ei nith yn Gymraeg. Mae'n siarad yn reit faith ac mae'n ymddangos i'r gweithiwr ei bod yn mynegi teimladau cryf.
Mae'r nith yn cyfieithu i'r Saesneg er mwyn iddo ef ddeall.

a) Ydych chi'n credu bod cyfathrebu effeithiol wedi digwydd?

b) Beth yn eich barn chi allai esbonio'r modd y newidiodd Mrs Williams o'r Saesneg i'r Gymraeg?

Nodiadau

a) Mae ymateb Mrs Williams yn cynnig allwedd i'r cwestiwn a gafwyd cyfathrebu effeithiol ai peidio.

b) Mae sawl esboniad posibl am ymddygiad Mrs Williams yn ei pherthynas ag iaith yn y fan hon. Mae angen sgiliau gwrando a deall i farnu pa esboniad sy'n berthnasol i Mrs Williams. Bydd angen i'r gweithiwr mewn sefyllfa fel hon fod yn effro i gyfathrebu dieiriau.

- Efallai mai dyma ffordd Mrs Williams o ddelio â sefyllfa gymhleth o ran emosiynau;
- Efallai mai dyma ffordd Mrs Williams o wneud datganiad am ei hagosrwydd at ei nith, ac o gadw'r gweithiwr hyd braich i ffwrdd;
- Efallai mai dyma ei ffordd o gadw ffurfioldeb ac o'i phellhau ei hun o'r sefyllfa;
- Roedd y ffasâd ieithyddol a gododd iddi ei hun wedi chwalu.

> Ystyriwch:
>
> ● A ddylid gadael Mrs Williams a'i nith ar eu pennau eu hunain yn y fan hon?
> ● Deinameg cyfieithiad. Gallai cyfieithu gan berthynas arwain at lywio'r sefyllfa, gyda'r perthnasau mewn sefyllfa o rym.

Ymarfer 6: Gweithredu'r Cynllun Gofal (30 munud)

a) Darllenwch y canlynol a gydnabyddir yn nodweddion ymarfer sy'n grymuso ym maes gwaith â phobl hŷn â dementia a'u gofalwyr. (Chapman,1993)

- yr angen i ystyried ffactorau sy'n helpu unigolyn i ddelio â phroblem;

- parchu pobl trwy dderbyn bod ganddyn nhw'r gallu i wneud eu penderfyniadau eu hunain ac i weithredu drostyn nhw'u hunain;

- cysylltu â rhwydweithiau cefnogi mewn ffordd gydweithredol;

- mae grymuso'n golygu cydweithredu. Felly, rhaid bod yn agored am bethe sy'n creu anghydbwysedd o ran grym;

- sicrhau a defnyddio adnoddau i hybu rheolaeth a gallu'r unigolyn;

- mabwysiadu agwedd sy'n rhoi gwerth ar bobl;

- canolbwyntio ar yr hyn y gall pobl ei wneud drostyn nhw eu hunain.

b) Ystyriwch/trafodwch yn awr sut y gellir defnyddio'r rhain i ddatblygu a gweithredu cynllun gofal i Mrs Williams a fyddai:

- yn cadarnhau hunaniaeth ddiwylliannol a hunan-werth

- yn cynnwys anghenion Mrs Williams a'i nith.

Ymarfer 7: Monitro ac Adolygu (30 munud)
Sefydlu deialog cyson â defnyddwyr y gwasanaeth ac â gofalwyr.

Bydd angen arolygu cyson ar unrhyw becyn gofal er mwyn sicrhau fod anghenion y person yn cael eu diwallu. Mae anghenion yn newid yn gyson, yn enwedig mewn sefyllfa fel un Mrs Wiliams lle bydd dirywiad yn rhwym o ddigwydd. Os caiff hi ei chefnogi i aros yn ei chartref ei hun yn y lle cyntaf mae'n bosibl y bydd rhaid ystyried gofal preswyl ymhen amser.

a) Datblygwch rai meini prawf ar gyfer monitro ac adolygu ansawdd y ddarpariaeth. Bydd angen ichi feddwl am faterion fel risg a rheolaeth etc.

b) Sut gall ystyriaethau diwylliannol ac ieithyddol gael eu cynnwys yn y pecynnau adolygu gofal?
Bydd angen ichi roi sylw i ystyriaethau staffio, hyforddi ayb.

Nodiadau

Mae'r broses o fonitro ac adolygu'n allweddol i asesu a chynllunio gofal effeithiol yng nghyddestun Gofal yn y Gymuned. Mae hyn yn enwedig o bwysig mewn sefyllfaoedd lle mae amgylchiadau defnyddiwr a gofalwyr yn debyg o newid o fewn cyfnod cymharol fyr. Mae prosesau monitro ac adolygu hefyd yn arf hanfodol i sicrhau addasrwydd ac ansawdd cyson y gwasanaethau.

Crynodeb

- Mewn Gofal yn y Gymuned rhaid i gyfathrebu fod wrth wraidd y broses o asesu a rheoli gofal er mwyn gwireddu'r egwyddor o addasu gwasanaeth yn ôl angen ac o ddelio ag unigolion yn eu cyfanrwydd.

- Mae cyfathrebu effeithiol yn gofyn am ailaddasu cyson o ran rôl; mae'n gofyn am berthynas lle mae gwrando gweithredol a gweithio mewn partneriaeth yn disodli goruchafiaeth broffesiynol yn y broses o asesu a rheoli. Mae ystyriaethau diwylliannol ac ieithyddol yn ganolog i'r broses o sefydlu ystyr cytun.

Llyfryddiaeth

Atkins, J. and Twigg, K. (1994)	Carers Perceived, Gwasg Prifysgol Agored.
Barrett, D. (1993)	'Community Care Assessments: Language and Older People - hearing is not always understanding' Elders Volume 2 number 3 August 1993,PEPAR Publications Birmingham, 5 - 10
Bellin, W. (1994)	'Professiynau Gofal a Siaradwyr Cymraeg: Perspectif o Safbwynt Iaith a Seicoleg Cymdeithasol' yn Huws Williams,Rh.,Williams,H. & Davies,E.(gol) Gwaith Cymdeithasol a'r Iaith Gymraeg. Gwasg Prifysgol Cymru,Caerdydd,116.
Chapman, A. and Marshall, M. (gol) (1993)	Dementia: New Skills for Social Workers, Jessica Kingsley Publishers,113.
Cook, & Cook Gumpertz. (1988)	'Language and the Communication of Social Identity' Language and Literacy. Volume 1 Mercer,N (gol). Gwasg Prifysgol Agored, 131.
Green, D. W. (1986),	'Control, activation and resource: a framework and a model for the control of speech in bilinguals'. Brain and Language. 27, 210 - 23.
Levin, E. (1991)	Carers - Problems,Strains and Services. National Institute for Social Work, London, 1.
Morris, D. (1994)	'Iaith ac Ymarfer Gwaith Cymdeithasol : Achos y Gymraeg', Gwaith Cymdeithasol a'r Iaith Gymraeg,Huws Williams,Rh.,Williams,H. & Davies,E., Gwasg Prifysgol Cymru, Caerdydd, 149, 150.
Smale, G. (1991)	Developing models of Empowerment and Practice Theory. Unpublished discussion paper. Practice and Development Exchange: National Institute for Social Work.
Smale, G., Tuson, G., Biehal, N. & Marsh, P. (1993)	Empowerment,Assessment, Care Management and the Skilled Worker. National Institute for Social Work Practice Development Exchange, HMSO, 9.
Wenger, G. Clare (1994)	'Old women in rural Wales: variations in adaptation', Our Sisters' Land. 61 - 85.
SSI /SWSG (1991)	Care Management and Assessment : Practitioner's Guide HMSO, 23.

CCETSW Welsh Language Programme

Human Development, LANGUAGE and Practice

June Barnes

CCETSW Cymru/Wales, 2nd Floor, West Wing, Southgate House, Wood Street, Cardiff.

ISBN 1 85719 130 7

Designed and typeset by
Gwasanaethau Golwg, P.O. Box 4, Lampeter, Dyfed   SA48 7LX.
Tel.: (01570) 423529

CONTENTS

PREFACE

CCETSW is responsible for promoting and approving education and training for social work and social care. Its overall aim is to promote high standards and good practice in this field. In relation to its work in Wales CCETSW is committed to:

- developing education and training through the medium of Welsh;

- aiming to ensure that education and training show sensitivity to language and culture;

- aiming to ensure that thorough consideration is given to the Welsh language in all CCETSW's work in Wales.

As part of this commitment CCETSW recognised the need for publications which would offer a sound context for understanding and embracing some of the issues which arise in relation to good practice with Welsh speaking service users. Five new titles have therefore appeared since September 1994: **Social Work and the Welsh Language; 'They All Speak English Anyway' - The Welsh Language and Anti-Oppressive Practice; Directory of Materials; A Sound Understanding - An Introduction to Language Awareness; Language and Competence - Guidelines for the DipSW in Wales.**

Human Development, Language and Practice is now published with the aim of building upon the foundations already laid. It raises questions and promotes discussion about the significance of language and identity to social work practice with service users at different stages of their life cycle. It refers to an abundance of source material, some drawn from Welsh literature and others from the field of human development and social work theory and practice. It also relies heavily on case material relating to work with children and families as well as from practice with adults. This material is used as a way of grappling with often complex and delicate issues in relation to language, identity, and good practice with a diverse range of service users in Wales.

Despite being primarily addressed to DipSW students it is hoped that it will also offer relevant and useful source material for others, e.g. practice teachers, NVQ and PQ candidates.

> **"It is only practice which is founded on values, carried out in a skilled manner and informed by knowledge, critical analysis and reflection which is competent practice."**

(Assuring Quality in the Diploma in Social Work -1: Rules and Requirements for the DipSW, 1995)

This publication aims to promote and facilitate practice which is founded on such a positive synthesis of knowledge, skills and values.

ACKNOWLEDGEMENTS

CCETSW wishes to thank all those who have supported this publication. Thanks to June Barnes for her tireless commitment to writing and editing this work; to Steve Morris, Llinos Dafis and Sian Wyn Siencyn for their contributions; to the Steering Group for their consistent support and advice - Cefin Campbell, Mark Drakeford, Mari Evans, Nigel Gower, Myrddin Jones, Sharon Thomas.

Thanks to practitioners for sharing experiences and actual case material, many of whom attended a workshop in Castell Newydd Emlyn in March 1995: Eirianwen Davies, Heulwen Davies, Janis Evans, Dafydd Frayling, Janice Henson, Janice Jones, Joyce Perkins, Ieuan Phillips, David Rhodes, Adrian Summers, John Thomas, Alun Williams.

And thanks to the following for their valuable suggestions and support: Professor Sonia Jackson, Nigel Thomas, Catherine Williams, Nia Elis Williams.

Thanks to the Welsh Office for its financial support to this project.

Elaine Davies
Head of CCETSW Welsh Language Programme
February 1996.

INTRODUCTION

The material for this book has been developed for social work students who work within Wales. However, it is hoped that it will also be of value to social workers and related professionals in the fields of social services, health, education and the voluntary sector.

Although the material has been developed in Wales and deals with Welsh as a minority language some of the themes are more universal in their application and applicable to the wider context of social work where issues of language are relevant.

The book is one of a series published by CCESTW Cymru which deal with themes which are central to social work and social care practice in the context of Wales and the Welsh language.

The book is a collection of contributions which differ in both content and style. The purpose of chapters one and two is essentially to raise awareness and exercises are introduced as a way of developing questions - there is no feedback given. In chapters three, four and five, with a few exceptions feedback is offered to the reader as a means of placing the material in the context of wider theory and research.

A guide to the contents

Much of the content of chapter I can be found in 'A Sound Understanding' by Sian Wyn Siencyn. However, some central themes are picked up in this publication because of the need to lay a foundation in the opening chapter which encourages a basic understanding of some theories of sociolinguistics/bilingualism.

In Chapter 2 Steve Morris has introduced the theme of images of the Welsh language, Wales and Welsh speakers. This is considered an important theme for social work because it throws light upon some of the complex issues which relate to Welsh identity:

- What is it to be a Welsh speaker and a member of a linguistic minority group?

- What are the prevailing images both within and outside Wales?

The work in the final three chapters which consider human growth and development and the impact of issues of language and culture break new ground. While there is a copious amount of literature on human growth and development, particularly the development of children, when researching this material it was not possible to locate anything which has been specifically written about human growth and development and language in the Welsh context.

Chapter 3 considers human growth and development. The framework used is that of Erik Erikson. It should be said that this is only one theoretical perspective, and one which is conventional in its approach. It has been used as a framework to start to think about issues of language and culture, at each of the life stages. Readers are advised to read more widely and will find the bibliography a useful starting point.

Chapters 4 and 5 are about social work practice with children and adults in a range of social work situations. The aims are to focus on:

- the significance of language for individuals at different life stages;

- the implications for good practice.

It should be noted that while case examples are based on real situations for the sake of confidentiality names have been altered, place names and locations are different and key facts have been changed. We have taken a great deal of care to ensure that there is no way of identifying individuals or families.

The English and the Welsh versions of the book are not always the same eg. the exercise on the use of 'ti' and 'chi' in chapter 1 in the Welsh version is replaced by an exercise on the use of surnames and first names in the English version. Similarly, the exercise entitled 'Badges' in chapter 3 is different in the Welsh and the English. This is because it has been important in some instances to highlight that Welsh speaking and English speaking workers may have to consider issues from a different angle.

Language

Whenever readers see the pronoun 'she/her' as part of the general text they should read 's/he' and 'her/him'. The feminine forms have been adopted as a way of addressing the historical bias within literature towards using the masculine forms in any reference to the individual.

Welsh readers may notice a certain inconsistency about terminology at times - e.g. use of the two words 'ymyrryd' and 'cyfryngu' for intervention. This reflects the ownership of this material by a number of different people and the fluidity of a language which is in the process of establishing common terminology.

How should this material be used?

Ideally the material is incremental and readers are advised to read the whole book. However, it is possible for the early chapters to be free standing eg. to read just chapter 1 or chapter 2. The material later in the book could be used independently in different contexts eg. the cases could be used as part of a training sequence for child care workers; ASW training; the work of a practice teacher with a student; a multi-disciplinary work shop. However, some of the exercises in chapters 4 and 5 refer back to material in chapters 1,2 and 3.

A word of warning

Readers/trainers/participants should keep a wary eye on the purpose of this material at all times. The aim is to begin to think about issues of language, culture, human growth and development and meanings for effective intervention in the Welsh context. The material provides an opportunity to raise questions and to start to formulate some answers. The focus at all times should be human growth and development and language. The central question is 'How are individuals/groups influenced by whether systems which work with them respond

appropriately to their language?'

Although the case material has been placed in the context of some of the current thinking in each of the specialist fields of work the material is not meant to be either definitive or expert - its role is to raise questions which will hopefully lead to a greater consciousness among practitioners of why linguistically sensitive practice is an integral part of positive practice with service users at different life stages.

A word of encouragement to non Welsh speakers and learners

It would be easy for non Welsh speakers to feel deskilled by some of the material. Until approximately 8 years ago I was a non Welsh speaker myself. It was meeting service users whose first language was Welsh which spurred me on to make an effort to learn the language. I realised, through being in a range of situations with families who spoke Welsh as a first language, that intervention which failed to consider language was at best limited, and at worse ineffective. I am indebted to Welsh speaking individuals and families who have encouraged me with the language and who have at the same time been willing to share some of their own thoughts and feelings about what speaking Welsh as a first language means to them.

Additionally it is hoped that the book will equip English speaking workers with a firmer understanding of the Welsh context and will therefore enhance the skills, knowledge and values which they bring to practice in Wales.

Last, but not least, I would like to thank my co-writers Llinos Dafis, Sian Wyn Siencyn and Steve Morris. A special note of thanks is due to Elaine Davies who has offered a wealth of knowledge, guidance and support in developing this material.

June Barnes, January 1996.

Chapter 1

THE NEED TO BE UNDERSTOOD: AN INTRODUCTION TO LANGUAGE SENSITIVITY

Llinos Dafis a Sian Wyn Siencyn

Understanding and being understood

Understanding other people and being understood ourselves are among the most basic of human needs. It's called communicating. Communication is a two way process between at least two people:

- one producing a message and the other receiving it;
- one expressing and the other interpreting;
- one being understood and the other understanding.

Non-verbal communication

Body language

We don't need to vocalise in order to communicate. We can convey messages by using our bodies. We can do it consciously through gestures such as winking, thumbing, wrinkling our noses. We can also communicate unconsciously through posture, angle of the head, shrugging and so on.

We can communicate by using only certain parts of the body such as one eyebrow, eye, the mouth, little finger or thumb. We can also, of course, use the entire body or the entire face. Raising one eyebrow can indicate doubt, a direct question, anger or surprise.

The more intimate the relationship between the two people communicating, the more likely they are to understand each other. One small gesture or movement by a small child will be enough to give her/his carers the message. So too with adults. With those outside our family and immediate circle, our gestures and expressions are less likely to be easily understood. Indeed, they can often be misunderstood and this can then create bad feeling or prejudice.

Things can get very complicated in foreign countries and cultures. There are communities in India, for example, where a nod of the head indicates disagreement whilst shaking the head shows agreement. It would take a great deal of time, concentration and conscious effort to adapt to a custom which is entirely contrary to our own.

1

EXERCISE (15 minutes)

Try to transmit some simple messages:

- I would like a drink.
- What time is it?
- I feel ill.
- Where is the bus station?

and more complicated messages:

- Coffee without milk but with sugar please.
- No red wine but two bottles of white wine.
- Don't give me that, as I am allergic to penicillin.
- Is there a train to Barcelona at 2.30?

by

1. not using words

2. not using sounds

and then

3. using only one hand and one arm.

Speaking: the spoken language

Speaking a language - any language and all languages - is remarkable. Just think of the things we are able to do through language, without movement or props of any kind. We can discuss and express

- what we have done;
- what we haven't done;
- what we intend doing;
- what we hope to do;
- what we would have done given the opportunity;

and so on.

Intimacy

As with gestures and signs, spoken language is more easily understood between people who know each other well. One small word can easily convey complex messages between people who are close to each other. Words such as "now (then)" are used to ask questions, to give commands, to scold, to denote pleasure, to start a thinking process or a piece of work. All this by just changing the tune or the tone of voice.

One wrong word can create havoc. It can lead to pain, disappointment, concern, anxiety, hatred, animosity. It can also raise hopes, mislead and can create a great deal of difficulty in our relationships with each other.

Language is the means by which history, mythology, and folk customs are transmitted from generation to generation. Interests are developed; experiences are shared; opinions and attitudes are formulated and expressed. This is all part of the processes of forming the collective, communal consciousness which is sometimes called culture. Members of the same culture speak the same language, either the non verbal or the verbal language.

In Welsh, we use "ti" and "chi" (an equivalent of the now little used "you" and "thou" in English). "Ti" is used as an indicator of intimacy. Most European languages use the intimate "you" and the formal "you" eg. "tu" and "vous" in French.

EXERCISE (20 minutes).

One way of indicating intimacy in English is the use of first names.

Consider

Who do you call by their first names? Why? What are the factors which influence your practice? Consider age, relationship, status, culture, custom, expectations and so on.

Imagine that you are a Welsh speaking person living in Wales. Consider your relationship with other people as a series of concentric circles with you at its centre. People in those circles furthest away from you will be more difficult for you to understand and it will be less likely that you will be understood by them.

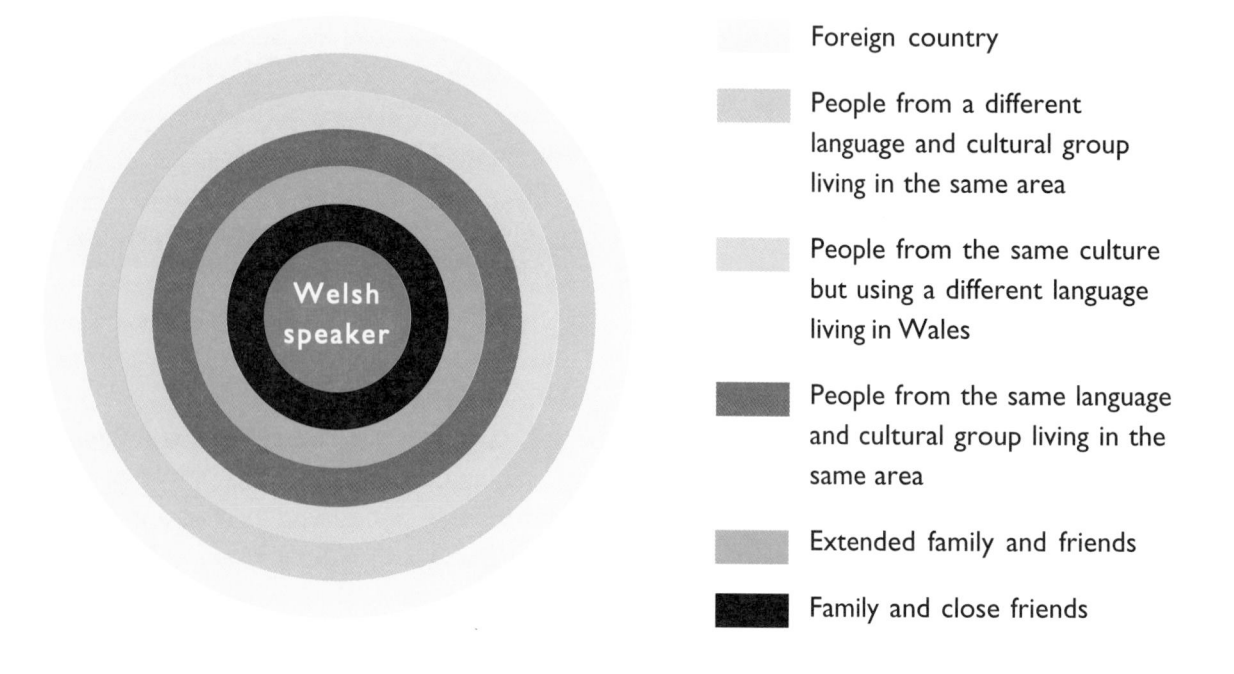

Foreign country

People from a different language and cultural group living in the same area

People from the same culture but using a different language living in Wales

People from the same language and cultural group living in the same area

Extended family and friends

Family and close friends

When a monolingual English-speaking person from another language and culture group establishes a working relationship with a Welsh speaking bilingual person in Wales, they are cutting through all the circles. This has huge implications for the Welsh speaker's identity, confidence and communicative skills.

What is language?

Language can be defined and described in many ways. We can look at language as distinct parts of the whole.

There are three main parts to spoken language:

- Sound (intonation and pronunciation)
- Semantics (vocabulary and meanings)
- Grammar (syntax)

This is what forms the **structure of a language**.

Sound: Intonation and pronunciation

This is what we hear. It includes

- the sounds which are specific to a particular language, for example "ll" in Welsh, guttural "r" in French, "ch" in German.

- the specific ways that vowels sound in a particular language or dialect. Take, for example, the word "rugby". The Welsh, English and French pronunciations of the word are very different.

- the intonation of a language. This means the shape of the voice as we speak. Every language has its own peculiar music.

> ### Consider
>
> An adult can learn a new language well. Even though the grammar, syntax and vocabulary are fine, s/he will still sound strange if s/he hasn't got the intonation and pronunciation right. This can create distance between the learner and the native speaker.

Semantics: Vocabulary and meaning

On first appearances, this is the most obvious part of language and the easiest to discuss. Everyone knows what a word is - if, today, cup, cat, strange, blue, confusion. Most of us enjoy learning new words and comparing words used for the same thing in different dialects and languages. Words change their meaning, reflecting changes in people's lives. Words move between languages - they are borrowed and retained. When they shift from one language to another they often change their pronunciation. Remember "rugby"? When Welsh speakers

or French speakers use it, it is different from the original English word.

Learning words for different things - water, tea, kettle is only one thing. One of the most remarkable things about any language is the interesting and complex ways in which words develop and share meanings.

In Welsh there are two words for "day" - "dydd" and diwrnod". If you looked up a Welsh/English dictionary for either of those words, it would give the English "day". But there is a subtle difference between the two: "dydd" refers to the hours of daylight whilst "diwrnod" is a unit of time. You could say "Mae'r diwrnod yn hir" and "Mae'r dydd yn hir", both of which would be translated as "The day is long". However the first suggests time dragging whilst the other suggests that it's summer time and we're enjoying a nice long day.

All languages are full of these sorts of subtleties. It's difficult for a language learner to fully appreciate these differences particularly when her/his own language might have only one word for a finely differentiated pair of words in the other language. Welsh speaking bilingual people sometimes have difficulty in choosing between "make" and "do" (gwneud) and between "give" and "put" (rhoi) as there is only one word for each pair in Welsh.

Words can change their meaning, sometimes consciously and sometimes without anyone really noticing:

> **Consider** (10 minutes)
>
> The word "gay" has been consciously redefined during the last few years. What factors influenced that change? Consider the language of the rights movement, translation, power of usage and so on.

> **Consider** (10 minutes)
>
> Young people change the meanings of words all the time. It can be a badge of membership in the group, a fashion statement, a way of excluding older generations. List the words used over the last few years by young people to refer to good, popular or acceptable things. Start with "cool, brill, wicked ....."

Grammar (syntax)

This is the way in which words are strung together to create meaningful sentences. Even though there are libraries full of weighty volumes on the grammar of languages, speakers of those languages understand and are understood without necessarily having a knowledge of grammar. Getting to grips with the grammar of a new language is however something altogether different.

Registers

We each have more than one way of using our language and often we will change the way we talk without even noticing. We won't speak to colleagues in the same way as we speak to the dog - hopefully! We change and adapt our way of speaking according to our circumstances and our relationship to the people to whom we're talking . Factors such as

- power and authority in the relationship;
- family relationship;
- age

will all influence our way of speaking.

These different ways of speaking are called registers. When we switch register, we switch tone, intonation, vocabulary and grammar in often very subtle ways.

> ### Consider
> The following two sentences:
> - "Excuse me please, but would you be kind enough to pass me the salt?"
> - "Hei buddy, pass us the salt".
>
> The message is the same but the only two elements in common between the two are the use of "pass" and "salt".

Speaking in the wrong register can of course be very funny. It is often a device used - sometimes overdone - in comedies. In real life, however, it can be offensive and can evoke an unwelcome response. Sometimes, adult learners can become adept in their second language with a sound grasp of intonation, vocabulary, subtleties of meaning and syntax and yet be unable to vary their registers.

EXERCISE (20 minutes)

a) Use of first names is a part of register. Consider the following and decide on the appropriateness of first name use: brother/sister, parents, colleagues, line manager, bank manager, priest, small child, young adult ....

b) Consider the following situations and appropriateness of forms of address:

1. Probation officer chatting with a young offender.
2. Male care assistant in a residential home chatting with an older woman.
3. Female nurse in nursing home chatting with an older man.
4. A social worker chatting with a young mother about the care of her children.

Situation and circumstances are important factors in deciding on appropriate register. Shouting, for example, would be fine in a rugby game, but entirely inappropriate in a church. Similarly, laughing is expected over a pint with friends in the pub, but not with the same group of friends at a funeral.

c) Consider the registers and the kind of spoken language which are acceptable in the following: a concert, court of law, young child's birthday party, lecture, seminar, chat with an officer at work, case conference .....

Part 2

Bilingualism

A geographical unit eg. a country, can be bilingual or an institution eg. a school, can be bilingual. That would mean that everyone can use two languages; or that there are two groups, one using one language and the other using another; or, as in Wales, that one group can use two languages and the other group only one.

Most bilingual people have a first or preferred language. A person's first language can change during different stages of life and depending on circumstances it is perfectly possible for someone who had only very little English and spoke only Welsh until the age of six, to have English as her/his preferred language at fifteen.

For example: Gareth speaks Welsh at home with his family and in school with his teachers and some of his friends. But his preferred language, with the group of friends he does sport with, is English.

We have four ways of using language:

• speaking • listening • reading • writing

The ability to read this book, shows that you are probably adept at all four language skills. Welsh speakers with Welsh as a preferred language reading the English version of this book are also showing the same ability. However, they may not always be as confident, relaxed, fluent or amusing in English. And they may not always feel that they do justice to themselves in English. We do not always project ourselves as well in our second language.

It is interesting to note that fluent bilingual people who have suffered brain injury sometimes lose their ability to speak their second language. They revert to the dominant mother-tongue and sometimes never regain their second language even though they have established ease and fluency in it.

For example: Elisabeth was born and raised in London in a Welsh speaking family. She married an English doctor and she lived in England, raising three children with whom she did not speak Welsh. When her husband retired, they moved to Wales. She was widowed and at the age of 78 she suffered a very debilitating stroke. As a result, she could speak no English. Elisabeth now speaks only Welsh and none of her family can understand her.

Which language?

Bilingual people use both their languages for different purposes and functions. A bilingual person has a range of factors which influence the decision about which language to use.

- perceived fluency in either language
- other people's expectations
- desire to identify with a group
- to indicate intimacy or distance.

Fluency

Most bilingual people feel more comfortable with the intonations, subtle meanings, registers and syntax of their first language than with those of their second. The first language will often be the language in which a bilingual person feels most at ease, the language s/he would choose to use if given the choice.

When a bilingual person talks to a monolingual person they do so in the language of the monolingual person. In Wales, that often means that the English monolingual person is at an advantage. They are, after all, using their first language while the Welsh speaking bilingual person is often using her/his second language.

The use of simultaneous translation in meetings is becoming more and more the norm in Wales. This makes it possible for Welsh speaking bilingual people to choose to use Welsh. Translation equipment is for English monolingual people, not for Welsh speaking bilingual people. The first group do not have access to the two languages whilst the second group of course does.

Education and training

People use English in their work often because they were trained and educated to do the job through the medium of English. The vocabulary of the work-place, the jargon of the job, will be in English and so will be easier for them to use.

> **Consider**
>
> Two car mechanics talking shop in Welsh
>
> "Ron i wedi newid y camshaft ond odd y front head gasket yn dal i bwyso ar y wheel bracket ...."
>
> (I'd just changed the camshaft but the front head gasket was still pressing against the wheel bracket ....")
>
> "Fel 'na ma' 'ddi 'da'r four wheel drive 'ma. Ti'n ffaelu cael yr alignments yn gywir heb y double line heading...."
>
> (That's the way it is with these four wheel drives. It's difficult to get the alignments right on the double line heading....)
>
> Or something like that!

Expectations

There are many situations and institutions where people are expected, or feel that they are expected, to use one language rather than the other. The obvious one in Wales, of course, is the Welsh chapel. It would not really be acceptable for people to speak English in such a setting.

Small children and older people: we may all have come across someone with very limited Welsh trying their best to converse in Welsh with small children and older people.

English in the work-place: it is common too, to hear Welsh speakers speak English together in the work-place. They do it probably because they think it's expected.

The Committee: another common scenario is of a group of Welsh speaking people chatting together before a formal meeting. Once the situation is formalised with the chair starting the committee, the same group of people switch to speaking English. eg. "Chairman, I propose amendments to the minutes ....." all the way. This is what is expected and this is the order of things!

Group membership

Language is a sign of belonging to a group, or of not belonging. Sometimes Welsh speakers will choose not to speak Welsh in order not to be thought of as "Welsh" with the perceived connotations of rustic, old fashioned, extremist ....

There are also, eg. non-Welsh speakers who choose to learn the language in order to identify with being "Welsh" and so as not to be perceived as "English".

Accommodation

We adapt the way we speak for many reasons. One is that we want to draw the partner in the conversation more closely to us. Language can do that - it can draw people together. Speaking the same language, in the same way as someone else can lead to feeling safe, intimate and close to the other person. We shift our speech, often subconsciously, in order to create that feeling. This can be done by changing pronunciation and vocabulary if we are using one language, it can be done by changing dialect, and if we use two languages, it can be done by shifting from one to the other language.

Power and authority

When we talk like other people we are being positive and friendly. Similarly, when we adopt a way of speaking which is different from the other person we are establishing distance. Speaking differently from another person keeps them at arm's length to maintain power, authority and superiority over the other person. A Welsh speaker sometimes chooses to use English with other Welsh speakers in order to establish distance,...

EXERCISE (10 minutes)

Consider

The situation: a head teacher (a man of 50 + who is a Welsh speaker from a Welsh speaking rural area), in an English medium school in Caerdydd, insists on using English with two Welsh speaking women teachers in the school.

What factors influence his language choice? Consider things like age, generation, status, expectations, relationship with other staff members, perceptions of the two languages, etc.

EXERCISE (10 minutes)

The situation: A Welsh speaking patient in hospital. The doctor doing her rounds is not a Welsh speaker but the nurse in attendance is. The nurse speaks Welsh with the patient but the patient seems to insist on speaking English. Why?

Is the patient making unconscious decisions about the balance of power in this situation and deciding as a result to identify linguistically with the perceived source of power?

EXERCISE (10 minutes)

The situation: Carwyn is 16 years old and has had problems which have led to a court appearance. Officers of the court offer Carwyn a Welsh hearing but he refuses. Why?

Has Carwyn concluded that he has enough problems without having a Welsh court hearing. What would everyone think of him? Would he be further disadvantaged? Would people think, even subconsciously, that he is a "real troublemaker", a nuisance, if he had a Welsh hearing?

Attitudes towards languages

Some languages are more respected than others. They are of high status and have high prestige. As it is difficult to separate the individual person from the language that s/he speaks, speakers of some languages have a better deal than others. Here is a list of the common perceptions about high prestige languages and low prestige languages:

High prestige	Low prestige
fashionable	old fashioned
chic, urban	rural
language of success	language of staying put
sophisticated	primitive
refined sounds	strange, coarse sounds
acceptable to be monolingual	being monolingual is considered to be a source of astonishment and contempt

Do these perceptions ring any bells?

Language choice

In a bilingual society such as ours the concept of 'choice' is very important. The ideal is that no-one should suffer disadvantage, inferiority, loss or inconvenience because they have to speak a language in which they are not entirely happy and confident. That is particularly true when someone is vulnerable and is not empowered in the conversation.

Strong and weak linguistic situations

In any interaction between an individual and an institution which offers a service, the officer is in a powerful situation whilst the user is in a weaker situation. The following are some of the indicators of these situations:

<u>Strong linguistic situation</u>	<u>Weak linguistic situation</u>
preparation for the situation	no preparation for the situation
(training given)	
has been in the situation before	the speaker is in an entirely new and strange situation
(experience)	
has power and authority	the speaker has no power
(works for an official agency/organisation)	
no personal threat	personal threat
(an individual's health or welfare, or that of a loved one, may be in the balance)	
freedom to leave	no freedom to leave
(the worker may leave the room, make a cup of tea, answer the phone)	
no emotional involvement	emotional involvement
(the situation may evoke fear, anxiety, bad feeling).	
Using the first language	Using the second language

Any, or a combination, of these indicators can mean that a speaker is in a powerful or weak linguistic situation. Expecting someone to communicate through the medium of their second language loads them with even further disadvantage.

EXERCISE (20 minutes)

The situation: Megan is a 35 year old Welsh speaker. Her husband left home some time ago and she is caring for three lively children (15, 13 and 8 years old) on her own. The school has reported the two oldest children for truancy, misbehaviour and other minor problems. A social worker calls on Megan in response to this.

What are the indicators of weak and strong situations which are relevant here ?.

Consider

The situation: a two year old child from a Welsh speaking home is admitted to hospital. The mother asks for a Welsh speaking nurse to care for her child. Mother gets the reply "Don't you worry about it. We usually get them to understand what we want".

In conclusion

Effective communication is what counts - being able to express our identity, to tell others about ourselves, our fears and our expectations. And understanding from others about themselves, their fears and expectations.

Effective communication is when communication is as effortless and as equitable as possible.

Here are some books which will be of interest to you if you wish to start some serious reading in this field:

Aitchinson J and Carter H (1994)   A Geography of the Welsh Language 1961 - 1991. University of Wales Press.

Baker, Colin (1993)   Foundations of Bilingual Education and Bilingualism, Multilingual Matters, Clevedon.

Davies, Elaine (1993)   They All Speak English Anyway : The Welsh Language and Anti-oppressive Practice, CCETSW Wales and The Open University Press.

Fishman, Joshua (1972)   The Sociology of Language, Newbury House, Rowley, Mass.

Gardner, R.C (1985)   Social Psychology and Second Language Learning, Edward Arnold.

Giles, H (gol)(1977)   Language, Ethnicity and Intergroup Relations, Academic Press.

Hawkins, Eric (1987)   Awareness of Language Cambridge University Press.

Hoffman, C (1991)   An Introduction to Bilingualism, Longman.

Hudson, R.A (1980   Sociolinguistics Cambridge University Press.

Pugh, Richard (1992)   'Lost in Translation' Social Work Today 13.8 16-17

Saunders, G (1983)   Bilingual children : Guidance for the Family, Multilingual Matters.

Siencyn, S.W (1995)   A sound Understanding : Introduction to Language Awareness, CCETSW Cymru.

Wardhaugh, R (1986)   An Introduction to Sociolinguistics, Blackwell.

Williams Rh.H, Davies, Williams. H (gol) (1994)   Social Work and The Welsh Language, CCETSW E, and University of Wales Press.

Chapter 2

THE WELSH EXPERIENCE - IMAGES AND ATTITUDES

Steve Morris

"Ni leddir iaith na chenedl byth ond gan ei phobl ei hun".
"A language and a nation are never killed except by their own people"
- D. J. Williams (Hen Dŷ Fferm)

The Welsh Language: some facts and figures

According to the 1991 census, 508,098 people in Wales can speak Welsh i.e. 18.65% of the country's population (although other surveys suggest that this percentage is in fact somewhat higher - 21.5% according to the Welsh Office social survey in 1992). Of course, as with any other language, the position of Welsh in Wales is not clear cut i.e. with 20% speaking it and the rest unable to understand a word! According to research commissioned by S4C in 1993, it is estimated that 27% of the population can speak some Welsh ranging from understanding, speaking, reading and writing Welsh very well to understanding, speaking, reading and writing a little Welsh: this would give a figure of approximately 750,000 Welsh speakers in Wales. In addition to that, 25% claimed that they understood some Welsh but were unable to speak the language. Therefore, although everybody in Wales has preconceptions and quite definite ideas about who speaks the language, where it is spoken and which fields of life in Wales are associated with it, to what extent do the attitudes and images we have reflect the reality of life in Wales at the beginning of a new millennium?

FACT 1:   There are more Welsh speakers in Treorci than in Aberdaron.

The population of Treorci is, of course, larger than Aberdaron but 1,048 of the people there can speak Welsh compared to 697 in Aberdaron. We think of Aberdaron in Dwyfor as a more Welsh-speaking place than Treorci in the Rhondda because the percentage who speak the language there [79%] is much higher than in Treorci [13.8%] and we would be more likely to hear the language spoken on the street there. An area like Lliw Valley in South Wales with 22,369 [36.92%] Welsh speakers could also be very favourably compared with areas like Dwyfor (19,798 speakers - 75.43%) and Meirionnydd (20,816 - 65.43%) in the North.

FACT 2:   The Welsh Language is by now the language of young people.

22% of all Welsh speakers are now under 15 years of age - and 21.7% are over 65. In some of the more Anglicised counties of the country - for example Gwent, South Glamorgan and Mid Glamorgan - more than 30% of the Welsh speakers are under 15 years of age and the main reason for this is the tremendous growth in bilingual education there.

FACT 3:   Almost 10% of Welsh speakers were born outside Wales.

That is 48,919 people. 77% of the population of Wales were born in Wales with the remainder having been born in one of the other countries of Britain or abroad. The above figure testifies to the fact that a substantial number of these people - as well as their children - have succeeded in assimilating themselves in their communities by learning the language. The other side of this picture, of course, is that thousands and thousands of Welsh speakers live beyond the borders of Wales e.g. in England, Ireland and not forgetting Patagonia. Research for S4C noted that 376,000 people outside of Wales (in the British Isles) claim to understand Welsh: the census does not measure how many people can speak Welsh on the other side of Offa's Dyke.

FACT 4:   The "1992 Welsh Social Survey: Report on the Welsh Language" (page 14) suggests that some 200,000 adults in Wales wish to learn the language.

Over the past twenty years, there has been a substantial increase in the number of adults learning Welsh - e.g. 8,000 adults were registered on courses in 1988 but by 1992 the number had grown to 12,000. Professor Bobi Jones said that this is pivotal to any attempt to restore the language in Wales:

> " ...y sector pwysicaf ... yn fy marn i yw oedolion. Ffurfwyr barn y gymdeithas. Rhieni. Llunwyr ewyllys y genedl. Yr arweinwyr."

> "...the most important sector ... in my opinion is adults. Those who form society's opinion. Parents. Those who mould the nation's will. The leaders."
>
> [Barn - 362 - March 1993]

FACT 5:   It is estimated that 50 million people in the European Union are bilingual.

Our linguistic situation in Wales is very similar to that of hundreds of other countries. All over the world, being bilingual is more common than being only able to speak one language. So, despite years of losing ground and consistent drops in the number of its speakers, the Welsh language is "*yma o hyd*" or still here (in the words of the popular singer Dafydd Iwan) and hopeful signs for its future can be seen in the latest figures. But Wales and the language have changed significantly during this century - Wales is now the country with the highest number of people born in other parts of Britain: "*In purely demographic terms... Wales now has the most cosmopolitan society among the four home countries, for it has much the lower proportion of residents who are native-born (i.e. Welsh-born)*" (Giggs and Pattie 1992 p.29) In addition to this, the old shibboleths that once existed about Welsh as a rural language, the "*Bro Gymraeg*" (or Welsh-speaking heartland) of the north and the west/a language of only older people in the south and the north-east, a language which would be very difficult to learn and one that no-one outside Wales would wish to learn.... have gone - for ever. With that, of course, come new problems, as Patrick Hannan said in the Western Mail (30/6/93): "*The problem for the future is not how many people will speak Welsh but what will they speak about?*"

Domains: in which situations is Welsh spoken?

"I have yet to see recorded anyone having good sex in the Welsh language"
- Edward Thomas (The Independent - Saint David's Day 1995)

It was seen in the first chapter that we as bilingual people tend to use one language in some situations and the other language in others: experience tells us that the Welsh language is associated with one particular field but English is spoken in another field. Another name for the specific situations/fields which are associated with language is *"domain"*. Traditionally - although this was not true of everyone - Welsh was associated with domains such as chapel, the home, eisteddfodau and the Urdd and English with domains such as education, the world of work (especially in larger towns), authority, radio and television, money.... in other words, the world at large outside the home or the immediate community. As a result, Welsh speakers - and non-Welsh speakers - came to see English as a high status language, a powerful language, an important language, the language of the world "outside" and to see Welsh as a limited language, of low status with no power, the language of the "inside" world. Professor Colin Williams (1994) sums this up as follows: *"English, at least in the past century and a half, has been interpreted in Wales as the language of progress, scholarship, equality, prosperity, mass entertainment and pleasure"*. This has been a common experience to many speakers of lesser used languages in Europe and Wales is not unique in this respect e.g. Castilian in Catalonia and the Basque Country, French in Brittany and English once again in Ireland.

All of this had had a great effect on our own image of ourselves as Welsh people, especially as parents choosing which language we would speak to our children. As well as that, many people felt that Welsh did not have the necessary vocabulary to be able to cope with the modern world. The novelist Menna Gallie was brought up in the Welsh language in Crynant, Dulais Valley, West Glamorgan:

> " Rwy'i weithie yn teimlo'n euog am fod sgrifennu Saesneg yn fwy hwylus i mi nag ysgrifennu Cymraeg. Y Gymraeg yw fy iaith gartrefol naturiol, iaith mam a phlentyndod, iaith chwarae a chwerthin, ond iaith taclen slip i ryfeddu yw hi a phan fo gofyn sgifennu Cymraeg rwy'n estyn am y Geiriadur cym mofyn papur... 'Sdim rhaid sgrifennu nofel neu sgwrs mewn iaith gartrefol ond mae'n rhaid sgrifennu am broblemau a phynciau sy'n addas i'n hamser a'n byd, a dyna lle mae'r iaith yn ddiffygiol am ei bod hi'n iaith henffasiwn a phiwritanaidd".

> "I sometimes feel guilty because writing in English is more convenient for me than writing in Welsh. Welsh is my natural home language, the language of my mother and childhood, the language of play and laughter, but it is an amazingly 'iaith talcen slip' [this conveys the idea of a very vernacular, parochial language] and when I am required to write in Welsh, I reach for the Dictionary before fetching paper... A novel or a conversation don't have to be written in homely language but one must write about problems and subjects which are appropriate to our time and world and that is where the language is deficient because it is an old fashioned and puritanical language."
> [Y Gwrandawr, December 1968 / Barn 378/379]

Can a language be "*deficient*" or "*old fashioned and puritanical*" or is this in fact a description of those domains where the Welsh language was used in the experience of the author and a reflection of her own attitude to the language? At about the same time, a dramatist like Saunders Lewis was succeeding in using Welsh as a medium for plays based on issues beyond the traditional domains of Welsh e.g. the conspiracy against Hitler ("*Brad*" - 1958); in East Europe/Vienna at the end of the forties ("*'Gymerwch chi Sigaret?*" - 1956). The language can be seen to have gradually extended during the last quarter of this century to more and more new domains e.g. education (at all levels), radio and television, local government (only in some areas), work (there is a consistent increase in the number of posts asking for a knowledge of Welsh) and so on. If we look, for example, at the contents of the magazine *Taabww* produced by the Welsh Youth Council, we can see the broadness of the domains which are by now discussed through the medium of Welsh: sports, the environment, bullying, *'popeth sydd angen ei wybod am ryw diogelach'* '*everything you need to know about safer sex*' are all discussed among many other topics. This is another reason to be optimistic about the Welsh language's ability to be an appropriate medium to discuss everything and the need to expand the domains in which the language is used as more and more of Wales' young people receive their education in Welsh. It is probable that this process will speed up in the future following the passing of the Welsh Language Act in 1993.

Nevertheless, associating the language with its traditional domains still colours and influences the images and attitudes of both Welsh and non Welsh speakers. An example of this is the programme "*Y Brodyr Bach*" on S4C where the entertainers, y Brodyr Gregory (the Gregory brothers), arrange a 'surprise' for members of the public based on the pattern of English programmes such as 'Candid Camera' and 'Beadle's About'. It is no surprise that some Welsh speakers turn to English when they want to demonstrate their dissatisfaction in a given situation (before being told that the whole thing is a set up) as if using English gives more power to their feelings and makes them more authoritative. Considerations such as these are very important when we look at the use of language in social work situations, for example: it may be argued that the language you choose to use with someone else says much more about you and your attitudes towards that person than the actual words or meaning of the words themselves.

EXERCISE

AIM: To consider how the language we use colours the way in which others see us:

You are a Welsh speaker and go to see the doctor (who also speaks Welsh) with a very personal problem and one which has been worrying you for some time. The conversation between you and the doctor could start as in A or B below: decide which one you would prefer as a Welsh speaker and think about the reasons for your decision, especially from the point of view of language and the kind of language used. How does the doctor influence the language you chose to speak with her/him?:

Conversation A

Doctor [D]:	Come in. [Pause] What's the problem then?
You:	Well ... it's rather difficult to discuss but...
D:	Where does it hurt?
You:	It's not so much a question of hurting but...
D:	Well, what is it then?

Conversation B

D: Come in... Dewch i mewn. Shwmae 'te?   [...come in. How's it going then?]

You: Ddim yn rhy dda a dweud y gwir.   [Not too well to be honest]

D: Beth yw'r broblem 'te?   [What's the problem then?]

    Shwt galla i'ch helpu chi?   [How can I help you?]

You: Wel, mae hi bach yn anodd siarad am hyn ond...   [Well it's a bit difficult to talk about, but it's like this...]

Attitudes: a modern language or a parochial vernacular?

"Ces i fy ngeni yn Llansamlet ger Abertawe yn 1930. Roedd fy mam yn Gymraes Gymraeg o Bontardawe a daeth fy nhad o dref Abertawe - doedd e ddim yn siarad Cymraeg. Felly, Saesneg oedd iaith y tŷ, ond siaradodd fy mam Gymraeg ym mhob man arall - gyda'i theulu, gyda'r bobl yn y pentre ac yn y blaen.

Ar y pryd, roedd syniad cyffredin ymlith llawer o bobl bod hi'n anfantais i bobl uchelgeisiol siarad Cymraeg. Rydw i'n cofio'n iawn hen bobl yn ymddiheuro am fod yn well yn siarad Cymraeg na Saesneg. Yn yr ysgol gynradd, chawson ni ddim un wers Gymraeg er bod 80% o'r disgyblion yn dod o deulu lle roedd y Gymraeg yr iaith gyntaf".

"I was born in Llansamlet near Swansea in 1930. My mother was a Welsh speaker from Pontardawe and my father came from Swansea town - he didn't speak Welsh. English, therefore, was the language of the home but my mother spoke Welsh everywhere else - with her family, with the people in the village and so on.

At the time, there was a common idea amongst many people that it was a disadvantage for ambitious people to speak Welsh. I well remember old people apologising for being better at speaking Welsh than English. At primary school, we didn't have one Welsh lesson although 80% of the pupils came from families where Welsh was the first language."

- Roy Haynes, a "learner" on a Welsh course, Ty Tawe, Swansea (Jan.1995)

The attitudes expressed above were common enough during the earlier part of this century and to some extent, they remain alive today - how many of us apologise for speaking Welsh in mixed language company and turn to English, even if we aren't speaking to the non Welsh speaker at all? Chapman et alia (1977) noticed this tendency to disparage the smaller language which, it would seem, is very common amongst speakers of minority languages:

"A general self-deprecating trait associated with the negative evaluation of one's own speech style or any other ethnic feature is characteristic of underprivileged, minority groups, and negative self images projected by members of these groups have in the past tended to be self perpetuating."

In the case of this particular research, the authors had demonstrated that ethnic preconceptions already exist in children of 5 years of age and that humour is used "*...as a vehicle for communicating attitudes and as a means of disparaging outgroup members*". The research also showed that this is just as true, in Wales, about the Welsh accent in English as it is about the Welsh language itself.

Indeed, over the centuries, negative attitudes towards the Welsh language by people from outside and people who were born in Wales (many of whom were brought up in a Welsh speaking/Welsh culture but who subsequently chose the Anglo-American culture) have been greatly in evidence and have contributed to maintaining feelings of inferiority about the language amongst its speakers.

EXERCISE

AIM: To look at negative attitudes towards the Welsh language since the Act of Union and to consider the reasons for them.

Read the quotations which follow and discuss them in the light of the above aim:

[a]   1536:   **"The people of the dominion (of Wales) have and do daily use a speech nothing like nor consonant to the natural mother tongue used within this realm."**
The Act of Union of England and Wales

[b]   1682:   **"Their native gibberish is usually prattled throughout the whole of Taphydom except in their market towns, whose inhabitants, being a little raised ... do begin to despise it. 'Tis usually cashiered out of gentlemen's houses ... so that, if the stars prove lucky, there may be some glimmering hopes that the British language may be quite extinct and may be English'd out of Wales."**
William Richards - Wallography

[c]   1770:   **"The language is inarticulate and guttural and sounds more like the gobbling of geese or turkeys than the speech of rational creatures."**
E.B. - A Trip to North Wales

[d]   1866:   **"The Welsh Language is the curse of Wales. Its prevailence and the ignorance of English have excluded, and even now exclude, the Welsh people from the civilization, the improvement, and the material prosperity of their English neighbours... Their antiquated and semi-barbarous language, in short, shrouds them in darkness."**
Anon - The Times, 8 September

[e] 1940: "No Welshman talks in Welsh if he knows English."

Caradoc Evans - in his journal

[f] 1964: "We were not, in terms of nationality, a homogenous people. Into the valleys had poured as many Englishmen as indigenous Welsh. The only binding things were indignity and deprivation. The Welsh language stood in the way of our fuller union and we made ruthless haste to destroy it. We nearly did."

Gwyn Thomas - A Welsh Eye

[g] 1975: "Now they're trying to alter all our
           signposts
           And make us live in streets we cannot
           say;
           I don't mind the Pakistanis or the Eyties
       But I wish the bleeding Welsh would
           stay away."

Graham Jones - from his poem "I'm proud to be a citizen of Cardiff "

[h] 1986: "They went outside and stood where a sign used to say Taxi and now said Taxi/Tacsi for the benefit of Welsh people who had never seen a letter X before"

Kingsley Amis - The Old Devils

[i] 1994: "Mae'r holl nonsens 'ma ynglŷn â chyfieithu pob peth i'r Gymraeg, y ffurflenni 'na - 'sneb yn eu darllen nhw. Dw i ddim yn eu darllen nhw. Er enghraifft, pan 'ych chi'n darllen rhywbeth fel 'tax return', sy'n ceisio egluro rhywbeth. Mae'n annealladwy yn Saesneg, cyn bod rhyw 'sledge' yn ei gyfieithu e i Gymraeg sydd hyd yn oed yn fwy annealladwy".

"All this nonsense about translating everything into Welsh, those forms - nobody reads them. I don't read them. For example, when you read something like a tax return which is trying to explain something. It's incomprehensible in English before some 'sledge' translates it to Welsh which is even more incomprehensible."

Rod Richards MP - Barn 383/384

After reading these quotes, discuss:

(i) which factors in your opinion account for the negative attitudes expressed about the Welsh language?

(ii) e, f, g and i were written by people who came from Wales: what do you think accounts for their attitudes towards the language and - in the case of i - thoughts about expanding the language into new domains?

On a more positive note, since the sixties, attitudes towards the language have been changing especially amongst the younger generation. Chapman et alia (1977) showed in their research that Welsh speaking children - and especially children who came from non Welsh speaking homes - had much more positive attitudes towards the language. Thomas & Williams (1978) compared the attitudes of:

a. Welsh medium school pupils (in Welsh and English speaking areas);

b. English medium school pupils (in moderately Welsh speaking areas and English speaking areas)

c. Catholic schools (in English speaking areas) to the language. Once again, similar results emerged, and with more favourable attitudes from pupils c than pupils b. This - in addition to the demographic changes in the age of Welsh speakers - bodes well for the future and for the attitudes of those adults who will be responsible for formulating the language policies of the next generation.

Images

" Pam nad ydych chi'n un o'r mwyafrif, rydych chi'n gweld y byd yn wahanol iawn ac yn sylwi ar bethau na fydd pobl eraill yn sylw arnyn nhw, oherwydd nad oes rhaid iddyn nhw".

"When you are not one of the majority, you see the world very differently and notice things other people do not notice, because they don't have to"
- Labi Siffre in 'Nigger Cymreig (Welsh Nigger)'.
Golwg Vol.5, No.35, 13 May 1993.

"The Welsh are brilliant. Who else could have revived a long-dead and very silly language which was only useful for telling complex and profitable lies?"
- Michael Bywater, Punch 30 September 1987

"Who wants to be ruled by someone who doesn't speak the language?"
- Norman Tebbitt talking about the European Union at the Young Conservatives Conference, 1995

The images we have are very important - not only because of the way in which we see ourselves but also because of the way in which others see us. According to one publicity agency in Wales "Gwent Image", people from outside still believe that half the country's population are coal miners, that the streets are full of sheep, that no-one will be willing to speak English to them and that everyone is mad on rugby and singing! (Wales on Sunday - 29 January 1995). The Holywood "How Green was my Valley" image still persists strongly: when the National Lottery was drawn in the Rhondda at the end of 1994 to an audience of millions of T.V. viewers in Britain, what scene was presented to them? Miners with black faces and male voice choirs singing, despite the fact that almost every coal pit in Wales has closed by now!

Wynford Bellin has conducted research on images of Wales (1989). He used four groups of young people -

    (a)   Welsh speakers (who were brought up speaking Welsh),

    (b)   Welsh speakers (who acquired the language at school)

    (c)   "Anglo-Welsh" Welsh people and

    (d)   young people from South East England. The following are among the research findings:

- The English respondents considered Wales as a country with a low status culture, a country in decline. The three groups of Welsh respondents saw Welsh culture as one which adhered more to family values than the rest of Britain.

- The young Welsh respondents did not associate the language with low status.

- The English respondents estimated the number of Welsh speakers at a much lower figure than the actual number recorded at the last census.

In relation to Welsh respondents, therefore, these figures support the references already made which suggest more positive attitudes among the younger generation in Wales. As regards the English respondents, it suggests a lack of knowledge about the reality of life in Wales and the comparative strength of the Welsh language in the country. It is, therefore, easy to see how problems can arise from time to time when people move from England into areas with a high percentage of Welsh speakers.

During the 90s, a number of very negative and aggressive articles about Wales and the Welsh language appeared in the Fleet Street press :

- *'A Pantomime dragon, but its venom will surely kill'*: Bernard Levin, The Times, 30 August 1990.
  The second paragraph condenses the main negative elements already discussed in this chapter: "*Let us begin with a single fact. Four-fifths of the population of Wales do not speak Welsh, and show no sign at all of wanting to. (The Welsh Television channel is regularly watched by 17 people, and occasionally by anything up to another 168). That is hardly surprising; it is a beautiful language (though all that Druid stuff is as bogus as the Scottish tartans, and possibly even more so), but of no use elsewhere and practically none in Wales itself, not least because of the absurdities foisted on an ancient tongue to accommodate modern times.*"

- 'No Welcome in the hillside schools': Brenda Parry, Sunday Telegraph, 3 February 1991.
  An article claiming that non-Welsh speaking children and even children who have mastered Welsh are being persecuted by teachers in Welsh speaking areas: "...English children are treated as second-class citizens, an increasing number of parents are being forced into the private system they can ill afford. The problem is worst in Dyfed and Gwynedd where concentrations of Welsh speakers seem to be retreating into the hills to protect the language [sic] which is spoken by less than 20 per cent of the Welsh population"

- 'Let's not waste our energy on talking Welsh': Frank Barrett, Independent, 1 August 1993.
  "If children want to learn Welsh they should have the opportunity to do so. But the money could surely be more wisely spent providing better resources in Welsh schools for teaching French, German or Spanish"

- 'A rare bite worth going to Wales for': AA Gill, Sunday Times, 31 Oct. 1993.
  This article was intended to describe Welsh food and restaurants but the author uses the first paragraphs to insult the language, towns with names like Flint and traditional Welsh food such as cawl [cowl in the article], bara brith and "slime" (lava bread). Eventually, the author finds one restaurant which is acceptable and has Michelin stars. To quote A.A. Gill: "It makes you wonder how the race that keeps a "welcome in the hillside" - so that tourists can't find it - could run such a charming establishment, and then, of course, you find out that it's owned by an English man and a Dane"

Authors of articles such as these defend their work - following the inevitable protests which come in their wake - in a way which only confirms the anti-Welsh prejudices they have by saying that it's only 'humour' and 'cheeky wit' which is in fact behind these articles and that the Welsh neither have a sense of humour nor the ability to be able to laugh at themselves!

EXERCISE

This cartoon appeared in the Daily Express on 3 November 1994. Discuss those attitudes towards the language which are suggested here. What does it also imply about images of the Welsh language outside Wales?

"Good news, Mr Thomas. You're not dyslexic at all — you're Welsh!"

With images such as these still flourishing in the British Press, how do we who live in Wales view the Welsh language and ourselves? In an article which discusses the old mining valleys and Welsh identity, Brian Roberts (1995) says that there are three kinds of Welshness -

- Welsh speaking Wales/ **y G**ymru Gymraeg,

- Valleys Welshness and

- British Wales (coastal areas of the South and North East).

He says: "*A widespread view was that Welsh character could be different across Wales: there were various Welsh identities within some common sense of nation*" (p.87). It is evident in this article that the Welsh language is still important to the identity of many valley inhabitants (the interviews were held in Blaina and Nantyglo in Gwent) although they feel that their identity is different from that of the rural people to the north in Breconshire and to those in the south in Newport and Cardiff. There has been a great increase in the demand for bilingual education in the valleys over the last quarter of a century and this is the reply of one young, unemployed man when he was asked why the language was the subject of current interest: "*Well, it's* **our** *language isn't it. We didn't have it at school, we had French, but not our own language. I might not have been interested -* **but it wasn't offered***!*" (p.88)

EXERCISE

What is our image of the typical Welsh speaking family or community today? Read this translated passage from "**Dyddiadur Dysgwr Despret**" /Diary of a Desperate Welsh Learner(Golwg 8, December 1994) and discuss the article in the light of your own experience of today's Welsh speakers.

Is there such a thing as a typical Welsh man or woman? How are the Welsh different from other nations? Would people from other nations see Non and Dafydd or Boz and Karen as '*typically*' Welsh? Why?

CROESO I GYMRU / WELCOME TO WALES

This week I have been preparing material for my first night class - as a tutor this time!

I have a class of complete beginners and to my great disappointment, not one of them comes from Wales originally. I have therefore been puzzling about how to present the Welsh speaking world to them and I spent Tuesday night in the attic looking at my Welsh class books from the 70s. As a result I am in an awful quandary.

There are - as far as I can see - two completely different types of Welsh speakers. Those who live in the pages of my Welsh books for learners and those I happen to know who live in this area.

In the books I've got, Non and Dafydd live in a totally Welsh speaking area with their children, Pedr and Nest. Non stays at home where she washes the dishes, cooks, irons and ventures out every Friday to do the shopping in shops where all the staff speak Welsh. The children attend a Welsh medium school where there's no need to speak a word of English whilst Dafydd earns a fortune wandering around his farm pampering a small number of tame animals. The family has a definite leisure timetable - Welsh language TV every night, some traditional songs around the piano and a chapter of T. Llew Jones for the children before they go to sleep. On Saturday, everyone is busy playing rugby, visiting St Fagans and taking part in local eisteddfodau. Chapel at least twice on Sunday, a *noson lawen* once a month .....

And then, the Welsh speaking family which I know who live up the road .... Boz and Karen live together. Boz is unemployed since the quarry closed. Karen, who is a qualified teacher, has to work part time as a barmaid in the evenings while her children, Jasper and Talulah watch blue films on *Sky* TV. The neighbours say that Social Services have more interest in these children than their stepfather.

In his spare time, Boz supports Man U (from his armchair) and goes to the pub on Saturday and twice on Sunday. Once a month the whole family thumb a lift over to Alton Towers.

Now then, which Welsh speaking family am I to present to my night class, I wonder?

26

Images of the Future

> "Social work practice needs to recognise that the bilingual Welsh speaker is just as much an integrated whole person as a monolingual"
>
> - Wynford Bellin (1994)

> "An appreciation of the interior world of the client is an essential element of ethnically sensitive social work practice"
>
> - Richard Pugh (1994)

The history of the Welsh language during this century has been one of struggling for linguistic rights and that is just as true in the field of social work and care as in any other field. Elaine Davies (1994) and others have emphasised the need for linguistic sensitivity in social work practice, especially when considering the myriad of negative aspects and images which are churned up in our identity as Welsh speakers. Seeing headlines in newspapers such as *"Ofni Penodiad Saesneg"* "*Fear of monoglot English appointment*" (Golwg 15 December 1994) or *"Brwydro am ofal yn eu mamiaith i'r henoed"* "*Fighting for care for the elderly in their mother tongue*" (Y Cymro 14 December 1994) reinforces these negative images. Both stories reported the controversy regarding an advertisement for a manager of an elderly peoples' centre in the Welsh speaking area of Tregaron which said that knowledge of the Welsh language would be *desirable* yet at the same time stating that the post holder should be a *good communicator*. Without doubt, then, social workers need to be aware of the self-images of their users but also, of their own self-images as professional workers in the field.

How are these images likely to change in the future? The past shows us that attacks such as those of Bernard Levin, A.A. Gill, F. Barrett etc. are likely to continue. A lot of work will also be needed to shatter the old stereotype which many people from outside Wales still have of a country of coal mines, sheep, and the "*look you-indeed to goodness-boyo*" which was portrayed in "*How Green was my Valley*". This was very effectively used by the popular press in papers such as "*The Sun*" to undermine Neil Kinnock's general election campaign in 1992: were the people of Britain seriously going to trust this "*Welsh windbag*", some one of the "*Taffy was a Welshman, Taffy was a thief*" tradition to be a prime minister for five years?

On the other hand, evidence suggests that the people who actually live in Wales are beginning to develop more positive attitudes towards the language, especially the younger generation and that the idea of a Bilingual Wales is becoming more widely accepted by the bulk of the population. This is happening despite ferocious attacks by some who already speak Welsh such as Tim Williams (who claims that parents are deluding themselves if they think that Welsh medium education for their children will save the Welsh language or restore the language in anglicised areas). Language initiatives (*mentrau iaith*) such as Menter Cwm Gwendraeth and Welsh language social clubs like Tŷ Tawe in Abertawe/Swansea create new opportunities for Welsh speakers to use their language in towns and country and often provide a focus of Welsh medium activities in their regions. The Welsh Office *1992 Welsh Social Survey: Report on the Welsh Language* shows that about 63% of Welsh speakers normally use Welsh for transactions when they know that Welsh is spoken in the

(a) local health service

(b) local council offices

(c) local shops

(d) local post office/bank/building society and approximately 17% sometimes use it.

The survey showed that over 200,000 people say that they are likely to learn Welsh or improve their ability in Welsh: *more than one in ten of those not fluent in Welsh*. This bodes well for Acen's ambitious plan (Acen produces the very popular television programme for Welsh learners "*Now You're Talking*") to create a million new speakers by the year 2000.

As has already been seen in Bellin's research (1989), Wales and the Welsh language are associated with ideas such as community, love, caring for others - there are implications in that for social work practice. The language and those who speak it are changing and have changed incontrovertibly by the last decade of the twentieth century, as noted at the beginning of this chapter. Although English is the main language of the vast majority of domains especially outside the 'traditionally Welsh speaking' areas, it is no longer seen as a barrier, as a sign of a narrow, old fashioned, rural language, *iaith talcen slip* (a parochial vernacular): it is a language of the young, the urban and the rural, open to new directions and domains, flexible and dignified. In discussing her experiences when learning the language in "*Discovering Welshness*", Zonia Bowen sums up this new attitude:

> **"We hear much talk about Welsh creating a language barrier, but it is not the knowledge of Welsh that creates the barrier but the lack of knowledge of it"**
>
> **(pp. 80 - 81)**

EXERCISE

AIM: To look at which factors can cause conflict between languages. Read the following quotation by Eileen Lemass and discuss in groups:

> **"Linguistic and cultural diversity never cause conflict. It is the refusal of some people to accept diversity that causes problems and strife"**

Can language in itself cause conflict? What are the reasons for conflict occurring between one language/set of cultural values and another?

Bibliography

Aitchison, J. & Carter, H. (1994)   A Geography of the Welsh Language 1961 - 1991. Cardiff: University of Wales Press

Barrett, F. (1993)   'Let's not waste our energy on talking Welsh'. The Independent, 1 August 1993.

Bayley, C. (1995)   'Thomas the Voice'. The Independent, 1 March 1995.

Bellin, W. (1989)   'Ethnicity and Welsh Bilingual Education'. Contemporary Wales, Vol. 3, 77 - 98.

Bellin, W. (1994)   'Caring Professions and Welsh-speakers: a Perspective from Language and Social Psychology' in Williams, Rh.H., Williams, H & Davies, E (ed.) Social Work and the Welsh Language, 75-122 Cardiff: University of Wales Press.

Bowen, Z. (1992)   'Hobson's Choice' in Davies, O & Bowie, F (ed.) 'Discovering Welshness' 80-81 Gwasg Gomer: Llandysul.

Chapman, A. J., Smith, J. R. & Foot, H. C. (1977)   ' Language, Humour and Intergroup Relations' in Giles, H. (ed.) ' Language, Ethnicity and Intergroup Relations', 137-169 Academic Press: London.

Davies, E. (1994)   They All speak English Anyway CCETSW Cymru: Cardiff.

Davies, M. W. (1993)   ''Nigger Cymreig': Labi Siffre a Chymru'. Golwg 13 May 1993, 20-21.

Gaines, S. (1995)   'Exploding the myths that keep Wales in the dark ages'. Wales on Sunday, 29 January 1995 10-11.

Giggs, J. & Pattie, C. (1992)   'Wales as a plural society'. Contemporary Wales, 5, 25-63.

Gill, A. A. (1993)   'A rare bite worth going to Wales for'. Sunday Times, 31 October 1993.

Hannan, P. (1993)   'Winning word by word'. Western Mail, 30 June 1993.

Harri, G. (1994)   'Gêm Galed: Holi Rod Richards'. Barn 383/384, 10-13.

Jones, R. (1993)   'Argyfwng Adfer Iaith (i)'. Barn 362 March 1993, 26-30.

Lemass, E.   quoted in 'Cymru a Chymry'. Taabww, Cyngor Ieuenctid Cymru, Caerfilli.

Levin, B. (1990)	'A Pantomime Dragon, but its venom will surely kill'. The Times, 30 August 1990.
Lewis, S. (1956)	'Gymerwch chi Sigaret? Swansea: Christopher Davies
Lewis, S. (1958)	Brad Llandybïe: Christopher Davies.
Parry, B. (1991)	'No welcome in the hillside schools'. Sunday Telegraph, 3 February 1991
Pugh, R. (1994)	'Language Policy and Social Work'. Social Work 39,4 : 432-437.
Roberts, B. (1995)	'Welsh identity in a Former Mining Valley: Social Images and Imagined Communities'. Contemporary Wales,7, 77-96.
S4C (25.3.93)	"Miliwn o siaradwyr Cymraeg?/A Million Welsh Speakers?": Press Release.
Siencyn, S. W. (1993)	The Sound of Europe. European Bureau for Lesser Used Languages.
Stephens, M. (1992)	A Most Peculiar People Cardiff: University of Wales Press.
Taabww (199?)	Magazine of the Welsh Youth Council.
Thomas, C. J. & Williams, C. H. (1978)	'Language and Nationalism in Wales: a case study'. Ethnic and Racial Studies, Volume 1, No. 2, 235-258.
Welsh Office (1995)	1992 Welsh Social Survey: Report on the Welsh Language. Cardiff: Government Statistical Service.
Wiliam, A. Rh. (1994)	'Nofelydd y Cymoedd Glo'. Barn 378/379, 22-23.
Williams, C. H. (1994)	'Development, Dependency and the Democratic Deficit'. Journal of Multilingual and Multicultural Development, 15: 2&3, 101-128.
Williams, D. J. (1953)	Hen Dŷ Fferm, Gwasg Aberystwyth.

HUMAN GROWTH AND DEVELOPMENT AND LANGUAGE IN THE WELSH CONTEXT

Introduction

Chapters one and two have introduced the following themes:

- **the role and significance of language**
- **images of Wales and Welsh language**
- **the potential problems of Welsh speakers**

Chapter three will consider the interface between language, personal and social identity and human growth and development. The theme of human growth and development and the significance of language will be firmly located in the Welsh context.

Questions about the significance of language will be widened to include the significance of language and sensitivity to language for users of public services, especially social work services.

The following questions will be considered:

- **What are some of the key themes of human growth and development at different stages within the life cycle?**
- **How are linguistic and cultural factors important eg.in terms of meeting the needs of individuals at various stages?**
- **What may be some of the problems of failing to offer an appropriate service linguistically and culturally?**

Values

A basic assumption of this study is that:

- **The promotion of positive identity and of self worth are basic to self determination and the ability to cope.**
- **Social workers need constantly to seek to answer questions about what enables service users who are going through times of change eg. through separation, loss, trauma to cope most effectively.**
- **Knowledge of those social or psychological factors which impede growth and learning is also crucial.**

- Social work is concerned with groups of people who may be stigmatised within society. Understanding of the part which oppression may play and awareness of own beliefs and attitudes is fundamental to practice which empowers.

- Within Wales the issue of language is basic to the provision of services which promote opportunities for healthy growth and development.

Themes in human growth and development

Research in psychology, and more recently sociology, offers differing perspectives on human growth and development and what is considered normative in the areas of cognitive, language development, motor, social and emotional and moral development at different life stages.

Nature or nurture?

A range of theories have grown up around the theme of human growth and development - these cluster around those which emphasise the importance of 'nature', the biological determinants of human behaviour, based on theories of maturation and those which are essentially about 'nurture' and which stress the crucial role of interaction and of the environment upon individuals.

Most theoretical perspectives bring the two ideas of nature and nurture together with acknowledgement of the importance of environment in helping individuals to develop innate abilities, and realise potential - physical, cognitive and emotional. (Bee,1989, Cole and Cole,1993). The theoretical framework used in this chapter, namely Erikson's life cycle theory is one such perspective. The case examples used in chapters 4 and 5 will focus on individuals who are facing different life crises at various times in life and will aim to demonstrate how healthy and positive outcomes for individuals cannot be separated from the responsiveness of the systems with which they are linked, and within which they interact.

Development of personal and social identity

The idea of 'self' and of individual and social identity is a central theme in the consideration of human growth and development. It is especially meaningful within the context of social work, and of social work in the Welsh context.

In chapter 1 Sian Wyn Siencyn and Llinos Dafis briefly explored language and what it may mean to be a member of a linguistic minority. Steve Morris introduced images of Welsh language and culture which have influenced:

- attitudes of the wider world to Welsh language and Welsh speakers;
- the way in which Welsh speakers view themselves.

A further theme is what this means in terms of individual, group and community experience and identity. How may being a member of a linguistic minority influence attitudes towards oneself and others, behaviour and ways of dealing with situations?

Welsh literature will be used throughout this chapter and chapters 4 and 5, to illustrate and raise issues which relate to development and experience as a Welsh speaker at different life stages.
Consider the following two quotes from the novel 'Chwalfa' first published in 1946:

> "Be' ddysgis i yn y Coleg y flwyddyn y bum yno? Y nesa peth i ddim. 'Ron i fel iar yn pigo yn i hunfan. Cymer lenyddiaeth Gymraeg. Y darlithoedd yn Saesneg a finna', hogyn o Lechfaen, yn ofni ateb cwestiwn rhag ofn imi faglu tros eiria' yn yr iaith fain. A 'faint o dir aethon ni trosto fo?"
>
> (Hughes, 1979 6ed argraffiad)

> "What did I learn in the College the year I was there? Next to nothing. I was like a chicken picking in its cage. Take Welsh literature. The lectures in English and me, a lad from Llechfaen, afraid to answer questions for fear of stumbling in the vocabulary in English. And how much ground did we cover?"
>
> (Hughes, 1979 6th edition)

> "Rhaid i chi fynd i gael gair hefo'r Doctor bora 'fory. 'Dydw' i ddim yn licio'i olwg o o gwbwl. Yr hen wrid afiach 'na ar 'i ruddia' fo a'r ... a'r poena' mae o ynddyn' nhw.
> Ond ... Rhaid i chi fynd i siarad hefo'r Doctor bora 'fory."
> O'r gora', Martha. Er mai Sais go sal ydw' i, mae arna' i ofn."
>
> (Hughes, 1979)

> "You must go to have a word with the Doctor tomorrow morning. I don't like the look of him at all. That old unhealthy flush on his cheeks and the ... and the pain he is in but ... you must go to see the Doctor in the morning.
>
> Alright, Martha. Although I fear that my English is so bad".
>
> (Hughes, 1979)

Both examples, the first of a twenty year old in university, and the second of parents of a 10 year old who is in hospital dying still pertinently illustrate how :

- language and self image are inseparable;
- positive self image may be undermined when an individual interacts with a system such as education or the medical world where Welsh is not common currency;
- individuals may question their ability to cope;

- the ability to cope with an opportunity or crisis may be negatively affected by linguistic concerns.

The book 'Chwalfa' by T. Rowland Hughes stands in a long tradition of literature which sheds light on the day to day lives, experiences, beliefs and traditions of people throughout Wales at times of personal, social and economic crisis.

Women writers such as Kate Roberts, Marion Eames, Eigra Lewis Roberts, Jane Edwards and Angharad Tomos have powerfully explored the life experiences of women and relationships, language and culture through novel writing. Topics include childlessness, marriage, life within a step family, adoption, age and dementia, and imprisonment.(See bibliography for details) Through these novels, and other literary sources areas of human experience have been opened up, some of which have traditionally not been talked about in Wales.

Literature is explored in a section of 'Our Sister's Land' - 'Personal voices: the politics of identity' (Aaron,J et al 1994). And, the chapter 'Writing is a bird in hand' by Menna Elfyn demonstrates how themes which relate to the personal identity of women have only recently crept into Welsh poetry. The common experience of miscarriage does not appear until 1977. 'This was touching on a human experience which had been kept private; now my writings began to voice particular female experiences': (Elfyn 1994)

> "Disgwyl a cholli
> yw gyrfa gwragedd;
> Disgwyl a cholli
> hunanoldeb;
> pan ymwthia pen arall
> i hawlio'ch cledrau".
> (Elfyn, 1990)

> "Expecting and losing
> is a woman's lot;
> Expecting to lose
> selfishness;
> When a new head pushes itself out
> to claim your palms".
>   (Elfyn, 1990, trans. Harri Pritchard Jones, in Meyrick 1989,)

In 1992 the novel 'Y Ferch Dawel' (Eames, 1992) introduced the taboo subject of incest and the intense feelings evoked in a situation where two young people encounter a conflict between their feelings and the religious and social mores of their culture.

Human growth and development and culture

'Culture consists of human designs for living that are based on the accumulated knowledge of people encoded in their language and embodied in the physical artifacts, beliefs, values, customs, and activities that have been passed down from one generation to the next'.

(Cole and Cole, 1993)

There has been a bias within research and literature towards seeing dominant American and European cultures as holding universal truths about human growth and development (Devore and Schlesinger 1991). This has strongly influenced the assumptions and values of practice.

However, recent studies (Konner 1991, Cole and Cole, 1993 Bee, 1994) have recognised cultural diversity and the different economic and social circumstances within which people live. These studies have started to consider the implications of this for the scientific study of human growth and development and for the shaping of policy and practice.

'From one family and community to the next decisions affecting children's development are influenced by different assumptions about human nature, by different values about the goals of development, and by different factors that influence development. Whether handicapped children are enroled in the same schools as their agemates or in separate facilities will depend on opinions about the conditions under which healthy personality development occurs'

(Cole and Cole, 1993)

There is a strong historical legacy in Wales within which Welsh language and culture have been viewed as at best marginal to considerations of positive, healthy individual growth and development, and at worst as being a negative influence. In 1847 'The Report of the Commissioners of Inquiry into the State of Education in Wales' commonly known as 'Y Llyfrau Gleision',('The Blue Books') later to be referred to as 'Brad Y Llyfrau Gleision' ('The Betrayal of the Blue Books') associated Welsh language not just with the poor 'mental condition' of

Welsh speakers, but with lewdness and immorality, and with the failure of Welsh speakers to progress. Chapter 2 traces the history of such attitudes, which persist in contemporary debate.

Delyth Morris and Glyn Williams in their paper 'Language and Social Work practice : the Welsh case' consider how the Welfare State itself is based on a 'consensus model' with dominant Anglocentric welfare and social policies which routinely fail to be sensitive to linguistic and cultural considerations. (Morris and Williams, 1994).

EXERCISE 1 (50 minutes)

AIM:
TO THINK ABOUT LANGUAGE AS AN ASPECT OF PERSONAL IDENTITY.

' I am therefore a Welshman whose first language is Welsh living in an area where the majority of people speak English only.

What are my convictions concerning Welsh and Welshmen?
As a Welsh speaker I believe that Welsh is the most important dimension of my Welsh identity '.
From a paper given by Gwilym Humphries at a conference at the Glamorgan Polytechnic in May 1974)
(Ballard and Jones (Ed) 1974)

1. IN PAIRS DISCUSS YOUR IMMEDIATE REACTION TO THE STATEMENT OF GWILYM HUMPHRIES (5 minutes)
DO YOU VIEW HIM AS ESSENTIALLY :

   a) A political extremist?

   b) Someone who feels strongly about the Welsh language?

   c) A person who believes that who he is is bound up with the language he speaks? (15 minutes)

2. IN A PAIR OR SMALL GROUP DISCUSS YOUR FIRST LANGUAGE AS A DIMENSION OF YOUR OWN IDENTITY.

IN WHAT WAYS DO YOU THINK LANGUAGE HAS POSSIBLY SHAPED YOU AS A PERSON?

RECORD THESE ON A FLIPCHART. (30 MINUTES)

EXERCISE 2 - WHAT MAKES HIM OR HER TICK? (40 minutes)

AIM: TO START TO THINK ABOUT THOSE FACTORS WHICH MAY BE INVOLVED IN THE HEALTHY DEVELOPMENT OF A PERSON.

A)   READ THE QUOTE BELOW AND LIST THOSE FACTORS WHICH THE AUTHOR CONSIDERS TO BE IMPORTANT IN THE DEVELOPMENT OF INDIVIDUALS. (10 minutes)

B)   IN A SMALL GROUP DISCUSS HOW YOU THINK EACH OF THE POINTS ON YOUR LIST IS INFLUENCED BY LANGUAGE (30 minutes).

'One of the most critical approaches of the child's early years is the development of the sense of self. One must be aware of one's own body, its appearance, state and size. Secondly, one should be able to refer to one's self appropriately through language and be able to associate descriptions which apply to self and those which do not. Thirdly, one should be aware of one's own personal history; experiences which one has had, skills and abilities one has acquired, one's needs and wishes. Such knowledge of self involves the ability to see one's self as others do, to develop a sense of self awareness by taking account of the attitudes and perspectives of others, in addition to these ingredients, a mature sense of self includes a feeling of self worth - an acceptance and contentment with what one is like.

(Gardner cited in Birch and Malim, 1988)

Notes

- The above statement reflects a psychoanalytical and interactional view of the development of personal identity in childhood. The starting point is the child.

- **'Appearance, shape and size' and naming**' are conveyed through language.

A quote by Thomas underlines this point:

'A child's body image which is part of her self concept, is not an accurate match to some observable reality, but is an internal model shaped not only by direct experience, but by what the child overhears from others and by the child's ideas about the current cultural image of an ideal body'

(Thomas 1990 cited in Bee 1992)

- The theme of how the views and behaviour of others towards us effect our self view continues in the idea of **'personal history, experiences which one has had and skills and abilities which one has acquired'**.

No individual develops in isolation - she is part of a family, a community, a cultural, national and linguistic group. Throughout life she is learning how she relates to, and fits in, with others - starting with parents but radiating out to the wider networks of family, school, peer group and wider community. She is learning whether she, the sort of person she is, and the skills and abilities she possesses are valued by the wider group within which she interacts.

Chapters 1 and 2 illustrated some of the problems which occur for members of a linguistic and cultural minority group when they come into contact with majority groups and norms, eg. acceptance as a member of a minority group, expectations of behaviour.

The concept of linguistic domains is important. For children and adults who are members of a linguistic minority within a culture which is dominated by a majority language there can be no assumptions about ease of movement between different groups and situations. Within every day life an individual who speaks Welsh may find herself unable to use Welsh in a range of situations. (Davies,E 1994) The problem may become even more acute when an individual, family or community are facing crisis or change which necessitates involvement with public agencies where sensitivity to language may not be the norm, for example:

- the need to move into a different situation such as day care, hospital or residential care;

- the need for specific facilities within a sphere such as education, or therapy.

● **'the ability to see ourselves as others do'**

Social Work with black children and their families (Ahmed, Cheetham, and Small,1986) has considered how important the acknowledgement of children's language is to their confidence and behaviour in different settings. Children who speak a minority language may begin to experience themselves as a problem when they attend Day Care facilities or nursery school where staff do not understand their language.

The importance of acknowledgement of language and creating linguistic links between different parts of a child's life was fundamental to the 'Cynllun Van Leer' in South East Wales - a scheme embarked upon by Mudiad Ysgolion Meithrin between 1986 and 1989. (England, 1994)

> **'Gwahoddwyd rhieni i ddod â'u plant i ganolfannau lle gallent dysgu Cymraeg gyda'i gilydd dan yr un to'.**

> **'Parents were invited to bring their children to centres where they could learn Welsh together under the same roof'**

> **'Every time that a non Welsh speaking parent sings a Welsh song with his or her child, reads a Welsh story, plays a Welsh game, in the cylch itself or at home, they are together undermining the barriers between school and the world outside which are prevalent in the best of circumstances and almost unavoidable in the area of second language education'**

> **(England,1994)**

● The final part of Gardner's description leads to consideration of how the developing individual is affected by the values and behaviour of others :

> **' to develop awareness of self by taking into account the values and perspectives of others....**

> **A mature sense of self includes a feeling of self worth and an acceptance and contentment with what one is like'.**

Devore has suggested that understanding of 'ethnic reality' rests on a realisation that this may at the same time be a source of strength eg. to be a member of a group which shares a rich history and culture, and a source of stress eg. to be a member of a minority group, struggling to maintain language and identity, and the right to use one's own language. (Devore, and Schlesinger,1991).

Empowerment in social work is about recognising and building on strengths of individuals and communities.

EXERCISE 3 (30 minutes)

AIM: TO THINK ABOUT THE POSSIBLE CONSEQUENCES OF LINGUISTIC OR CULTURAL INSENSITIVITY UPON A PERSON'S IMAGE OF SELF.

A) IN GROUPS OF 4 OR 5 LIST WAYS IN WHICH PROFESSIONALS CAN GIVE THE MESSAGE TO INDIVIDUALS THAT THEIR LANGUAGE AND/OR CULTURE IS A PROBLEM? (10 minutes)

B) SHARE SITUATIONS WHERE COMMUNICATION HAS BEEN DIFFICULT FOR YOU/OR FOR SOMEONE CLOSE TO YOU. (10 minutes)

HOW HAS DIFFICULTY IN COMMUNICATING NEEDS/FEELINGS/VALUES/ CULTURE OR RELIGION MADE YOU FEEL ABOUT YOURSELF? (10 minutes)

EXERCISE 4 (20 minutes)

TO CONSIDER THE BENEFITS OF OFFERING A SERVICE WHICH IS LINGUISTICALLY   SENSITIVE.

A) IN A SMALL GROUP DISCUSS THE FOLLOWING (10 MINUTES):

An article in Golwg 'Cyrraedd Teimladau Dwfn-yr Hawl i gael help yn Gymraeg' ('Reaching Deep feelings: The Right to have help in Welsh') records the reactions of Welsh speakers.

A woman of 75 years records her reaction to receiving a Welsh speaking social worker.

"Dyw llawer o bobol ddim yn deall eich bod chi'n hapusach yn siarad Cymraeg. Er fy mod i'n siarad y ddwy iaith cofiwch chi, roeddwn i'n falch iawn o weld Euros yn dod - ro'n i'n cael sens mas o Euros - dwi'n llawer mwy cartrefol yn siarad gyda rhywun sy'n Gymro"
('Cyrraedd Teimladau Dwfn - yr hawl i help yn Gymraeg', Golwg, July 1989).

"Not many people understand that you are happier speaking Welsh. Although I speak both languages, don't forget, I was very pleased to see Euros coming - I was able to get sense out of Euros - I am a lot more at home speaking with someone who is a Welsh speaker".
('Cyrraedd Teimladau Dwfn - yr hawl i help yn Gymraeg' Golwg, July, 1989).

B) If you were working with a service user and you suspected that s/he would benefit from the opportunity to share thoughts and feelings with another Welsh speaker, how might you address this as part of your work? (10 minutes)

SUMMARY

Language is complex. A person's sense of 'self' cannot be divorced from the issue of language and culture. Language is far more than simply a means of communication. It is to enter into the cultural realm through which developing individuals, whatever their age, define the world and their experience. Language defines the person as part of a group with a history and culture. But at the same time it may lead to a sense of alienation or lack of opportunity and power within a dominant culture which fails to acknowledge its significance and value.

A Life Cycle Approach:
A Theoretical Perspective

For the purpose of this study it has been decided to isolate Erikson's life cycle approach to human growth and development and to use this as a basis for asking questions about the role of language throughout life. (Erikson,1963) It is important to view this perspective critically, and students/workers should be aware of other theories of human growth and development (See bibliography).

There are several features which make this framework attractive as a basis for looking at human growth and development and linguistic considerations. These are :

1. It is a psycho-social theory of development which acknowledges that people are biological, social and psychological beings. It is therefore able to accommodate considerations of language, relationships, social role and culture.

   It is said of Erikson that he ... **'adheres to the view that nature sets the basic sequence of stages while nurture shapes developmental processes within stages. Erikson draws on evidence from many cultures, however, and he emphasises that 'the prior experiences of the society into which children are born, embodied in its current culture , plays a major role in development'.** (Cole and Cole 1993)

   Erikson's central theory is that identity comes from identification:

   > **'We become an integrated composite of our identification with people; parents, siblings; peers; public personages; historical and fictional figures; causes; movements and ideals'**
   > **(Levin, 1992)**

   The role of culture is highly significant. The idea of self depends on the answer to two basic questions 'What am I?' and 'Who am I?'. Personal identity is linked to the latter. In Erikson's view 'who we are', our identity, is limited by our culture and the time into which we were born.

2. It is a perspective which views life as a series of 8 stages/sequences within which each stage has significance for the stage/s which follow. Each stage is seen as a 'crisis' or a task which needs to be resolved by the developing individual before s/he is able to satisfactorily move on to the next stage. Crises which present at one stage of life will reoccur at later stages eg. during adolescence.

3. It is a life long perspective. While childhood development has been extensively studied the field of adulthood, with the possible exception of elders is much less well documented. The study of human growth and development in adulthood assumes that while physiological development is complete by early adulthood, changes go on taking place throughout adulthood and psychological development is ongoing (Clarke and Keeble 1992, Cole and Cole,1993, Bee, 1994).

- The development and role of language will be looked at in relationship to each of the stages suggested by Erikson, and Welsh literature will be used to offer a perspective on:
  - The experience of Welsh speakers at each stage within the life cycle;
  - The importance of language at different stages.

Stages in Human Growth and Development.

0-18 MONTHS BASIC TRUST V BASIC MISTRUST

Infancy is the time of most rapid growth and development. Within Erikson's life cycle theory the first 18 months is the critical time for the infant in terms of basic **TRUST** versus **BASIC MISTRUST**.

The infant is totally dependent upon the mother or central care giver for every aspect of care. Erikson argues that the way that the care is given is crucial as a basis for the baby deciding whether she can trust the world around her. The quality of relationship between the baby and primary carer is central. At this very early age the baby will be experiencing constant feedback from the world around her which will be experienced as good or bad, consistent or inconsistent in terms of its responsiveness. The baby will also be testing her own ability to make things happen
eg. if she is hungry and cries will her mother respond by feeding her?

> **Consider:**
>
> ' Mami Benji bach. Mami ddel. Llaw ar wmab Mami. Neis!
> Mami rhoi bwyd ar llwy. Rhoi llwy yn ceg Benji bach. Edrach
> ar wmab Mami. Gwen neis. Gwen yn llygad Mami. Braf!
> Mami'n gafal yn Benji bach. Yn dynn. Saff ym mraich Mami. Dim
> syrthio. Dim crio. Edrach ar llygad Mami. Braf!
> Go-gon! medda Mami 'Hogyn da, Benji. Byta bwyd i gyd. Dyna
> hogyn da. Mami'n Mami da. Bei - bei!'
> Mami dwad nol at Benji. Reit fuan. Bei - bei Mami .....
>
> (Williams, 1984)
>
> 'Mammy little Benji. Pretty Mammy. Hand on Mammy's face. Nice!
> Mammy puts food on spoon. Puts food in little Benji's mouth.
> Looks at Mammy's face. Nice smile. Smile in Mammy's eyes. Fine!

> Mammy cares for little Benji. Warm. Safe in Mammy's arms. No
> slipping. No crying. Look at Mammy's eyes. Lovely. All gone
> says Mammy. Good boy, Benji. He's eaten all his food. That's a
> good boy. Mammy's a good Mammy. Bye Bye.
> Mammy's coming back to Benji. Very soon. Bye Bye Mammy.
>
> (Williams, 1984)

Notes

- Benji is experiencing the security of being with his mother. She is responding to his needs, and he is responding to her. Mammy is telling him that he is a good boy - language is being used to reinforce Benji's sense of being loved and being secure. He is therefore able to trust Mammy to go away and to come back.

- Of course there will also be times in Benji's relationship with his mother when there is not the same level of affirmation - his mother will sometimes be tired, impatient, sad. But, if on the whole Benji's experience is a positive one he will start to develop a sense of security and trust which will provide a healthy basis for moving on to further stages.

A United nations study of protein deficiencies in Ugandan infants by Margaret Gerber (Gerber cited in Bradshaw, 1992) discovered that Ugandan babies, up until the age of 2 were the most developmentally advanced in the world.

This finding was linked with the fact that infants are constantly held by their mothers, mother surrogates. They go everywhere with their mothers.

This means that the following factors are important:

- the infant is exposed to the soothing voice of the mother;
- the way in which the infant is touched and spoken to;
- constant assurance and comfort.

The care which is given to children at this age is a lot more than carers taking care of the infant's physical needs. It is about sensitivity to the baby as a developing person.

Problems may occur at this stage when :

a) Difficulties arise in relationship to the baby in the neo natal period or during early infancy. eg. where babies are born with disabilities, or develop illness or disability during infancy. (Russel,1989) Parents may have extra problems in forming an attachment to a child who does not develop according to expectations. A child who is premature, ill or disabled may respond differently - eg. children with cerebral palsy often startle easily, display distress at sudden movement, stiffen or cry, have feeding or sleep problems, which in turn make the parent feel inadequate or unloved. The quality of the feedback received by the parents will affect how they are able to respond. (See case study on work with children with disabilities in chapter 4)

b) When parents themselves have difficulties eg. post natal depression, or may be ill prepared, immature, or unsupported in parenting.

According to Erikson, a healthy outcome of this stage of development is of the child emerging with a balance of trust and mistrust - enough trust to create a personality which is confident and able to move out to explore and take advantage of opportunities, e.g. socially, but who is aware of potential risks dangers and frustrations in her environment.

Language

Research shows that the ability to receive language starts in a baby as young as 9/10 months. By 12 months the infant knows her own name, understands several words in usual context and is able to understand simple commands when they are associated with gesture eg. Come to mummy.

By 15 months the infant will have a wide range of sounds, be able to speak 2 to 6 recognisable words and understand many more, and will be able to vocalise wishes and needs at the table. She will be able to point to familiar persons, objects when asked. (Sheridan, cited in 'Protecting Children' 1988)

EXERCISE 1 (30 minutes)

AIM : TO THINK ABOUT WHAT ARE THE FACTORS WHICH ENABLE PARENTS, OR SUBSTITUTE CARERS, TO DEVELOP A POSITIVE RELATIONSHIP WITH THEIR BABY DURING THE FIRST 18 MONTHS.

1. Individually or in a group brainstorm factors which help parents/carers to be responsive to a young baby. (10 minutes)

2. Now make another list of factors which you think may inhibit or cause problems in the relationship between parent/s or carers and the baby. (10 minutes)

3. What may be some implications for the work of professionals with parents? (10 minutes)

Notes

● The stage of infancy is crucial for attachment. If parents or carers are going to be able to respond lovingly to the demands of an infant they need to feel secure themselves. Parents will often play out their own experience of being parented in

their relationship with their own child. Parents need to feel relaxed with their child, to be able to accept their child.

- Professionals should be aware of the role of language in creating closeness in relationships and the implications of this for their work.(Wyn Siencyn,1995)   They also need to understand some of the difficulties which can arise and the role of language in helping parents to build a positive relationship with their baby.

18 MONTHS - 3 YEARS: AUTONOMY VERSUS SHAME AND DOUBT

Within Erikson's life cycle theory the period from 18 months to 3 years is a critical time for the toddler in terms of autonomy versus shame and doubt.

According to Erikson the stage of development from 18 months is characterised by development of motor skills, such as holding and walking, which enable the toddler to exercise greater choice and control.   It is the time when the infant enjoys picking up and dropping objects.This is often the time when toilet training is started.The child is seeking a sense of independence but requires careful guidance and encouragement to protect her from danger or failure. If the child experiences constant failure or is ridiculed during this stage she may respond by feeling ashamed or doubting her own abilities.

Again there is a need for balance - this is a time when a child will be beginning to find out what is acceptable and unacceptable in terms of behaviour, what is safe and what is dangerous. So some doubt and shame are necessary. However, the emphasis should be on the child developing a strong sense of her own abilities and becoming more autonomous.

Language

Language develops rapidly during this stage of childhood. Mary Sheridan's chart of developmental progress of infants and young children suggests the following:

18 months : the infant continues to vocalise while playing, will use 6 - 20 recognisable words and understands many more. She is able to demand objects by pointing, while using single words or 'loud urgent vocalisation'; is starting to know names of parts of the body and enjoys nursery rhymes.

By the **age of 2 years** the vocabulary will have grown to 50 words or more, and the infant's range of understanding of words will have grown. She will constantly ask names of objects, will join in nursery rhymes and songs.

By **the age of 2° years** she uses 200 or more words, knows full name, talks intelligibly to herself at play about what is happening. Asks questions using "What?" and "Where?" Uses pronouns, I, me and you; is able to say a few nursery rhymes; enjoys familiar stories read from a picture book. (Sheridan, cited in 'Protecting Children' 1988).

Many of the rhymes and stories are traditional in the sense that they have been handed down from one generation to the next eg. finger rhymes. In Wales there is an oral tradition of rhymes, stories and songs which has been passed from one generation to the next but not necessarily published.

A very significant development at this stage is the use of language to denote separateness or autonomy from the mother:

> **'When the child approaching 2 begins to use the word I, it seems to mean mainly "I am separate". It helps the gem of autonomy to crystallize from the dense solution of attachment. But a year later it is not just a separateness; it is also an identification of the centre of that separateness. The process of identification is a main job a child must get done at this period. I am a girl, I am small, I am black, I am loved (and therefore I am loveable), ... I am handicapped, I am Kathy's friend ..... Obviously some of these self labels can hurt, but does not prevent the child from wearing them on her sleeve. It is up to those who care for the child to help her to define how the label will feel'**

> **(Konner,1991).**

This process of identification, of realising that one is a separate person is a particularly important one. The child will be getting all sorts of messages and will need to interpret and make sense of them.

At the age of 3 years most children will have a large vocabulary and the complexity of her speech will have grown. The child still talks to herself, usually about what is happening in the here and now, including make believe activities. The child is able to hold simple conversations, is able to talk about past experiences and asks many questions beginning "What?", "Where?" and "Who?".

By 3 years the child will ask for favourite stories over and over again and will know several nursery rhymes.

One of the fascinating aspects of language during early childhood is how language is used. Not long after the age of two it is possible to say to a child who is throwing a tantrum, "Use words". At 2 years this will not always happen, but by the age of 3 the use of words will have become more reliable and the child will be able to use words to express feelings and emotions. eg. You are feeling very angry, aren't you?
(Konner,1991)

EXERCISE 1 - RISKS VERSUS OPPORTUNITIES (25 minutes)

AIM : TO CONSIDER SOME OF THE WAYS IN WHICH CHILDREN AGED FROM 18 MONTHS TO 3 YEARS LEARN ABOUT THEIR ENVIRONMENT/THEMSELVES.

A) INDIVIDUALLY OR IN A SMALL GROUP THINK ABOUT/DISCUSS SOME OF THE KEY FEATURES OF THE STAGE FROM 18 MONTHS TO 3 YEARS

DO YOU THINK THAT ERIKSON'S THEORY FITS? (15 minutes)

B) CONSIDER THE FOLLOWING in terms of helpful/unhelpful responses: (10 minutes)

Carer 1 : 'I am angry and I'm trying to read and you keep interrupting. I want you to play with your toys and be quiet'.

Carer 2 : 'You are being a brat, stop being so selfish. One more sound and I'll spank you' (Bradshaw, 1992)

EXERCISE 2 - BADGES (30 minutes)

'Owen yw f'enw, rwy'n dair, rwy'n fachgen mawr, mae Nain yn fy ngharu, rwy'n mynd i Meithrin, fy ffrind yw Thomas, rwy'n siarad Cymraeg, mae Mami'n siarad Saesneg, mae Simon yn chwerthin am fy mhen i ac yn fy ngalw i'n Welshie, mae Mami'n grac ata i'.

'My name is Owen, I'm three, I'm a big boy, Nain loves me, I go to Meithrin, my friend is Thomas, I speak Welsh, Mammy speaks English, Simon laughs at me and calls me Welshie, Mammy's cross with me'.

Consider/discuss:

a) List the sort of situations where it would be important to acknowledge and work with Owen's 'Welshness'(15 minutes).

b) How might you ensure that any service provided by yourself, or your Agency, to Owen and his family is responsive to Owen's language? (15 minutes)

The young child from 18 months to 3 years old is :

- finding out about herself as separate;
- exploring her environment;
- pushing boundaries of behaviour.

The role of language is pivotal in :

- helping the child to explore her own body and environment;
- setting clear boundaries about what is right or wrong, safe or dangerous;
- helping the child to cope with strong emotions which may sometimes seem out of control;
- help to make sense of labels eg. 'I am a girl' in a way which is affirming.

4 - 6 YEARS: INITIATIVE VERSUS GUILT

In Erikson's life cycle theory the time from 4 - 6 years is a critical one for the young child in terms of initiative versus shame and doubt.

According to Erikson initiative is more than autonomy. This stage, which usually links with the nursery or primary school stage is one in which a child starts:

- to plan for herself;
- to decide what she wants to do (independently)
- to set the plan in motion.

The child at this age tries to put into effect her new cognitive skills. Four and five year olds are usually very active and energetic in a way that can sometimes be viewed as 'naughty or aggressive' by parents.

At this stage it is not just parents who are influencing children's behaviour but professionals who work in day care/ nursery settings and schools.

According to Erikson the risks of this stage of development are either that the child may over reach herself or that parents/carers may restrict or punish too much, both leading to a sense of guilt. While some guilt is needed in order to develop conscience and self control, if a child experiences too much guilt she may lose her spontaneity, creativity and may find it difficult to establish strong relationships with others.

Language

By the time a child reaches 4 years her language will have increased greatly in its grammatical complexity. At 5 years speech should be fluent and grammatical.

Konner has identified the main features of this stage as:

> 'language, family, play, playmates, identity, fantasy and emotion'.
>
> (Konner, 1991)

He suggests that for the child from 2 to 6 years identity, fantasy and emotion assume a significance which they will never regain.

This can be linked with language at this stage:

Identity - the child is beginning to place things into categories; she will be learning how she also fits into the world. At this age the child directs her play commenting on her activity and moving herself along. She will be pushing boundaries to test her capabilities, and just how far she can push the situation before parents or carers will intervene.

Fantasy - She will love stories and be able to act them out. Mary Sheridan's chart of developmental progress (Department of Health 'Protecting Children 1988) suggests that 4 and 5 year olds like to listen to long and complex stories, sometimes confusing fact with fiction.

Emotion - 4 and 5 year olds may have very strong emotions and anxieties about what is happening around them and will express this through their play.

Problems

Children of this age may be prone to magical thinking - sometimes thinking that their wishes or actions are the cause of things which happen eg. the child who says 'I hate you Daddy, I wish you were dead' may feel responsible if Daddy dies.

Understanding, and helping children to communicate feelings of responsibility and guilt are basic to helping children to deal with necessary moves and separation and loss (Fahlberg, 1979, Jewett,1982).

EXERCISE I - MY SECRET FRIEND (25 minutes)

I. Read the following extracts about Ifan Bifan's secret friend Rhys from the children's book 'Ifan Bifan a'i ffrind dirgel' (Evan Bevan and his secret friend):

'Roedd e bob amser yn barod i chwarae os oedd Ifan ar ei ben ei hun.
Dyma'r ddau yn penderfynu chwarae tren a bocsys
Rhoddodd Ifan yr injan ar y blaen...
YNA GWNAETH RYWBETH DRWG IAWN,
Cymerodd bib ei dad
i'w rhoi fel simnai ar yr injan'
Ar ôl chwarae am amser hir
sylwodd Ifan ar rywbeth ofnadwy.
Roedd pib ei dad ar goll!

(Bergstrom, 1976)

'He was always ready to play if Ifan was on his own.
So the two decide to play train with boxes
Ifan put the engine at the front...
THEN HE DID SOMETHING VERY NAUGHTY,
He took his father's pipe
to put as a chimney on the engine.
After playing for a long time
Ifan noticed something terrible.
His father's pipe was missing !'

(Bergstrom, 1976)

2. Now, individually consider, or in a small group discuss

   a) What does this tell you about the world of a 4 year old? (10 minutes)

   b) How can Ifan's carer demonstrate understanding of Ifan's world in a way which will help him to show initiative without becoming overwhelmed by guilt when things go wrong? (15 minutes)

- 4 and 5 year old children can appear to be very egocentric both in play and in language. They may insist on struggling to do things for themselves, often directing this through language. They have strong imaginations and emotions which can sometimes be overwhelming. At this age there is a risk that children may overstretch themselves and take on excessive guilt.

A positive modelling of how an adult can help a young child can be found in the behaviour of Ifan's father. Ifan's Dad helps by:

- understanding Ifan's need for a friend;

- entering into the world of Ifan's imagination by including Rhys eg. laying the table for an extra person;

- talking with Ifan about Rhys;

- realising that Ifan has lost his pipe, but giving him the means to find it, rather than scolding.

6-11 YEARS: INDUSTRY VERSUS INFERIORITY

In Erikson's life cycle theory the stage of childhood from 6 to 11 years is a critical one for the child in terms of industry versus inferiority. It is characterised by the child acquiring important knowledge and skills related to her own culture. It coincides with lower schooling and with a general opening up of the child's world. The influence of school on children's development is the subject of great interest to researchers. The area of bilingual education of children in the Welsh context has also received a great deal of attention. (Baker, 1995)

During this stage the key needs of the child are to have friends, to learn to compete, to be able to win and to lose. Children are now influenced by a far wider group of people, most importantly teachers. Home is still extremely important as a safe base and children of this age continue to use the presence and the support of parents/carers and continue to be influenced by their parents' judgement. (Bee, 1994)

Middle childhood is the time when children begin to develop a more 'global sense of self worth' (Bee, 1994). The major determinants of 'self esteem' are:

- the discrepancy between what is desired and what the child thinks s/he has achieved;

- the child's overall sense of support from important people around her, particularly parents and peers.

(Harter cited in Bee, 1994)

This stage is also a time when the larger culture becomes very important. The two components of the wider culture which 'seem especially important in middle childhood: the effects of poverty and the effects of television' (Bee, 1994).

According to Erikson a favourable outcome of this stage of development is that the child emerges with a sense of competence and achievement and starts secondary education confident of his or her skills and abilities.

Erikson suggests that if a child meets unfavourable reactions from others during this period this may cause feelings of inadequacy and inferiority.

Language

The world of the child is expanding during this stage, and this will affect her use of language.

- friends are very important;
- children are involved with activities outside the home;
- children are developing new skills of language - this is the time when children in bilingual education usually start to read English in addition to Welsh.

This is also the stage when specific difficulties in learning may be identified eg. dyslexia.

Further implications of widening social networks for the language of school age children are examined in 'Caring professionals and Welsh speakers: A perspective from the view point of language and Social Psychology' (Williams et al, (eds) 1994)

EXERCISE 1 (30 minutes)

AIM: TO THINK ABOUT THE WORLD OF THE CHILD AGED 6 - 11 YEARS, KEY ACTIVITIES AND INFLUENCES

Draw a map of what you imagine to be the world of most children between the ages of 6 and 11 years, indicating those relationships which may influence the child. Think about the possible combinations of language in different settings, eg. home, school, leisure activities, church, shopping.

EXERCISE 2 (30 minutes)

Sioned is aged 8 years. Both her parents are English speaking but she and her two sisters attend the local Welsh school in a predominantly English speaking area. They all attend the local Church where the spoken language is English, but where several of the children also attend the Welsh school. During a special Christmas service for the children the curate asks for a volunteer to come and write a birthday card for a very special person. Sioned volunteers.

Curate :	What shall we write?
Member of congregation :	Happy Birthday
Another member :	What about 'Penblwydd Hapus'?
Curate :	Someone's trying to bring Welsh into this now. There's only room for one language on the card.

DISCUSS :

A) HOW MIGHT THIS MAKE SIONED FEEL ABOUT HER SKILL OF WRITING/ SPEAKING WELSH? (5 minutes)

B) WHAT DOES IT SHOW ABOUT THE ASSUMPTION/ATTITUDE OF THE CURATE? (10 minutes)

C) WHAT MESSAGE MAY THIS GIVE TO THE OTHER WELSH SPEAKING CHILDREN ABOUT THEIR LANGUAGE? (15 minutes)

Notes

- At this stage of development a child is strongly influenced by the opinions and attitudes of others.

- Sioned's skill of writing Welsh has been treated as a nuisance factor; something not to be taken seriously in this context. It is assumed that Sioned is as happy writing English but this may not be the case. This could lead to failure in front of other children and adults. It is possible that Sioned and the other Welsh speaking children will feel that they are not being taken seriously and lack of linguistic sensitivity could, in some circumstances, lead to feelings of inferiority.

ADOLESCENCE (12-18 YEARS): IDENTITY VERSUS ROLE CONFUSION

Within the life cycle theory of Erikson adolescence is the time of puberty and linked by Erikson with the development of sexual identity and vocational identity.

The experience of adolescence is often viewed as the time when the young person finds herself juxtaposed between the world of childhood and that of adulthood -

> 'It is at this time when identity as a child no longer fits and when all the choices, problems and unknowns of being an adult loom directly ahead, that the question "Who am I ?" may be asked with particular urgency. What may result at this stage is a sense of 'confusion.'
>
> **(White 1972)**

During this stage the four crises of earlier stages, symbolised by trust, autonomy, initiative and industry reappear, but in a different form.

- **Trust** at this stage means to search for people to have faith in and for people who will in turn have faith in the young person as someone who is trustworthy. Friends are very important.

  At the level of social identity the sorting out of an ideological framework, eg. of political beliefs, is important.

- **Autonomy** is about choosing one's own path rather than the one chosen by parents.

  This is a time when adolescents may fall in with parental values and lifestyles or choose to reject the values of parents.

- **Initiative** is about setting goals for the adult you will become and therefore includes educational and vocational identity.

- **Industry** means taking responsibility for one's own work and for the standard of that work.

Adolescents therefore need to resolve their identity in

- the individual world;
- the social world.

It is a process which depends on :

- how they judge others;
- how others judge them;
- how they judge the judgement processes of others; (eg. Is it fair? is it consistent?)

- their ability to keep in mind social categories (typologies) available in their own culture, or the surrounding culture when they form judgements of other people.

(Cole and Cole,1993)

The novel by John Owen 'Pam Fi, Duw, Pam Fi?' provides an excellent example of this process. It is Saturday the 5th of October and Rhys, a bilingual 16 year old from the Rhondda writes:

' **Ges i 'nghyhuddo o siarad Sisneg gyda Ifs!! Fi ac Ifs??!! O'n i mor mega pissed off, mae'n anhygoel. Gall y Staffioso 'y meio i am bopeth arall, gan gynnwys y Great Train Robbery a'r Ail Ryfel Byd ond ... siarad Sisneg?? Dyw e just DDIM ar yr agenda'**
'Ma nhw'n paso miloedd o blant bob dydd sy â mwy o barch iddi rheche nag i'r Iaith a dyn nhw ddim yn dweud gair, achos nhw'n dawel,ddim yn rhoi hasls .... ond achos 'mod i ac Ifs, yn hollol (wel, sa i'n gwbod os yn ni'n hollol) anghonfensiynol ond achos dyn ni ddim yn digwydd ffitio mewn 'da gweledigaeth rhai o'r staff o shwd dyle disgyblion gweddol alluog fihafio, ma' nhw'n dewish y'n cystwyo ni ....'

(Owen,1994)

'**I was accused of speaking English with Ifs!! Me and Ifs??!!! I was so mega pissed off, it's incredible. The Staffioso can blame me for anything else, including the Great Train Robbery and the Second World War but ... speaking English?? It just is NOT On'. They pass thousands of children every day who have more respect for their farts than the language and they don't say a word, because they are quiet, don't give hassle ... but because me and Ifs, are completely (well, I don't know if we are completely) unconventional and because we don't happen to fit in with the vision of some of the staff of how quite capable pupils should behave, they choose to blame us ....'**

(Owen, 1994)

Adolescence and adolescent identity is a theme which has fired the imagination of several contemporary Welsh novelists. The insights offered are transferable to the world of social work. Some examples are :

- 'Y Ferch Dawel' by Marian Eames, which explores the world of a 16 year old who has been adopted into the family of a solicitor in Cardiff. Heledd is caught up in a search for her own identity which leads her away from her urban middle class adoptive family to her mother in rural Merioneth.(Eames,1992)

- 'Gwyn Eu Byd yr Adar Gwylltion' by Idris John Owen is the story of the son of a manse in North Wales who experiences losing both his parents during adolescence.The questioning of traditional moral guidelines and finding his own path is a central theme. (Owen,1984)

- Irma Chilton's series of books for young people offers an excellent insight into some of the problems for young people in contemporary Wales - this time in rural North Wales. The theme of identity is strong, especially as it is worked through in

relationships and issues of vocational identity eg. Y Mochyn Gwydr (1989); 'Lliw'(1988) 'Cyffro Cloe'(1986)

Language

- In Wales 22% of children under 15 years old speak Welsh, and Steve Morris suggests that on the whole young Welsh speakers do not associate the Welsh language with low status. However, studies of linguistic patterns among teenagers who speak Welsh suggest that whether a teenager chooses to go on using Welsh or becomes absorbed into the broader Anglo American linguistic community may depend on many factors. The crisis of adolescence is also a crisis point for the Welsh language. (Gruffudd,1995 unpublished research).

- The 4 themes of trust, autonomy, initiative and industry can also be related to language and to the linguistic behaviour of young people. Recent research of Heini Gruffudd (Department of Continuing Education of the University of Swansea) has considered the use of the Welsh language among young people/ young adults in West Glamorgan and East Dyfed - an area of Wales which has an extremely mixed profile in terms of the Welsh language. The aim of the study was to consider issues such as :
  - where they speak Welsh ?
  - with whom they choose to speak Welsh?
  - the situations within which they choose to use Welsh;
  - the subjects they discuss in Welsh.

The research indicates that the use of English or Welsh depends on a range of factors which include:
  - friends and commitment of family to the language;
  - Organisational affiliations;
  - social activities and interests;
  - the area in which a young person lives;
  - competence in the language and academic confidence;
  - gender;
  - the subject being discussed;

(Gruffydd,1995)

Use of language

Language is very powerful in adolescence.

- Language can be used as a form of bonding, of using a group code of language which excludes others.
- It can be used to shock, eg. parents and teachers
- It can be used to identify strongly with, or conversely to reject one's own culture and cultural values.

56

EXERCISE I - SURVIVING ADOLESCENCE (20 minutes)

AIM: TO ASK QUESTIONS ABOUT ADOLESCENCE

A) LOOK AT THE CARTOONS WHICH COME FROM A LEAFLET CALLED 'SURVIVING ADOLESCENCE' (Royal College of Psychiatrists)

B) WHAT ARE THE MAIN MESSAGES WHICH THEY GIVE ABOUT ADOLESCENCE.

EXERCISE 2 (I hour and 15 minutes)

AIM : ● TO DEVELOP SOME GROUND RULES FOR DISCUSSING ISSUES WHICH ARE OF IMPORTANCE TO YOUNG WELSH SPEAKERS IN WALES TODAY
● TO CONSIDER HOW TO ENABLE 'CHOICE' OF LANGUAGE.

A) IN A SMALL GROUP OF 4/5 DISCUSS SOME OF THE ISSUES WHICH ARE OF CONCERN TO YOUNG PEOPLE TODAY.
(30 minutes)

B) WHICH OF THESE ISSUES MAY BE PARTICULARLY DIFFICULT FOR A YOUNG PERSON TO DISCUSS WITH ADULTS? WHAT MAY BE THE ROLE OF LANGUAGE?

WHY MIGHT THEY BE DIFFICULT? (20 minutes)

C) HOW WOULD YOU OPEN UP DISCUSSION WITH A YOUNG PERSON/ YOUNG PEOPLE? (10 minutes)

D) DEVELOP GUIDELINES FOR EFFECTIVELY ENABLING 'CHOICE OF LANGUAGE' WITH A BILINGUAL YOUNG PERSON.   (15 minutes)

Notes

- Workers in a bilingual situation need to become very familiar with the dynamic nature of language in adolescence and patterns of language use among young people in order to offer realistic choice. The situations within which young people find themselves, people to whom they relate and the subjects which are being discussed may have a strong influence on their wish to use Welsh or English.

- The literature quoted earlier and comments of Welsh colleagues during the research for this study, suggest that the subject of sexuality is one which is rarely discussed in the Welsh language. Some recent research indicates that a minority of Welsh speaking young people feel more at ease discussing love in Welsh than in English, and that this percentage drops when the specific subject is sexuality. (Gruffudd, 1995)

Does the following rhyme 'Y Pan Kelts' by Carmel Gahan reflect a deep ambivalence among Welsh speakers to use Welsh to discuss intimate relationships?

y'n ni wedi siarad	'we spoke
Cernyweg yn Aber	Cornish in Aber
Llydaweg yn Nhregaron	Breton in Tregaron
Gwyddeleg yn Llandysul	Irish in Llandyssul
Cymraeg ym Melfast	Welsh in Belfast
ond Saesneg yn y gwely'	but English in bed'.

YOUNG ADULTHOOD 20s AND 30s: INTIMACY VERSUS ISOLATION.

In the life cycle theory of Erikson the 20s and 30s are critical for the young adult in terms of the development of intimacy versus isolation.

Traditionally young adulthood has been seen as a time of settling down to a career and greater economic independence. According to Erikson's theory this is the stage for choosing a partner. Identity and fulfillment are linked with the ideal of developing a loving and caring relationship with a partner of the opposite sex.

According to Erikson, inability or failure to negotiate this stage effectively may lead to social isolation and superficial relationships within adulthood.

Within a life cycle approach it is possible to consider how young adults who have themselves experienced poor or inadequate parenting, may find it difficult to enter into relationships which are based on commitment, and to provide a secure base for their own children.

While the ideal of Erikson fits traditional Welsh images of young adulthood the correlation between positive identity, heterosexual relationships, patterns of family life and vocational and economic identity need to be examined very critically within the context of contemporary Welsh life.

The experience of lesbians and gays in Wales is expressed in the writings of the group CYLCH in works such as 'Y Gusan Gyntaf' (1993) and 'Mewn a Mas' (1992). In the introduction to 'Y Gusan Gyntaf' Richard Crowe raises the issue of growing up in a society with dominant heterosexual images and norms and the potential impact of this on young people and adults who are lesbian and gay.

Constructions of vocational identity and roles in young adulthood eg. settling down to career and roles of parenting are also changing - for both men and women in Wales. Patterns of employment, roles of both men and women, family and relationship structures are not static.

Our Sisters' Land' The Changing Identities of Women Within Wales' (Aaron, Rees, Betts and Vincentelli,1994) highlights how patterns of life and relationships within Welsh society have changed in recent years. In the chapter 'The Changing Family in Wales' Sandra Betts sums up the current trends in family patterns in Wales (as compared with trends observed by Rosser and Harries in the 1960s) :

- a decrease in the popularity of marriage;

- a decline in the number of youthful marriages;

- a significant trend towards later family - building patterns;

- a sharp increase in the rate of divorce.

(Betts,1994)

During the same period cohabitation, the severance of marriage and childbearing, lone parenting, remarriage and reconstituted families have become important features of family demography.

At the same time there have been changes in gender expectations and divisions of responsibilities (Pilcher,1994), related to changing patterns of employment within Wales as well as the influence of wider trends such as feminism which question traditional patterns of life within Wales. All of this impacts on the lives of young adults.

Language

● During young adulthood there are specific issues for language, particularly those which relate to the use of the language in relationships and whether the language should be passed on to the next generation. A study of patterns of language among young families in Anglesey (Lyons,1991) indicates that:

■ Patterns of language use are significant and fluid;

■ There is a need for professionals to be aware of the fluidity and inherent tensions of language at this stage.

Consider:

' Buasai hi wedi licio rhoi enw Cymraeg ar y mab; Dafydd neu Emlyn.
Ond doedd dim cynnig 'da Robert i enwau felly ...
'Ond fe fedyddiwyd y plentyn yng Ngharmel'

(Morgan,1992)

'She would have liked to give a Welsh name to her son; Dafydd or
Emlyn. But Robert couldn't stand such names'.

(Morgan,1992).

'Addysg y plentyn oedd y frwydr nesaf. Roedd Gwen am
iddo fynd i'r ysgol Gymraeg newydd yn y dre a fynychai'r gyfyrdyr -
roedd cefndyr a chyfnitherod Gwen wedi brwydro'n galed i sefydlu
ysgol Gymraeg yn y dref ac wedi llwyddo yn y diwedd - ond ni
ddymunai Robert drafod y mater hyd yn oed. I'r ysgol Saesneg fel
pawb arall, yr ai Trevor, ac i'r ysgol Saesneg yr aeth'

(Morgan,1992)

'The child's education was the next battle. Gwen was all for him
going to the new Welsh school in the town which her cousins
frequented- Gwen's cousins had fought hard to establish a Welsh
school in the town and had succeeded in the end - but Robert didn't
even like to discuss the matter. Trevor would go to the English
school like everyone else, and to the English school he went'.

(Morgan,1992)

The above quotes from Mihangel Morgan's 'Hen Lwybr' reflect the tension
over the role of language and culture in a relationship where the wife speaks
Welsh and the husband English, in partnerships where one partner speaks
English and the other Welsh there does appear to be a close correlation
between choice of language for the children and which partner speaks Welsh
- it is usually the father or male partner who is the dominant influence.

(Lyon,1994)

Gillian Clarke, who was brought up during the war years reflects the same
issue but this time through the eyes of a child:

" Like most children I found the quarrels of adults painful and
bewildering, and what was going on up there and out there was all
too raw an enactment of the unease of my own parents' marriage,
symbolised by their difference over which language they should
speak to their children'.

(Clarke,1994)

EXERCISE I (30 minutes)

1) IN A SMALL GROUP DISCUSS WHAT IS THE POTENTIAL SIGNIFICANCE OF 'NAMING A CHILD'? (15 minutes)

2) THINK ABOUT THE SORT OF ISSUES / QUESTIONS WHICH MAY ARISE IN PARTNERSHIPS WHERE ONE PARTNER IS BILINGUAL AND THE OTHER ENGLISH SPEAKING? (15 minutes)

Notes

● Naming may be significant because of the cultural, historical and emotional connotations of names. Within Wales the use of Welsh names may be seen as a commitment to the language and a factor in the creation of 'robust identity' (Bellin, 1994) Partnerships in which one partner belongs to a different cultural or linguistic grouping present many issues which need to be negotiated and resolved to the satisfaction of both partners. This is an issue which raises questions of

- power in relationships;
- cultural alignments e.g. religion, politics;
- family relationships e.g. with grandparents;
- relationships with the wider community.

A quote from 'Pam Fi, Duw, Pam Fi?' offers a picture of a family which has resolved the tensions about language:

> ' Dath Mam-gu 'ma i ga'l te. Rownd y ford te ma' fe'n amazing, Dad a hi'n siarad Sisneg a'i gilydd, a hi'n siarad Cymraeg a ni, ni'n siarad Sisneg a Dad, a Chymraeg a phawb arall. Galle'r teulu 'ma fod yn diodde o sgitsoffrenia ieithyddol - ond dyw e ddim yn creu unrhyw hasls o gwbl'.
>
> (Owen, 1994)

> 'Mam-gu (Gran) came to have tea. Around the table it was amazing, Dad and her speaking English to one another, and her speaking Welsh with us, us speaking English with Dad, and Welsh with everybody else. The family could suffer from linguistic schizophrenia - but it doesn't create any hassle at all'.
>
> (Owen, 1994)

MIDDLE ADULTHOOD 40 - 64: GENERATIVITY VERSUS STAGNATION

In the life cycle theory of Erikson the 40s through to the mid 60s are critical to the middle aged person in terms of generativity versus stagnation.

This is the time when individuals seek to be productive and creative, and to make a contribution to society as a whole. A person who is a mature adult is viewed as someone who is able to be concerned and caring about others in the wider sense. This may link with roles within the family, within the community or in the workplace. Erikson suggests that if, for whatever reason, adults of this age are not involved in creative and productive roles there is a possibility that they will cease to grow as people, become bored and over concerned with themselves.

Language

During middle age language may be an aspect of generativity or creativity in differing aspects of life. For example, the engagement of women of farming communities in organisations such as 'Merched Y Wawr' described by Shan Ashton as 'far more than pleasant local activities.

> 'they become involved in locally pertinent political activity; albeit (generally) in an implicit or indirect way, on issues such as rural housing, language matters, nursery provision and transport.'
>
> (Ashton,1994 in Aaron et al p.134).

In his chapter Steve Morris has described the discovery of Welshness by a Welsh learner. Middle age is a time when many people in Wales decide to learn Welsh as a second language - this may lead to more involvement in family, local organisations, community and enhanced effectiveness in work within the Welsh context.

EXERCISE 1 (30 minutes)

AIM: TO CONSIDER SOME OF THE THEMES OF MIDDLE ADULTHOOD AND THEIR POSSIBLE LINKS WITH CULTURAL IDENTITY WITHIN THE WELSH CONTEXT.

A)   IN A SMALL GROUP BRAIN STORM THE IDEAS YOU HAVE OF THE EXPECTATIONS OF MEN AND WOMEN WHO ARE MIDDLE AGED? (5 minutes)

B)   NOW LIST ALL THE POSSIBLE CRISES WHICH CAN OCCUR DURING THIS TIME OF LIFE, PARTICULARLY THOSE WHICH IMPLY CHANGE OF ROLES AND RELATIONSHIPS.(10 minutes)

C)   CHOOSE TWO OR THREE AND DISCUSS THE ROLE OF LANGUAGE IN EACH SITUATION. (15 minutes)

The middle years are a time when men and women may be involved in many activities and roles in relationship to family, work, community. It is also a stage which presents particular crises in terms of changing role eg. as children leave home, possibly assuming responsibilities for elders, risk of redundancy or loss of job, illness or disability, or loss of a partner through divorce or death.

Within Wales there has been a move towards second language learning which has given a new impetus to many people during middle age. 'Discovering Welshness' (Davies,O and Bowie,F 1992) is a collection of accounts by a group of people from Wales, England and other parts of the world of what it has meant to learn Welsh. The story of Phyllis Kinney, an American musician who came to live in Wales, illustrates how the learning of Welsh as a second language can broaden an individual's life and offer a new focus for creativity:

> " I suppose if I say that the conscious decision to learn Welsh changed my life, some will snort with disbelief and turn to another page. But it is true. The Welsh language has given my life a focus it would not otherwise have had."
>
> (Kinney,1992).

The film 'Yn Gymysg Oll i Gyd' (HTV 1995) describes the crisis of partners trying to live with schizophrenia. In one scene, the wife who is at a support group meeting, realises that she can't say what she needs to in English. "I'll have to turn to Welsh" she says.

LATE ADULTHOOD: 65 +: INTEGRITY VERSUS DESPAIR

In the life cycle theory of Erikson the time from 65 onwards is critical for the older person in terms of integrity versus despair.

This final stage is the time for looking back and reviewing what has gone before and evaluating what has been achieved. A positive outcome is a sense of wellbeing which comes from satisfaction with what has been achieved, and an acceptance of death, while an unsatisfactory outcome is dissatisfaction with earlier life and concern about impending death. This is Erikson's position.

It is now generally accepted that growing old and being old is experienced in many different ways and that far more attention needs to be given to understanding this period in the life cycle from the view point of older people themselves. The book 'I Don't Feel Old' (Thompson,Itzin, and Abendstern,1991) records perceptions of many older people on their own life stories. The work of the Age Resource Exchange in Blackheath has played an important role in highlighting the life stories and experiences of elders from different ethnic groups eg, The Afro Carribean Community. The use of the past is viewed as a skill for social workers working with Dementia. In answer to the question "Why use the past?" Faith Gibson says:

"Our sense of identity, self esteem and personal confidence is largely rooted in our knowledge of where we have come from and to whom we belong".

(Gibson, 1993)

Clare Wenger's chapter 'Old women in rural Wales: variations in adaptation' (Wenger, 1994) offers several interesting case studies of older women, including Welsh speakers, in rural North Wales and concentrates on 'how life events contribute to variations in informal support, self image and identity in old age'. However, the point is made by Morris and Williams that she fails to consider the role of language in creating and sustaining social networks (Morris, and Williams, 1994).

The research of Delyth Morris (1989) suggests that social networks in parts of Wales may be largely structured on the basis of language, kinship and length of residence. Within these areas 3 linguistic communities were identified - the indigenous Welsh speaking community, the inmigrant bilingual Welsh /English community and the inmigrant monoglot English group. The Welsh speaking communities had by far the most extensive social networks, and the monoglot English speakers the sparsest networks. Perhaps the most significant factor for this study is the lack of contact between groupings.

A further example - this time from the South and from a contemporary novel - shows how people are dependent on their own linguistic/cultural expression in order to feel a sense of 'belonging' and how in the case of older people this may be a diminishing world with lack of opportunity to socialise in the language within which they feel at home.

'... ond roedd llai a llai o bobl yn siarad Cymraeg, a dim ond criw o hen bobl fel hi'i hun oedd yn dal i fynd i'r hen gapel. Roedd ei chylch wedi crebachu a doedd hi ddim yn teimlo'n gartrefol yn y Saesneg. Cai ei gorfodi fwy- fwy i fyw ym myd ei meddwl'.

".... but there were less and less people talking Welsh, and only a bunch of old people like herself were still going to the old chapel. Her circle was shrinking and she didn't feel at home with English. She would be forced more and more into the inner world of her thoughts."

(Morgan, 1992)

Language

As people move into the final stages of their lives there may be particular issues for language. The risks of developing an organic disease such as stroke which may affect speech and language and the ability to communicate become greater. One often hears of individuals who have had strokes losing their English and reverting to their first language Welsh - even though Welsh may not have been their spoken language for many years. The phenomenon involved - aphasia in bilingualism is a feature of acquired neurological disorders. This is a phenomenon which affects individuals in different ways, and will reflect the linguistic experience of individual people. It is far more complex that one language being lost and another being activated. Professionals such as social workers need to be aware of this and to rely on the specialist

expertise of their colleagues in disciplines such as speech therapy and rehabilitation, and on specialist organisations for information and advice.

Dementia is affecting an increasing ratio of older people in Wales, and it is a disease which makes communication extremely difficult. Alan Chapman and Mary Marshall in their book 'Dementia, New Skills for Social Workers' suggest that the best work with people with dementia 'takes account of the person they were before and the person they are now' (Chapman and Marshall, Ed. 1993). For the person with dementia it may be like being in a world where every one is speaking a different language. But from the carer's point of view it as if the person with dementia were speaking a different language.

In **Sei Hei Lwli** Angharad Tomos offers a vivid description of life with Bigw a confused elderly woman in her 90s. Welsh and English become intertwined as she retreats back into the world of memory ..

'Bigw, ewch i gysgu, mae hi wedi un o'r gloch y bore.'
('Bigw, go to sleep, it's gone one o clock in the morning'.)

'Mary, Mary quite contrary,
How does your garden grow?'

.... 'Bigw, 'da ni'n gwneud ein gorau drosoch chi, a dyma sut 'da chi'n talu'n ôl?'
('Bigw, we are doing our best for you, and this is how you are repaying us'.)

'Clywir sŵn ym mrig y morwydd,
Deulu Seion, ymgryfhewch
(verse from a Welsh hymn)

(Tomos, 1991)

But the implications of organic disease for the language and communication of older people are only part of the issue. There are broader considerations when addressing Welsh language use among older people and the implications of a growing dependence on a service culture rather than the traditional networks of family and friends. For example,

- language as a means of conveying culture to succeeding generations;
- language as a means of creating and sustaining networks of interest and support;
- language as a vehicle for shared meanings and experiences.
- language as a means of promoting integrity within the whole life cycle and linking the individual with his/her past.

EXERCISE 1 (30 minutes)

LOOKING BACK: REMEMBERING

AIM :   TO CONSIDER HOW LIFE HISTORY IS LINKED WITH LANGUAGE AND CULTURE

The following is a list of chapter headings from 'O Law i Law' a novel written by the Welsh novelist T.Rowland Hughes in 1943 :

Y Mangyl -	The Mangle
Yr Harmoniym -	The Harmonium
Y Gadair -	The Chair
Bwrdd y Gegin -	The Kitchen Table
Llestri Te -	The China
Y Lliain -	The cloth
Arfau -	Tools

Through these objects a single man of 40 years old, who has just lost his mother, and who is about to leave his home reminisces about the memories of relatives, friends, and characters in the local quarry community in North Wales.

A)   THINK ABOUT YOUR OWN GRANDPARENTS/PARENTS AND MAKE A LIST OF SIMILAR SIGNIFICANT OBJECTS. (10 minutes)

B)   HOW DO THESE RELATE TO YOUR EARLIEST MEMORIES? (10 minutes)

C)   SHARE ONE OR MORE OF THESE OBJECTS AND THEIR SIGNIFICANCE WITH ANOTHER PERSON. (10 minutes).

Notes

Work with older people needs to acknowledge and value their life history and the way in which their present attitudes, beliefs and situations have been shaped by individual and communal experiences. Language and culture are keys to understanding and shared meanings and to helping older people to maintain a strong sense of identity and dignity. Language is also central to maintaining relationships and to the transmission of culture to future generations.

SUMMING UP

This chapter has aimed to provide a basis for thinking about life stages and the possible significance of language and culture within the Welsh context.

Chapters 4 and 5 will reintroduce these themes in relationship to practice with children and adults.

Bibliography

Aaron, J., Rees, T., Betts, S. & Vincentelli, M. (ed) (1994)   Our Sisters' Land, The Changing Identities of Women in Wales. University of Wales Press, Cardiff.

Reports on the condition of Education in Wales (1847).

Ahmed, S., Cheetham, J. & Small, J. (1986)   Social Work with Black Children and their families: Batsford.

Ashton, S. (1994)   'The farmer needs a wife: farm women in Wales' in Aaron,J et al. (ed),134.

Baker, C. (1995)   Parents' and teachers' guide to bilingualism. Multi-lingual Matters, Clevedon.

Bano, A., Crosskill, D., Patel, R., Rashman, L.& Shah, R. (1993)   Improving Practice with People with Learning Disabilities.CCETSW Northern Curriculum Development Project,Leeds.

Bee, H. (1989)   The Developing Child. Harper and Row: New York. Fifth Edition.pages 3-37; 130.

Bee, H. (1994)   Lifespan Development. Harper Collins College Publications, 231, 242.

Bellin, W. (1994)   'Caring Professions and Welsh speakers: a Perspective from Language and Social Psychology' in Williams,Rh H., Davies, E.& Williams H (ed) Social Work and the Welsh Language : CCETSW and University of Wales Press, 75-121.

Bergstrom, G. (1976)   Ifan Bifan a'i ffrind dirgel. Gwasg y Dref Wen, Caerdydd.

Betts, S.(1994)   'The Changing Family in Wales' in Aaron et al (ed) 18 - 25.

Birch, A. & Malim, T.(1988)   Developmental Psychology from infancy to adulthood. Intertext Ltd, 1988,88.

Bradshaw, J.(1993)   Creating Love: The Next great stage of growth. Judy Piatkus Publications, London, 212.

CCETSW Paper 30 'Dip SW (1995)   Assuring Quality in the Diploma in Social Work' - Rules and Requirements for the DipSW (1995)

CCETSW (1995)   'Guidelines for the Implementation of CCETSW Welsh language policy' CCETSW Cardiff.

Chapman, A. & Marshall, M.(Ed) (1993)   Dementia: New Skills for Social Workers. Jessica Kingsley Publishers, 10.

Chilton, I.(1986)   Cyffro Cloe. Gwasg Gomer, Llandysul.

Chilton, I.(1988)   LLiw. Gwasg Gomer, Llandysul

Chilton, I.(1989)   Y Mochyn Gwydr. Gwasg Gomer Llandysul

Clark, E. & Keeble, S.(1992)   Developmental Psychology. Distance Learning Centre, South Bank University,London, 11.

Clarke, G. quoted in Elfyn, M. (1994) 'Writing is a Bird in Hand' (1994) in Aaron,J et al (ed) page 290

Cole, M. and S. R.(1993) The Development of Children: Scientific American books pages 18, 3, 20,635.

Crowe, R.(1992) Mewn a Mas CYLCH, Aberystwyth.

Crowe, R. (1993) Y Gusan Gyntaf CYLCH, Aberystwyth.

Davies, E. (1993) They All Speak English Anyway, CCETSW Wales Cardiff.

Devore, W. & Schlesinger, G. (1991) Ethnic Sensitive Social Work practice (1991 3rd Edition) McMillan, New York.

Eames, M. (1992) Y Ferch Dawel. Gwasg Gomer, Llandysul.

Elvyn, M. (1990) 'Writing is a bird in hand' in Aaron,J et al (1994) 283.

Elfyn, M. (1990) 'Disgwyl' Aderyn bach mewn llaw (A bird in hand), Gomer 26.

England, A.(March 1994) 'Yn ôl At Y Sylfeini' in 'Barn' number 374, 48, 49.

Erikson, E. H. (1963) Childhood and Society. Revised Edition 1st Edited New York, W.W North.

Fahlberg, V. (1989) Helping Children when they must move. BAAF,London.

Gahan, C. 'Y Pan Kelts' in Lodes Fach Neis (Cyfres y Beirdd Answyddogol). Y Lolfa page 20.

Gardner, H. (1982) quoted in Birch, A. and Malim, T. (1988) Developmental Psychology from infancy to adulthood, Intertext Ltd, 88.

Gerber, M. quoted in Bradshaw, J. (1992), 205.

Gibson, F. (1993) 'The Use of the Past' in Chapman,A and Marshall,M. (Eds) Dementia New Skills for Social Workers, 40.

Grantham, E. and Russel, P. (1985) 'Parents as partners' in Griffiths,M and Russel,P Eds. (1985) Working together with handicapped children, Souvenir Press.

Gruffudd, H. (1995) Y Gymraeg a phobl ifanc, Cynllun Ymchwil/Welsh and Young People,Department of Continuing Education University of Swansea.(unpublished research).

Harter, S. (1988,1990) cited in Bee,H 1994, 237.

Hughes, T. Rowland (1978 6th edition) Chwalfa. Gwasg Gomer, Llandysul, 169, 165

Hughes, T. Rowland (1943) O Law i Law. Gwasg Gomer, Llandysul.

Humphries, G. (1974) 'What are We' in Ballard,P. & Jones,E. (Ed) The Valleys Call, Ron Jones Publications, Rhondda, 1975, 72 - 80.

Jewett, C. (1982) Helping Children Cope with Separation and Loss. Batsford,London.

Jones, N. (1993) Living in Rural Wales. Gwasg Gomer.

Konner, M. (1991)	Childhood. Educational Broadcasting Company, America. 156, 154, 138.
Kinney, P. (1992)	'A Hidden Culture' in Davies,O & Bowie,F (ed) Discovering Welshness, Gwasg Gomer, Llandysul, 3.
Levin, J. (1992)	Theories of the Self. Hemisphere, Washington, 185.
Levinson, D. J., Darrow, C. N., Klein, E. B., Levinson, M. H. & McKee, B. (1978)	' The Season's of a Man's Life' New York, Knopf.
Lyons, J. (1991)	'Patterns of parental language use in Wales', Journal of Multicultural and Multi-lingual development, 12,(3), 165-81.
Morgan, M. (1992)	Hen lwybr a storiau eraill, Gwasg Gomer, Llandysul. 36,32.
Morris, D. & Williams, G.	'Language and Social work Practice: the Welsh case' in Williams, Rh H, Williams,H and Davies, E (eds) 1994, 124 - 152.
Owen, J. I. (1984)	Gwyn Eu Byd yr Adar Gwylltion. Gwasg Gomer,Llandysul.
Owen, J. (1994)	Pam Fi, Duw, Pam Fi? Y Lolfa Cyf., Talybont, 27,73.
Pilcher, J. (1994)	'Who should do the housework? Three generations of Welsh women talking about men and housework' in Aaron,J et al(ed) Our Sisters' Land. 31-47.

Royal College of Psychiatrists : Surviving Adolescence.

Rushton, A. & Berelowitz, M. (1991)	The Teaching of Child Development to Dip SW students in The Teaching of Child Care in the Diploma in Social Work, CCETSW.
Russel, P. (1989)	'Handicapped Children' in Kahan,B (Ed) Child Care Research, Policy and Practice.
Sheridan, M. (1960)	'Chart Illustrating the Developmental Progress of Infants and Young Children' in Protecting Children, Department of Health 1988, 88 - 93.

The Reports of the Commissioners of Enquiry into the State of Education in Wales, 1847.

Thomas (1990) quoted in Bee, H. (1992)	The Developing Child, Harper Collins College Publishers, 130 and 131.
Taabww (1993)	Wales Youth Agency, Caerffili.
Thompson, P., Itzin, C. & Abendstern, M. (ed) (1991)	I Don't Feel Old. Oxford University Press.
Tomos, A. (1991)	Si Hei Lwli. Y Lolfa Cyf. Talybont, 94 - 95.
Wenger, G. C. (1994)	'Old Women in Rural Wales: variations and adaptation' in Aaron,J et al (ed) 1994.
White,R. (1972)	The Enterprise of Living : Growth and Organisation of Personality' Holt, Rinehart and Winston, Inc, New York, 412.

Williams, Rh. H., Williams, H. & Davies, E. (ed)	Social Work and The Welsh Language 75 - 122 : CCETSW and University of Wales Press.
Williams, H. (1983)	Mam a Fi. Gwasg Gomer, Llandysul,1
Williams, H. (1994)	'Social Work and The Welsh Language' in Rh.H Williams., Williams,H. & Davies,E. (ed) Social Work and The Welsh language, University of Wales Press, Cardiff, 173 - 196.
Wyn Siencyn, S. (1995)	Sain Deall/ A Sound Understanding, CCETSW Cymru

Chapter 4

WORK WITH CHILDREN AND FAMILIES

Aim: To consider Welsh language and culture and their implications for social work which empowers children and families

This chapter on work with children and families in the Welsh context is based on case studies contributed by colleagues.

The case studies and associated exercises aim at offering an opportunity to ask questions about what is the essence of good practice with children and families where Welsh / English bilingualism is a factor.

When working with children and families where bilingualism is a factor social workers should be aware of the rich variety of experience within Wales which relates to patterns of language within families and within communities. The following points are noted:

- Welsh speakers vary a great deal in background, ability and use of language;

- there is a need for workers to acknowledge and understand patterns of language in bilingual families;

- patterns of use of Welsh in bilingual families are mixed and complex.

(Davies,1994)

The above is underlined by the research of Jean Lyons on patterns of language use among families in Anglesey (Lyons and Ellis, 1991) and in the unpublished research of Heini Gruffydd into the use of language by young people in West Glamorgan and East Dyfed.

The case studies cover 3 of the areas of work suggested in CCETSW's 'The Teaching of Child Care in the Diploma in Social Work'(1991)

1. Adoption.

2. Working with children with special needs and their families.

3. Child protection.

Legislation and Policy

The main principle of the Children Act 1989 is the welfare of the child in his or her individual circumstances. There are a number of sections which underline the importance of language and culture in the provision of services for children. These are :

Section 1 : when a court has to decide on any question concerning the upbringing and interests of the child it has to consider the 'background' of the child. Gwilym Prys Davies makes the point that the phrase 'background' of the child is broad and includes the cultural and linguistic background.(Prys Davies, 1994)

Section 22 (5)(c) : places a duty on a local authority which is looking after a child for more than 24 hours away from his/her own home to give due consideration to the child's 'religious persuasion, racial origin and cultural and linguistic background'.

Section 64(3) : places the same duty on a person responsible for a registered children's home.

Section 74 : one of the criteria for assessing the appropriateness of day care is adequacy in relationship to 'the child's religious persuasion, racial origin and cultural and linguistic background'.

United Nations Rights of the child

Article 30 of the 'United Nation's Convention on the Rights of the Child' 1989 provides that :

> **'In those states in which ethnic, religious or linguistic minorities or persons of indigenous origin exist, a child belonging to such a minority or who is indigenous, shall not be denied the right, in community with other members of his or her group, to enjoy his or her own culture, to profess and practice his or her own religion,or to use his or her own language'.**

Planning for Permanence: Adoption

Introduction

> 'People who apply for assessment of their parenting skills are vulnerable. They should be left as undamaged as possible'.
>
> **(CCETSW 1991)**

The requirement to have regard for the **'child's religious persuasion, racial origin and cultural and linguistic background** (para 2 1989 Children Act) means that workers need to plan for resources which are linguistically sensitive.

Within the context of adoption and fostering students, need **'skills in assessing the capacity to parent, support systems, work with issues of grief and loss and facilitating attachment'. (CCETSW 1991)**

The following adoption application will highlight particular themes for the Welsh context - both linguistic and cultural.

Case study : Mr and Mrs Thomas (age: mid 30s).

Mrs Thomas had difficulty in conceiving due to complicated medical reasons. After about three years of unsuccessful treatment the Doctor suggested that she and her partner should consider adoption.

The application to be accepted as adoptive parents by the Social Services Department was successful. They waited a considerable period for a placement.

Just before Christmas - almost two years after their acceptance -they received a telephone call from the social worker to say that a baby was available for them. The social worker was delighted about making the phone call - it was assumed that Christmas was a wonderful time for them to have a baby. Arrangements were made for the baby's social worker to call with the background information and arrangements were made for Mr and Mrs Thomas to visit the baby in the foster home.

On the morning of the proposed visit to the foster home Mr Thomas phoned to say that they were not in a position to accept the baby.

After Christmas, the social worker visited Mr and Mrs Thomas to discuss matters. The only reason they gave for their decision was that the time of year was inconvenient because of extra work on the farm. It would be impossible for them to go through the process of introduction and placement. Amongst other things the social worker enquired about gender - as they were farmers would they have preferred a son so that he could inherit the farm? They said that this was not a factor.

About two years later the case of Mr and Mrs Thomas. was transferred to a new social worker who was a Welsh speaker. The social worker was quickly able to establish a relationship with Mr and Mrs Thomas and found that it did not take long for them to open up on the subject of their feelings and reasons for refusing the offer of a baby for adoption. It was clear that the couple - particularly Mrs Thomas - had never been able to really accept their infertility and this had presented real difficulties when they thought about offering a home to someone else's child.

After a lengthy and detailed discussion Mr and Mrs Thomas agreed to withdraw their names from the waiting list.

Exercise 1 - Rural Wales (25 minutes)

1. Read the case study and either individually or in a group consider / discuss the following:

   a) What cultural stereotypes are apparent within the case study? (10 minutes)

   b) What is your image of a farming family in the heartland of rural Wales? How might your picture influence the initial attitude towards this couple as prospective adopters? (15 minutes)

Notes

The idea of male inheritance of the farm is a stereotype of a Welsh farming family.

The first worker had assumed that Mr and Mrs Thomas would prefer a boy so that he could inherit the farm. The underlying idea of inheritance and maintenance of the family name being through the 'male line' is strong. This stereotype undoubtedly rests on the reality of Welsh farming life half a century ago and before that. The social study of Llanfihangel yng Ngwynfa by Alwyn Rees, first published in 1950, reflects this as a reality of life in the Welsh countryside, where the gender division of roles is clear and 'patrilinear succession and male ownership' the usual reality. In the chapter on 'The Family' the writer concludes:

> 'Although the old tribal society has long since passed away, something of its spirit lives on in the cohesion and paternalism of the present day family. This survival has been ensured by the hereditary nature of the farmer's craft. In the farming family there is no relevant matter in which the son is more expert than his father. The latter is not only his son's guardian, but also his teacher, employer and critic, and it is from his father that the son will eventually obtain the capital with which to exercise his craft independently'.

> (Rees, 1961)

Life in the Welsh countryside is changing as books such as Noragh Jones 'Living in Rural Wales'(Jones,1993) and 'Our Sisters' Land' illustrate (Aaron et al, 1994). Farming families, and communities, are themselves changing and social workers need to be aware of the implications of cultural diversity.

> **'The problems arise these days when the old idea of community clashes with the new ways of doing things - not relying much on family and neighbours but paying wages to outsiders to work for you. Outsiders can be anybody from a dozen miles away, or English speaking incomers, or of course Dewi's hippies'**
>
> **(Jones, 1993)**

(N.B. The exercise in chapter 2 'Croeso i Gymru' illustrates the dangers of stereotypes - the contemporary Welsh reality is varied and complex).

Finally, the worker's response in this situation may suggest that issues around gender and expectations had not been thoroughly discussed with the couple in assessment interviews.

Exercise 2 : Shall we ask for a Welsh speaking worker - yes or no? (15 minutes)

It is possible that this couple did not request a Welsh speaking worker. List the reasons why this may have happened.

Notes

There are a number of possible reasons including:

- Image of the agency - predominant English culture;
- Not wanting to be a nuisance;
- Not wanting to be labelled 'nationalists';
- Not for the worker to think of them as ungrateful or ignorant and that they were rejecting her;
- The application may have been delayed if they had insisted on a Welsh speaking worker;
- Because the agency had no formal mechanism to offer language choice.

Exercise 3 (20 minutes)

1. What might have been lost from the original assessment as a result of the fact that it was conducted in English? (10 minutes)

2. What in your view are the essential elements of good assessment in a situation like this? (10 minutes)

Notes

The task of the worker is to assess a couple's readiness to offer a permanent home to a child who is not their own. This implies that:

- the couple have the personal resources to accept a child and to become parents.

- they are able to acknowledge that birth parents are an important part of the shared care of the child.

- they are 'able to handle the bereavement, space and self image as these are experienced by the child'. (CCETSW 1991)

The two latter points mean that adoptive parents must be able to identify, acknowledge, empathise with and work with those issues which have an impact on a child's sense of well being and identity. This includes the ability to recognise any issues of loss which the child may feel at being separated from his or her birth parents; being able to give the child time, space and understanding to express and work with these issues; and understanding how the experience of being adopted may feel for the child.

All of these imply maturity on the part of adoptive parents in responding to the needs of the child. Workers will therefore need to ensure that prospective adopters have been able to work through similar issues of grief, loss and identity which relate to infertility and childlessness or other aspects of their own experience.

Sensitivity to linguistic and cultural issues in the context of an adoption application requires that the worker is constantly aware of the changing role of language at different stages in the process, and as different dimensions of the couple's world are explored. It is important to understand the role of language in enabling a couple to think about their life history eg. the individual experience of the partners during childhood. Offering freedom to discuss the past may mean discussion in Welsh, for example; in moving on to more technical issues eg. infertility it is possible that a couple may be more able to discuss this in English, or at least to refer to technical issues in English. It is possible that they will have used English in discussion with the family doctor, with medical staff and that English will be the main linguistic framework used. However they may wish to talk about their feelings about their infertility in Welsh.

The couple may not feel equally at ease with all aspects of the Welsh language. There is a need, for example, to check out the language for any written work eg. reports. They may wish to discuss their application in Welsh but to receive reports in English.

Exercise 4 (30 minutes)

1. Does the fact that a worker is Welsh speaking automatically empower the client in a situation like this?

2. What factors may lead to the clients feeling disadvantaged even when they and the worker both speak Welsh?

Consider both positives and negatives.

Welsh is a living language which has its own variations; people who speak Welsh do not necessarily feel confident with other Welsh speakers. For example, if a worker has a different accent or uses vocabulary which is foreign to the service user she may feel inferior to the worker in some way. In a situation like this the worker's use of Welsh can serve to strengthen her authority rather than empower the service user. So, the service user can feel disadvantaged in comparison with the worker in spite of the fact that they speak Welsh with one another.

The interpersonal skills and personal characteristics of the worker are also important. The worker should be able to work with the highly sensitive issues which arise within the context of childlessness.

Another aspect of language relates to people's ability and readiness to communicate feelings with one another, particularly about certain subjects, within their own relationship or the context of family. Is this true across boundaries of language and culture or are some things more taboo and painful in some cultures? Are some things more complex to discuss in Wales?

For example imagine that Mrs Thomas has herself been adopted but within her birth family. She is aware of the fact and knows exactly who her birth parents are, but the subject is totally closed. There is no opportunity for asking questions or expressing feelings. Mrs Thomas passively accepts this. From her view point this is the way to respond. She may believe that this is the norm for people in her situation in Wales. Therefore even within the family culture where everyone speaks Welsh there may be a strong tendency to avoid communicating about very private family matters and personal feelings.

In a situation like this enabling Mrs Thomas to open up about her feelings and about her past , and the way in which this may affect her approach to being open with a child in the future could prove difficult even for a Welsh speaking worker.

The chapter 'Finding a voice in colonisation : Gender and two tongues' by Jane Aaron in Our Sisters' Land gives a useful analysis of issues around women and identity. She addresses why Welsh speaking women faced with choosing an identity may have traditionally opted for a passive acceptance - the Welsh 'respectable model' for the woman meant 'severe curbs on her freedom and self assertive capacities'.
(Aaron,J et al, 1994)

Social workers themselves may hold deeply ingrained generational beliefs that certain aspects of human experience are not talked about, especially with children eg. the subject of death may be avoided. Talking about feelings makes adults feel vulnerable and threatened.

An example in Welsh literature which depicts this within a family situation is the novel 'Y Ferch Dawel' (Eames,M 1992). The adopted child Heledd has consistently been given the following response to her questions :

'Ein plentyn ni wyt ti. Ni sydd wedi dy ddewis di. Ein Heledd ni wyt ti. 'Rydan ni'n dy garu di. Does dim rhaid iti wybod dim byd arall'. (Eames,1992).

'You are our child. We chose you. You are our Heledd. We love you. There is no need for you to know anything else.'
(Eames,1992)

But what is initially comforting to the young child does not satisfy her as she develops through late childhood to adolescence and Heledd would 'troi i'w byd llesmeiriol dychmygol'(turn to the enchanted world of her imagination'), her secret world.

However, the parents are not united in their wish for secrecy. The father is deeply uncomfortable with the secrecy and refusal to answer their daughter's questions, while her adopted mother remains stubbornly insistent that secrecy is the wisest course of action (Eames, 1992).

It is interesting to note that very often when Welsh speaking service users meet with a social worker their first questions are:

"And who are you?"
"From where do you come?"

Is this something to do with the sense of the Welsh speaker's world, and the need to ensure that confidential information is not shared within it?

Exercise 5 - What are the organisational implications?
(30 minutes)

The Welsh Language Act sets out a principle of treating Welsh on a basis of equality with English whilst providing services to the public in Wales.

If you were responsible for drawing up a Language Scheme for this service what are the main elements which you would include?

Please note that the Draft Guidelines as to the Form and Content of Schemes (Welsh Language Board 1994) requires that the following areas of activity are considered :

- Initial contact with the Welsh speaking public

- Meetings

- Information

- Recruitment of staff

- Training of staff.

Notes

In order to draw up an effective Language Scheme for a service which is involved in the provision of substitute families for children within Wales services need to consider how Welsh language and culture can be integrated into the whole process.

This case has concentrated on recruitment and interviewing of prospective adoptive parents and how the process of assessment and its outcomes can be influenced by factors such as:

- whether an agency has a language policy;
- whether an agency offers clear information about its language policy;
- the language through which initial enquiries are conducted;
- the linguistic and cultural background of the worker;
- the skills and knowledge of the worker;
- understanding of linguistic needs at different stages in the process, and in relationship to specific areas of work with prospective adopters;
- the approval process itself eg. membership of assessment panels.

The same factors apply to work with families of children who require substitute families and with the children themselves.

Summary

The field of providing alternative families for children is one in which the themes of human growth and development and identity are particularly strong. Some issues which relate to the role of Welsh language and culture and the implications for work with substitute families within the Welsh context have been raised. The case study has not aimed to offer answers but to pose questions and to offer the opportunity for readers to start to consider how good practice in Wales is inextricably linked with awareness of and sensitivity to Welsh language and culture.

Bibliography

Aaron, J.,Rees, T., Betts, S. & Vincentelli, M. (1994,)	Our Sister's Land. University of Wales Press, Cardiff.
Aaron, J. (1994)	'Finding a voice in colonisation : Gender and two tongues', in Aaron et al (ed) Our Sisters' Land, 188.
CCETSW (1991)	The Teaching of Child Care in the Diploma in Social Work, 71, Chapter 6 'Planning and the processes of care' (c) Fostering and Adoption, 59-73.
Davies, E. (1994)	They All Speak English Anyway, Open University/ CCETSW Cymru
Davies, W. P. (1994)	'Yr Iaith Gymraeg a Deddfwriaeth' /'The Welsh language and legislation' Williams,Rh.H.,Williams,H. & Davies,D. Social Work and The Welsh Language, University of Wales Press, Caerdydd,41 - 73.
Eames, M. (1992)	Y Ferch Dawel. Gwasg Gomer, Llandysul, 1.
Gruffudd, H. (1995)	Y Gymraeg a phobl ifainc : Cynllun ymchwil Adran Addysg Barhaus Oedolion, Prifysgol Cymru Abertawe /The Welsh language and young people: Research plan, Department of Adult Continuing Education, University of Wales, Swansea (Unpublished research).
Jones, N. (1993)	Living in Rural Wales. Gwasg Gomer, Llandysul, 129.
Rees, A. (1961)	Life in the Welsh Countryside, University of Wales Press, Cardiff, 72.

The Children Act, 1989, HMSO.

Further reading

Brodzinsky, D. and Schechter, M. (Eds) (1990)	The Psychology of Adoption, Oxford University Press, New York.

Disability

'If there is any answer to disability it lies in an informed and adaptive response by the social and physical environment'.

(Gillham, B 1986)

Introduction

This case looks at a young child with special needs and the family during two critical stages of development

Bilingualism in families with a child having special needs raises specific questions in the Welsh context. This case material aims to address some of these difficulties by helping those who are involved to challenge some of the main assumptions behind much of the thinking in this field.

Service user : Sian Jones: 9 months old

Brothers : Iwan : 3 years old and Gethin 5 years old.
(speak some English/mostly Welsh)

Parents : David 32 years old and Mari 29 years old.

Referral I

The initial referral of Sian to a Children's Resource Team was when she was 9 months old. She had been admitted to hospital in Cardiff for surgery to her bowel (the 5th admission in three months) and at the same time developmental problems had been suggested and a possible diagnosis of Cerebral Palsy.

The family live in a West Wales town. The father's family,who use Welsh with David, Mari and the children, live in West Wales in the countryside, and the mother's family live in Swansea.

The family have two other children - Gethin aged 5 years who attends school and Iwan 3 who is in the local meithrin.

The referral came from Sian's mother who initially requested information about Cerebral Palsy. The social worker was confronted with a mother who was very distressed.

Language

The family live in a West Wales town. The father's family, who speak Welsh with David, Mari and the children, live in rural West Wales, and the mother's family who are English speakers live in Swansea.

Exercise 1 - Focus on the Family (45 minutes).

"Children with disabilities can effect the functioning of their nuclear or extended families, who may come into contact with social workers for a variety of reasons." (CCETSW, 1991)

    1. Read the information on referral about Sian's family.

        a) Share with another person how this family's situation makes you feel? (5 minutes)

        b) How does this relate to the way that you have been brought up to view disability? (10 minutes)

    2. How do you think the functioning of the family could be affected by Sian's illness/ disability?
Starting with Sian move out to consider her mother, her father, Gethin and Iwan, the grandparents. Think about Gethin and Iwan and their needs.(30 minutes)

    3. What are the key issues for professionals? (15 minutes)

Notes

The information offered suggests a number of immediate problems which may impact upon the whole family at a practical and emotional level:

- The family are having to cope with the disruption and separation caused by having a sick child who is in specialist facilities about an hour's journey from their home. This may cause problems for relationships within the family.

- They are having to cope with a lack of information about the prognosis for Sian. The problems associated with identification and diagnosis of disability are well documented (Pahl and Quine,1984). The situation is even more fraught, and relationships between professionals and parents more at risk when the condition is not immediately identifiable (Chazan and Laing, 1982). It is possible for a barrier of mistrust to develop between parents and professionals in which parents believe that professionals are withholding information. Research has also shown the importance of early counselling of parents as an integral part of early intervention (Cunningham 1985). Issues of language and communication are clearly crucial.

- From the point of view of the two young children, Iwan and Gethin - one aged three and one aged five - the situation may be very bewildering.

- At three years old Iwan will be able to ask questions and will be actively trying to explore and make sense of the world around him, and himself as part of that world. He needs to be encouraged to explore, to learn within the safety of boundaries set by adults which are neither too permissive nor too restrictive.

- Gethin aged 5 years will have a greater control over language than his younger brother. Konner has cited this age as one in which fantasy and reality may become mixed and in which children act out their hopes and fears:

'Children play out fantasies with their friends and relatives as symbolic standins, in many ways more effective than dolls and toys. Children at this age are beset with strong emotions and many of these children generate rich fantasies'.

(Konner, 1991)

It is vital that professionals who are working with a family are alert to how other children in the family may be experiencing the situation. For example, Iwan may be confused about boundaries if his parents are themselves preoccupied with his sister and if he is being cared for by others, such as his grandmother - especially if the substitute carers do not speak his language, or are not fluent in it. Gethin as a 5 year old may have been jealous of his younger sister and it is possible that he may feel responsible in some way for what is happening, leading to excessive guilt.

Therefore, communication with the children requires sensitivity to their stage of development and to linguistic issues.

● The role of the grandparents should not be ignored. Many voluntary organisations (eg. 'Scope') have targeted grandparents, as well as parents, through their information. In order to support the family grandparents will themselves need information. The way in which grandparents are enabled to understand disability is important. In Sian's family the grandparents have different cultural backgrounds and the way in which they view disability and their acceptance of it may vary.

Exercise 2 - What are Sian's needs? (30 minutes)

1. Make a list of Sian's main needs at this stage in her development. (15 minutes)

2. Now think about the Welsh language. Map out the patterns of language in the family. How is language a factor in meeting Sian's needs and in helping her family to meet her needs?
(15 minutes).

Notes

Sian's needs are no different from the needs of any other baby at this age. She, in common with other babies of her age, needs the loving care of her family, particularly her parents. Chazan and Laing suggest that parents of children with special needs may have particular difficulties in responding in a 'warm and loving' way towards their children. This may originate in feelings about themselves and failure to receive sufficient feedback from their children, (Chazan and Laing, 1982) combined with the particular stresses that a situation such as the one described impose upon a family.

The family is bilingual apart from the mother's parents who only speak English. Welsh is the first language of David (Sian's father), his parents and of the two younger children. Welsh is Mari's second language. Any work with the family should be aware and sensitive to these differences and what they mean for the members of the family. For example it is crucial that parents interact with their child in the language which makes them feel most comfortable.

Language is crucial. It is :

- the medium of communication between the parents and child and the basis upon which their relationship is built. It is the main way in which attachment is created and maintained.

- it is the main tool of cognitive development for the child.

The sociolinguist Vygotsky expressed this when he said:

'Thought is not merely put into words, it comes into existence through them'

(Vygotsky 1962).

The role of parents, therefore, is to create an environment where the child feels accepted and safe and in which she can start to learn.

The part which can be played by parents in providing early learning experiences has been recognised by schemes such as the Portage Early Learning Scheme in which professionals work with parents towards the achievement of small structured goals for their children. Such programmes are grounded in a philosophy in which professionals work alongside parents in a joint learning programme for the child.

The processes involved in schemes such as Portage are interactive. Parents are helped to play with their child and to stimulate their child's development by introducing and repeating tasks. Language is used as a means of reinforcing learning and attainment of goals in two main ways. Firstly, by giving verbal prompts to the child and secondly by praising the child and helping her to feel pride in her achievements. The process of encouraging cognitive, motor, social and linguistic development goes hand in hand with the growth of relationship between parent and child.

Exercise 3 - Should we speak to Sian in Welsh or English or both? (40 minutes).

1. Evaluate the responses of the two paediatricians below.
   What are the underlying messages/ assumptions about language and culture? (10 minutes)

2. You may like to role play the scenario, and to expand it by asking questions about why each of the paediatricians is giving this advice. (15 minutes)

3. Which do you think is the better advice to Mr and Mrs Jones? Give reasons for your answer.(15 minutes)

Scenario

The paediatrician's office at the local hospital. Mr and Mrs Jones have just asked the paediatrician about whether they should speak Welsh and English to Sian.

Paediatrician A ' My advice is to speak English to Sian at home. She is likely to have better chances if you speak English to her. It may not be easy for her to cope with two languages, and later on she may need speech therapy or other help which may not be available in Welsh.'

Paediatrician B ' My advice is to use both languages with Sian. Use whichever language you, and the boys feel happiest with. It may be helpful if one of you - perhaps you Mr Jones - speaks Welsh, and you Mrs Jones speaks English. This will help Sian not to confuse the two languages'.

Notes

The issue of the Welsh language has often been side stepped in work with children with special needs and their families. The experience of many parents in Wales has been that they were told 'If you want to give her a chance in life, take her home and speak English'.

An underlying assumption has been that the child with special needs whose family is Welsh speaking will be further disadvantaged by the use of the Welsh language. It is possible to equate this with :

a) The idea that the child with special needs will struggle with two languages and that therefore the most sensible thing is to bring the child up in the dominant language and play down the minority language. This view depends on a particular conceptualisation of bilingualism -

'Using two languages is like being in a warehouse. As a person moves from one part of the warehouse to the next to look for different goods, the bilingual person moves from one language to another. By speaking English she is in the department where English words are kept. By speaking Welsh she has to cross the warehouse to a completely different department where a store of Welsh words are kept. The departments are completely separate'.

(From Parry Jones 1974).

It is possible in some cases that illness, accident or age would close the door on either of the two warehouses. This view fails to see the bilingual person as an integrated whole.

b) The lack of specialist professionals eg. speech therapists who are Welsh speaking.

In his autobiography 'O Ddifri' Dafydd Wigley discusses the experiences of himself and his wife with two sons who had inherited a genetic disability.

'Ar un adeg, ceisiwyd cymorth therapydd lleferydd. Yn naturiol, Cymraeg oedd yr unig iaith a ddeallai Alun a Ger, ond er mawr syndod inni, dim ond therapyddion uniaith Saesneg a geid yng Ngwynedd pryd hynny. Nid pwynt gwleidyddol yw dweud fod y greadures a geisiodd ein helpu yn gwbl analluog i wneud hynny oherwydd ei diffyg iaith. 'Roedd ymdopi ag anabledd y bechgyn yn ddigon anodd ynddo'i hun, heb i ddiffyg crebwyll yr Awdurdod Iechyd waethygu'r sefyllfa'.

'At one time, we sought speech therapy. Naturally, Welsh was the only language which Alun and Ger understood, but to our great surprise, only English speaking therapists were to be had in Gwynedd at that time. It is not making a political point to say that the woman who tried to help us was completely unable to do so because of her lack of language. Coping with the boys' disability was hard enough in itself without the lack of inclination of the Health Authority making things worse'.

(Wigley, 1993)

c) The fact that specialist resources may be located outside Wales, and /or that specialist provision within Wales may not offer learning opportunities through the medium of Welsh.

d) Using an individual medical framework for understanding disability which focuses on 'curing' or 'rehabilitating' the child and which looks primarily at the problems arising from the child's disability. Language is therefore seen as a potential problem for the child and for the process of cure and rehabilitation.

The alternative social model of understanding disability is consistent with the philosophy of the 1989 Children Act which sees the child first and the disability second. **Language is therefore seen as significant for the development of relationships and as a means of integrating the child into the family and the community in which he or she lives.**

All of the above, with the exception of the social model, seem pragmatic but they equate with a disablist attitude towards children with special needs, in which the 'treatment' of the disability is divorced from the other needs of the child - eg. relationships, self esteem, knowledge of own language and culture.

In 'Agweddau ar Ddysgu Iaith' Geraint Wyn Jones suggests that bilingual teaching - in this case citing Welsh as the second language, may benefit children with learning disabilities. He suggests that children may be able to understand concepts such as 'time' in their second language when they have failed to learn them at an earlier stage in the first language. (Wyn Jones, 1993) He is supported by earlier work with deaf children who belong to minority linguistic groups , and by a Ukrainian study which suggest that 'use of a minority language in the home is not a handicap to children's academic progress'. (Strong 1988)

If one of the roles of language is to create closeness,see chapter 1, it is clear that where a linguistic choice is made on the basis of the child's special needs families will face problems. If parents decide to speak only English to the child with a disability the dynamic of the family will be changed - the family will effectively be divided on linguistic grounds.

Exercise 4 - Divided on the grounds of language (30 minutes)

Mari, Sian's Mum, has described her family as 'divided on the grounds of language'. Since Sian arrived it has been more difficult for the family to use Welsh within the family whenever they wish. Mari often uses English with Sian and Welsh with the boys, visitors to Sian usually use English and relate to the boys in English. David speaks Welsh to Sian and the boys.

Either individually, or in a group, consider/discuss what this may mean. How do you think this will affect the functioning of the family? You may like to think about networks of services and their impact as part of this.

Notes

The different linguistic patterns within the family have already been discussed - but what do these mean for the world of the family?

This is what Mari might tell you:

'After Sian arrived everything changed. We had been looking forward to Sian's arrival and so had Iwan and Gethin. It wasn't long after Sian was born that we realised that something was wrong and she started to go into hospital and we needed the help of professionals.

We had always talked both languages with Gethin and Iwan, but Welsh is definitely the language that we speak most when we are together as a family - eg. at meal times. David always speaks to the children in Welsh - he only spoke Welsh as a young child and it is completely natural for him to talk to the children in Welsh.

Most of the professionals speak English - the Health Visitor, the portage worker, and the social worker - and so naturally we change language when they come. With the exception of the consultant paediatrician, we always discuss Sian in English. It seems that whenever we discuss problems it is in English. When Sian has been in hospital we have had to turn to my mother for help - she only speaks English.

Iwan goes to Meithrin and Gethin goes to the local Welsh school. We had decided to bring our children up with Welsh as their first language - we don't know what will happen to Sian. If she needs a lot of specialised help - eg. with her sight problem she may need to go to an English medium school.'

Referral 2

The later referral was when Sian was 4 years old and on the point of going to full time school. By this time it was realised by her parents that she had complex disabilities. There was no specific diagnosis, but it was clear that she was physically disabled and partially sighted. Sian's speech had developed better than her physical abilities and she was bi-lingual. The consultant paediatrician had advised that Mum should speak English to her and Dad Welsh. Sian had been taken by her Mum to the Ysgol Feithrin.

The need at this time was for an assessment for school placement. The social work involvement was from a specialist social worker whose task was to support the family through an assessment of Sian's needs.

The Code of Practice for the 1993 Education Act has the following to say about 'partnership with parents':

> **'Children's progress will be diminished if the parents are not seen as partners in the education process with unique knowledge and information to impart. Professional help can seldom be wholly effective unless it builds on parents' capacity to be involved and unless parents consider that professionals take account of what they say and treat their views and anxieties as intrinsically important'.**
>
> **(Department of Education, 1994)**

Exercise 5 - Finding out about Sian (25 minutes)

The purpose of assessment is to gain an accurate picture of Sian's functioning - her strengths as well as her weaknesses.
It is to help her to show her level of understanding and where she is at in terms of her overall development.

1. Why do you think that using both languages is important for the assessment? (15 minutes)

2. How might this help Sian's parents to be confident in the professional element of the assessment? (10 minutes).

Notes

Mike Oliver highlights the stage at which decisions are made about a child's education as being vital in terms of the child's future life opportunities (Oliver,1983). Local Education Authorities have a duty to provide children who have been identified and assessed as having 'special educational needs' with a statement of special educational needs and how those needs are to be met.

Oliver suggests that parents require social work help at this stage in their child's life in order to help them with the complexities of the education system and the negotiation of appropriate resources to meet their child's needs. The 1993 Education Act for the first time establishes the role of a 'named person' to help with the representation of views, to offer advice, information and support.

At this stage an assessment of needs means a multi-disciplinary assessment which looks at the whole child and look at needs in terms of social and emotional needs as well as the more specific needs which relate to education.

The activity of assessing a child's capabilities is affected by many things eg. the context, the relationship with the person assessing, the child's confidence and ability to respond. Good communication skills are a pre-requisite for accurate assessment. If a child is being brought up in a bilingual environment it is less likely that she will be able express her potential fully through the medium of just one language.

Exercise 6 - Special Education versus Integrated Education.
(30 minutes)

Following assessment of Sian Mr and Mrs Jones have decided that they would like Sian to be integrated into the local Welsh primary school.

Discuss the following :

1. The potential benefits (10 minutes).

2. The resources that will be needed to support Sian and her family.(10 minutes)

3. What are the issues for language? (10 minutes).

Notes

There is a broad commitment on a European level (1987) to a policy of integration within education by all member states, based on the 3 principles of :

- Human rights

- Social participation

- Quality of educational experience.

The Education Act 1993 builds on the foundation of the 1981 Education Act in establishing the principle that all students with special needs:

- Require the greatest possible access to a broad and balanced education, including the National Curriculum;

- Children with special educational needs, including children with statements of special educational needs, should, where appropriate and taking into account the wishes of their parents be educated alongside their peers in mainstream schools. (Code of Practice 1994)

Integration in this context means :

- not just educational but social integration;
- social and educational competence;
- independence;
- development of communication skills.

It should be noted that the Act also stresses the 'efficient use of resources'.

Chazan and Laing (1986) suggest that 'with young children there is every reason to expect the ordinary school or group to be capable of meeting many of their needs'. The normal school programme stresses language development and social development.
It is interesting to note that American Public Law (94 - 142) mandated equal education in the 'least restricted environment' and it is generally recognised that as far as possible this should be the child's local neighbourhood school with siblings and peers and an environment which is 'functional' ie. has direct application to everyday life.

All of the above present challenges in terms of the present situation of children with special needs within Wales who are born into Welsh speaking families and who speak Welsh as their first language. Discussion with the Welsh Special Needs Advisory Service (SNAP) and with some parents of Welsh speaking children indicate that parents are facing many barriers within the education and social services systems:

- Lack of appropriate forms and information about procedures in Welsh;
- Professionals who are unable to recognise or acknowledge the key role of the Welsh language and culture for children and families;
- Specialist resources which are unable to provide a service through the medium of Welsh;
- Mainstream resources, eg. schools which are Welsh medium but where the child does not have access to /or has a lesser level of specialist help eg. specialist help with speech and language difficulties.

All of the above are in accord with the findings of the Swann Committee (1985) on services for ethnic minority groups in London. The salutary fact was that ' minority groups felt alienated and rejected'. Is this equally true of Welsh speaking parents in Wales?

In some parts of Wales children from Welsh speaking families have access to specialist and integrated resources, including integrated schooling , through the medium of Welsh. Unfortunately this is not universally true and parents in parts of Wales are not just coping with the demands of bringing up a child with a disability but also of challenging the system.

Summary

The challenge of working with young children with disabilities and their families can make even the most experienced worker feel deskilled. It is an area of work in which concerns of facilitating healthy growth and development are high on the agenda and work in this field is gradually acknowledging the need for professionals from several disciplines to work in partnership with families - a partnership which acknowledges their needs and aspirations as well as those of the child.

The child with a disability who is born into a bilingual family, may be dually disadvantaged if professionals fail to recognise or acknowledge his/her cultural and linguistic needs, and the key role of language and culture in the development of relationships and the formation of identity.

Bibliography

CCETSW (1991)	'Working with children with Special Needs and their families' Chapter 7 of The Teaching of Child Care in the Diploma in Social Work, 80 - 86.
Chazan, M. & Laing, A. (1982)	The Early Years. Open University Press, 5,17,18,19, 42 and 43.

Code of Practice on the Identification and Assessment of Special Needs, Department for Education (1994) H.M.S.O.

Cunningham, C. (1988)	Early Intervention : some results from Manchester Cohort Study, Department of Mental Handicaps, University of Nottingham.
Erikson, E. (1963)	Childhood and Society. New York, W.W Norton, 239-261.
Gillham, B.(Ed) (1986)	Handicapping conditions in Children. Helm Special Education - foreword.
Konner, M. (1991)	Childhood. Broadcasting Company, America, 171.
Oliver, M. (1983)	Social Work with Disabled People. MacMillan.
Pahl, J. and Quine, E. (1984)	Families with Mentally Handicapped Children : A study of stress and a service response. Canterbury Health Services Research Unit, University of Kent.
Strong, M. (Ed) 1988	'A bilingual approach to educating deaf children' in Language,Learning and Deafness, Cambridge University Press, America.
Swann Committee (1985)	Education for All: Report of the Commission of Enquiry into the Education of Children from Ethnic Minority groups,Department of Education and Science HMSO, London.
United States Public Law 94-142 :	quoted in Carter,T.D.T.'Parents behind U.S.Change to Integration', Where, No.175 February 1982, Advisory Centre for Education.
Vygotsky, L. S. (1962)	Thought and Language. Wiley NY.
Wigley, D. (1993)	O Ddifri. Gwasg Gwynedd, Caernarfon, 106.
Wyn Jones, G. (1993)	Agweddau at Ddysgu Iaith / Attitudes to learning language. Canolfan Astudiaethau Iaith, Llangefni, 24.

Further Reading

Middleton, L. (1992)	Children First: Working with children and disability, Venture Press.
Russel, P. (1991)	'Working with children with physical disabilities and their families : the social work role' in Oliver,M. (ed) Social Work, Disabled people and Disabling Environments, Jessica Kingsley Publishers,London.

Protecting Children

'Mae arolwg diweddar gan yr NSPCC yn awgrymu bod un o bob chwech o blant yn dioddef cam-driniaeth emosiynol, corfforol neu rywiol. Ac mae ymchwil diweddaraf NSPCC Cymru yn datgelu nad yw'r plant yn credu bod unrhywun yn barod i wrando arnynt heb sôn am eu hamddiffyn. Yr un stori o sgubo'r newyddion drwg dan y carped. Dyw e ddim yn digwydd yng Nghymru ac yn sicr ddigon dyw e ddim yn digwydd yn y Gymru wledig." (Thomas,1995)

'The recent survey by the NSPCC suggests that one of every six children suffer emotional, physical or sexual mistreatment. And the most recent research by the NSPCC in Wales reveals that children do not believe that anyone is ready to listen to them or to consider their protection. The same story of sweeping bad news under the carpet. It doesn't happen in Wales and certainly it does not happen in rural Wales.' (Thomas,1995)

Introduction

This case study aims to consider some issues for child protection in the Welsh context. It is acknowledged that the material is limited eg. it does not consider the central process of comprehensive assessment.

Service users :	Ieuan aged 11 years
	Rhiannon aged 8 years
Parents :	Tom and Sarah Rees - mid 40s

The first language of the whole family is Welsh, including the extended family, but they are all able to speak English.
Ieuan and his sister Rhiannon attend the Welsh junior school in a small town about 6 miles from where they live. Many of the other children in the school come from non Welsh speaking backgrounds.

Background

The Rees family live in a small hamlet of about 6 houses in a rural West Wales community - Welsh is the language of the immediate community.

Mr Rees is a mechanic, with a history of back problems. Mrs Rees doesn't work. The hamlet is isolated with no amenities; the family are struggling financially.

Social Services/Police are asked to investigate an allegation of child abuse by the school. The school has received a letter from Mrs Rees (who has mild learning difficulties) alleging that her husband is ill treating the older boy Ieuan, kicking him and chastising him with a leather belt. Nothing is mentioned about the younger daughter, Rhiannon. The school reports that Ieuan is a loner in the school playground and often the object of teasing by other children. He is lacking in confidence and under achieving educationally. By contrast the younger sister seems settled and happy, and while not particularly bright is coping in school.

Exercise 1 -
'Dyw e ddim yn digwydd yng Nghymru ac yn sicr ddigon dyw e ddim yn digwydd yn y Gymru wledig'

'It doesn't happen in Wales, and it certainly doesn't happen in rural Wales'.(30 minutes)

Consider the above statement either individually or in a group:

   a) What may be the root of such a belief? (15 minutes)

   b) How might such a belief influence child protection in the rural areas of Wales? (15 minutes)

Notes

● Kinship is of great importance to Welsh people.

This may be particularly pertinent in rural situations - and possibly in the South Wales valleys - where people may still be recognised through their relationship to others - he's related to the Jones', the Jones' of Penrhiw etc. People in families look after one another - blood is thicker than water, charity begins at home, are common sayings. Families and communities have tended to stick together and support and protect their members against outside influences. Within rural Wales women and children tend to be defined in relationship to the kinship system. (Ashton, 1994).

● The family and the home is seen as a haven against the violence of the outside world.

This idea is a pervasive one. In rural areas the idea of the 'domestic idyll' has not been uncommon. The work of Women's Aid in Wales has shown that the reality is somewhat different. For many women, and by implication their children, the reality of the home is a violent one. (Charles, 1994)

● Where people live in isolated situations they may feel that they are the only ones who are suffering violence and the myth of the happy family may be left unchallenged.

Workers and others may be

- affected by such stereotypes;

- reluctant to intervene in what may appear to be close knit family systems/ community networks.

Responsibilities in Child Protection

The specific duty to investigate situations where there is a child protection issue is to be found in Section 47 of the Children Act 1989.

The above case is a situation where the Local Authority :

'have reasonable cause to suspect that a child who lives, or who is found in their area is suffering, or is likely to suffer significant harm'

Therefore the Local Authority must make, or cause to be made, such enquiries as they consider necessary to enable them to decide what action if any they should take to safeguard or promote the child's welfare. As part of the process :

- steps must be taken to see the child

- there is a duty on certain agencies to assist in those enquiries if called upon to do so unless it would be unreasonable in all the circumstances to do so.

Every investigation must be carried out within the procedures as laid down by the Area Child Protection Committee. Working Together 1991 establishes the following key processes within initial investigation :

- to establish the facts about the circumstances which have given rise to the investigation and the concern expressed;

- to make a decision about whether the grounds for concern are justified;

- to identify sources and levels of risk;

- to decide on action to protect, or other action, in relationship to the child and any other children.

Exercise 2 - Initial investigation (30 minutes)

1. Individually/or in a small group list what you see as the features of good initial investigation in a Child Protection situation. (15 minutes)
2. What are the features of effective interdisciplinary working? (15 minutes)

Planning is central to the process of initial investigation. The lead agencies ie. the Social Services and Police need to work within the guidelines of Working Together and the Memorandum of Good Practice to decide :

    a) the timing of the response;

    b) where the interview with the child/ren should take place - not a police station or social services office;

    c) the objectives of the interview;

    d) whether the interview will be video recorded;

    e) who will be the lead interviewer;

    f) who will fulfil the role of the appropriate adult;

    g) whether the child/ren should be medically examined by

        i) paediatrician

        ii) police surgeon

        iii) general practitioner

        iv) a combination of these personnel.

It is important in this situation that there is understanding of linguistic factors. The family are all Welsh speaking, the teachers are Welsh speaking, and there is an assumption underlying good practice that the social worker who interviews the child will be a Welsh speaker.

> **'Consideration of race, language and gender may influence the choice of interviewer. A child should be interviewed in his/her first language except in the most exceptional circumstances'.**
> **(Memorandum of Good Practice 1992)**

What do you think would constitute 'exceptional circumstances?'

Exercise 3 - Putting yourself in Ieuan's shoes (20 minutes).

Place yourself in Ieuan's position during the interview. What sorts of questions might you be asking? What would be your feelings and fears in this situation?

The Memorandum of Good Practice refers to the state of mind of the child, and notes that a child being interviewed about any form of abuse may be experiencing a range of emotions and that there may be changes in behaviour. In 'Working with Abused Children' Celia Doyle proposes that the emotions described by Erikson to characterise unhealthy or negative outcomes in stages of development - namely basic mistrust, shame, doubt, guilt inferiority, role confusion, isolation, stagnation and finally despair - could be used to describe the feelings of children who are being abused by parents. (Doyle,1990)

Children who are abused may :

- feel responsible for what has happened;

- feel disloyal;

- have fears about the possibility of breaking up the family;

- fear further violence if they 'tell'.

The above are just a few of the possible emotions of a child in this situation. Workers will need to be sensitive to the complex emotions of a child while remaining clear and objective about the aims of the interview.

Exercise 4 - Interviewing Ieuan (30 minutes)

1. What should be taken into consideration when Ieuan is interviewed? (15 minutes)

2. What are the issues for language, in particular whether Welsh, English or both are used in the interview? (15 minutes)

Notes

The Memorandum of Good Practice says that :

> **'The joint investigating team should note the child's chronological age and then assess the apparent developmental stage that the child has reached, taking an overview of cognitive, linguistic, emotional, social, sexual, physical and other development and the child's attention span.**
>
> **(Memorandum of Good Practice 1992)**

The chapter by Eve Brock entitled 'Becoming a Tightrope Walker' in 'Good Practice in Child Protection' (Owen and Pritchard (Ed) 1993) offers valuable advice on interviewing a child in a child protection investigation. A central point she makes is that the 'child should not be further abused by the conversation'. Professionals need to be able to bring as much objectivity as possible into the interviewing and avoid following lines of questioning which are based on their own judgements and/or preconceptions and which lead the child. The ultimate aim of the interview is to try to understand the situation from the child's viewpoint.

Ieuan is bilingual - his first language is Welsh but he can also speak English; this needs to be taken into account. Research into Welsh language usage among young people in Wales (Gruffudd,H 1995) indicates that children and young people may be highly selective in their use of language. The use of language and attitude to it, may vary depending on :

- with whom they are speaking;

- the situation in which they find themselves;

- the subject being discussed;

- their own level of skill/ confidence with the language;

- the gender of the young person;
- the groups with whom they associate;
- the extent to which the language is spoken in the family;
- school, area in which they live;
- the authority connotations of language etc.

(Gruffudd,1995 Unpublished research)

The attitudes of children towards the Welsh language as a minority language in a majority Anglo-American culture may change as they get older. It is vital for bilingual workers to make themselves aware of factors which may influence patterns of language usage among children and young people.

In Ieuan's case it should be noted that he is 'lacking in confidence' and underachieving educationally. He is also in a school where there are a significant number of children who are incomers from England. As a child of an indigenous Welsh speaking family he may be teased on account of his language.

Ieuan is aged 11 years - at the end of the stage which Erikson describes as characterised by industry versus inferiority. The information in the case study suggests that Ieuan has emerged from this period of his childhood with feelings of inferiority. Not only is he underachieving at school but if his mother's allegations are true he is subject to physical and emotional abuse from his father.

To summarise, it is essential that Ieuan is given a real choice regarding use of language in the interview.

Exercise 5 - The Medical Examination (20 minutes)

Ieuan is aged 11 years. As part of the child protection procedures he has to undergo a medical examination.
The G.P, and the Consultant Paediatrician, who undertakes the physical examination, speak only English.

a) What problems may arise from the inability of the doctor to speak Welsh to Ieuan ? (10 minutes).

b) How can the social worker support Ieuan in this situation? (10 minutes)

Notes

The power and status connotations of language are very strong here. Ieuan is in an extremely weak position and it is probable that he is feeling very vulnerable. The use of English rather than Welsh may serve to underline the authority of the doctor thus making her more intimidating. It may lessen Ieuan's ability to communicate freely - eg. to answer any questions of the doctor's questions, or to understand explanations being offered by the doctor.

The social worker can potentially help Ieuan to cope with the medical examination by careful explanation which covers :

- what will happen;
- why the doctor has to see Ieuan;
- by answering Ieuan's questions.

The medical examination shows evidence of bruising which is consistent with the older boy being beaten with a strap and kicked, otherwise he is well nourished and healthy. However, Ieuan's whole demeanour suggests considerable emotional abuse over a long period and he is obviously very afraid of his father. The younger child shows no indication of physical or emotional abuse, and she appears genuinely fond of her father.

Exercise 6 - Establishing ground rules for the Case Conference (60 minutes)

'Working Together under the Children Act' establishes for the first time that parents and children should be allowed to attend the case conference.

The role of the case conference is two fold :

- to decide whether the child's name (and the names of any other children in the family) should be placed on the Area Child Protection Register

- to formulate a Child Protection Plan for the child/children which will ensure the child's wellbeing.

1. Either individually consider/or discuss in a small group what are some of the key issues about communication in a multidisciplinary case conference where the protection of a child is being discussed? (15 minutes)

2. What are the additional considerations when the parents and child are to be involved? (15 minutes)

3. Develop some principles for good practice (30 minutes).

Notes

a) While working in partnership is the aim of all child protection case conferences the reality is difficult. The professionals involved in a case conference come from different backgrounds of training and may hold different perspectives and views. The problems are heightened by the nature of the concerns being discussed - child protection is always an emotive issue.

The document 'Protecting Children' has perceived a number of dangers associated with inter agency working, they are:

- undefined boundaries of roles and responsibilities;
- the existence of hidden agendas that inform formal activity;
- the presence of competition and hostility among professionals;
- the avoidance of overt disagreement about the management of cases (D.O.H 1988)

Could a further danger in the Welsh context be that agencies have no jointly agreed policy on language to inform their practice?

b) When parents and children are involved a further dimension is added to an already complex situation. It is crucial that planning clearly identifies the issues of involvement for the parents and for the other professionals.

Some problems which have been identified by Townsend (1992) fall into the following areas :

- the sharing of information in case conferences when parents are present. This presents particular issues for police and medical personnel;
- the personal identification of staff with children who have been abused in the presence of their parents who may have abused them;
- parents who become upset, aggressive;
- parents who may bring conflict into the open during a case conference;

(Townsend, 1992)

c) Features of good practice are:

- Good chairing;
- Preparation of participants;
- Clarity about the purpose of the case conference;
- Investigation and assessment should take place outside the case conference and the meeting used to present the essential issues, conclusions and recommendations.

In spite of the problems identified by Townsend and the added complexity of involving parents Dalrymple and Burke (1995) suggest that it is right to involve parents in the whole process. They back up their view by referring to the research of Bell which points to the advantages :

- The quality of information shared is improved. Parents are able to correct misinformation. Professionals are more likely to have given careful thought to what they say, how it is worded, to be more objective and relevant and to back up statements with evidence;
- Chairing is more focused;
- Professionals think that parents are less likely to scapegoat a particular agency as decisions were seen as shared;

- Assessment plans were thought to be more realistic because of the dialogue with parents. 45% of Bell's sample thought that the consideration of risk had been enhanced.

(Bell, 1993)

Exercise 7 :
Which language should be used in the Case Conference? (25 minutes)

1. What will be the position re language in the Case Conference? (5 minutes)

2. Should the fact that the doctor speaks English influence the language of the Case Conference? Please give reasons.(10 minutes)

3. Should the facility of translation be used? If so, for whom should this be? (10 minutes)

Notes

a) The Children Act 1989 advocates cultural and linguistic sensitivity in work with children and families and this is strengthened in Wales by the Welsh Language Act 1993, and the accompanying Draft Guidelines as to the form and content of schemes prepared by the Welsh Language Board. Agencies need to develop policies about the use of language in situations like case conferences. The guiding principle should be whatever is in the best interests of the child.

b) It has been the experience in Wales that Welsh speakers frequently accommodate the linguistic needs of people who are only able to speak English and in so doing may create situations where they are themselves disadvantaged. The problems may be heightened when the other person is a professional or in a position of influence and authority. Legislation is aimed at offering equality to minority language users, especially those who are in weak and vulnerable situations. The language of the doctor should not be an issue.

c) Sian Wyn Siencyn's section on 'translating' in 'A Sound Understanding' offers helpful guidelines. In this situation the facility of translation from Welsh to English would be useful for any professionals who do not understand Welsh.

(Wyn Siencyn,1995)

Exercise 8: Planning for the future? (50 minutes)

Ieuan is 11 years old.

1. If you were his social worker what would be your main concerns about him and his future development? Think about this in terms of Erikson's theme of industry versus inferiority.
Make a list of your concerns.(30 minutes)

2. What will need to be taken into consideration when working with Ieuan in the future? (20 minutes)

Notes

a) Ieuan is in the stage of middle childhood, - the stage when, according to Erikson, children need to resolve the crisis or tension of industry versus inferiority. Children are challenged to develop new skills and abilities. They are very alert to the responses of others towards them and work hard to win the approval, love and admiration of others.

The school describes Ieuan as :

- a loner;

- a child who is teased by other children;

- lacking in confidence;

- under achieving educationally;

The medical indicates that :

- Ieuan has been physically abused;

- he is fearful of his father;

- he has been emotionally abused over a long period;

- he is being scapegoated.

In their chapter on 'The Social Relations of Middle Childhood' Cole and Cole examine the need for self esteem and its links with mental health. While high esteem in childhood is linked with happiness and satisfaction in later life, low esteem has been linked with depression, anxiety and maladjustment both in school and in social relations (Cole and Cole, 1993)

Factors associated with the development of self esteem are :

- family practices which emphasise acceptance of children;

- clearly defined limits;

- a respect for individuality.

b) Whether Ieuan remains with his family or requires substitute care the central aim of work will be to promote positive development in the future. Any plan will therefore need to take account of Ieuan's physical and emotional well being and those factors which will minimise risk and help Ieuan to maximise his potential. The target areas to be considered are :

- Work with his family to improve relationships;

- Work with Ieuan to help him to develop self esteem and confidence. This may involve Ieuan in activities which help him to develop skills.

Work with the family should take account of the importance of language and culture.

If it is decided to move the child from his home for 24 hours or more, language needs to be considered, among other factors such as religion, culture, as part of planning of his care.

'Paragraph 11 of Schedule 2 of the Act requires a local authority when making provision for the provision of day care in their area, or for encouraging persons to act as foster parents to take into consideration the different racial groups to which children in need in its area belong.' (Prys Davies, 1994)

Questions to be considered are :

- Would a Welsh speaking foster home be available to Ieuan?

- Are there enough foster carers who speak Welsh?

- What are the implications for the child of being placed in a foster home where a language is spoken which is different from his every day language ?

- If the child is placed in a non Welsh home what message will the agency give to the child?

- How may this influence the identity/self image of the child?

Exercise 9 :
Working towards a service which is sensitive to the language and culture of children in Wales. (30 minutes)

1. What are the issues which arise from this case? (15 minutes)

2. What should be included in Language Planning for agencies who work within the field of Child Protection in Wales? (15 minutes)

Notes

- The need for a language policy which establishes clear guidelines for the use of language in all aspects of child protection procedures.

- Policies which ensure that systems of recruitment, selection, training and support of staff are sensitive to issues of language and culture in the Welsh context.

Summary

Protection of children poses special challenges within Welsh speaking communities. Workers within this highly complex field need to be alert to the specific issues of communication with families, with children and with other agencies in order to secure the best possible outcomes for children in Wales.

Bibliography

Ashton, S. (1994)	'The farmer needs a wife : farm women in Wales' in Aaron et al (ed) Our Sisters' Land, University of Wales Press, 122 - 140.
Bell, M. (1993)	'See no evil, speak no evil, hear no evil.' Community Care Inside, 28 October.
Brock, E. (1993)	'Becoming a tightrope walker' in Owen,H & Pritchard,J.(ed) Good Practice in Child Protection: A Manual for Professionals, Jessica Kingsley Publishers, 113-124.
Canllawiau Drafft ynghylch Ffurf a Chynnwys Cynlluniau / The Draft Guidelines as to the Format and Content of Plans,(1994),	Bwrdd Yr Iaith Gymraeg,The Welsh Language Board, Caerdydd.
Charles, N. (1994)	'The Refuge Movement and domestic violence' in Our Sisters' Land, 48 - 61.
Cole, M. & S. R. (1993)	The Development of Children. Scientific American Books, 516 -562.
Darymple, J. and Burke, B. (1995)	Anti-oppressive Practice : Social Care and the Law, Open University Press, Buckingham, 72, 142 - 146.
D.O.H (1991)	The Children Act : Guidance and Regulations. Vol 6 Children with disabilities. HMSO London.
Doyle, C. (1990)	Working with abused children. MacMillan, 10.
DHSS	Working Together: A guide to arrangements for inter-agency co-operation for the protection of children. Department of Health and the Welsh Office, HMSO 1988.
Gruffudd, H. (1995)	Y Gymraeg a phobl ifainc/ Welsh and Young People. Department of Continuing Education, University of Wales, Swansea.(Unpublished research).
Department of Health (1988)	Protecting Children: A guide for social workers undertaking a comprehensive assessment, HMSO.
Home Office and department of Health (1992)	Memorandum of Good Practice HMSO, 10-25.
Prys Davies, G. (1994)	'Yr Iaith Gymraeg a Deddfwriaeth' / 'The Welsh Language and Legislation' in Williams,Rh.H.,Williams,H. a Davies,E. Gwaith Cymdeithasol a'r Iaith Gymraeg / Social Work and the Welsh Language, CCETSW/Gwasg Prifysgol Cymru, Caerdydd.
Thomas, R. G. (1995)	'Beth am y plant?' /'What about the children?' Golwg number 42.29 Mehefin (June) 1995.
Townsend, D. (1992)	'New Rules and new problems', Community Care, 26 March.
Wyn Siencyn, S. (1995)	Sain Deall / A Sound Understanding, CCETSW. Cymru, 28,29 and 30.

Chapter 5

WORK WITH ADULTS

The aim of this section is to help students to look at Welsh language in relationship to anti-oppressive practice with Welsh speaking adults. It is based on the following premises:

- good practice is practice which empowers;

- practice which empowers cannot be separated from considerations of Welsh language and culture.

Practice and policy within Wales need to integrate considerations of language and culture. Thompson (1993) has defined oppression as :

> 'Inhuman or degrading treatment of individuals or groups; hardship and injustice brought about by the dominance of one group over another ; the negative and demeaning exercise of power. Oppression often involves disregarding the rights of an individual or group and thus is the denial of citizenship'
>
> **(Thompson, 1993)**

The cases in this chapter will illustrate what it means to be old, mentally ill, physically disabled or a person with learning disabilities and Welsh speaking and a member of a linguistic minority group within a service culture which is largely Anglocentric.

The case material is based on real situations of service users who speak Welsh in different parts of Wales and who are at different life stages. The aim of the material, supporting exercises and notes is to encourage discussion, provoke thought and to ask questions about good practice by :

- Considering legal, policy and professional requirements for linguistically sensitive practice;

- Focusing on the situation of a service user/carers;

- Presenting questions and issues of language and culture;

- Considering issues for policy and practice.

What is Care Management and Assessment?

'Care Management and assessment constitute one integrated process for identifying and addressing the needs of individuals within available resources, recognising that these needs are unique to the individuals concerned '

(DOH 1991)

The emphasis is therefore on :

- Adapting services to needs
- Dealing with the needs of individuals as a whole.

The rationale is :

'The empowerment of users and carers. Instead of users and carers being subordinate to the wishes of service providers, the roles will be progressively adjusted. In this way users and carers will be enabled to exercise the same powers as consumers of other services' (DOH 1991)

The following definition of practice which empowers is used as a framework for this chapter:

- All people have skills, understanding and ability;
- People have rights to be heard, to participate, to choose, to define problems and action;
- People's problems are complex and social oppression is a contributory factor;
- People acting collectively are powerful;
- Methods of work must be non-elitist and non-oppressive.

(Mullender and Ward 1991)

The following diagram has been adapted from the Care Management and Assessment Practitioner's Guide in order to highlight the role/implications of language and culture at each of the 7 stages of the process of Care Management and Assessment.

Care Management :
The Process and Implications from a
Linguistic Viewpoint

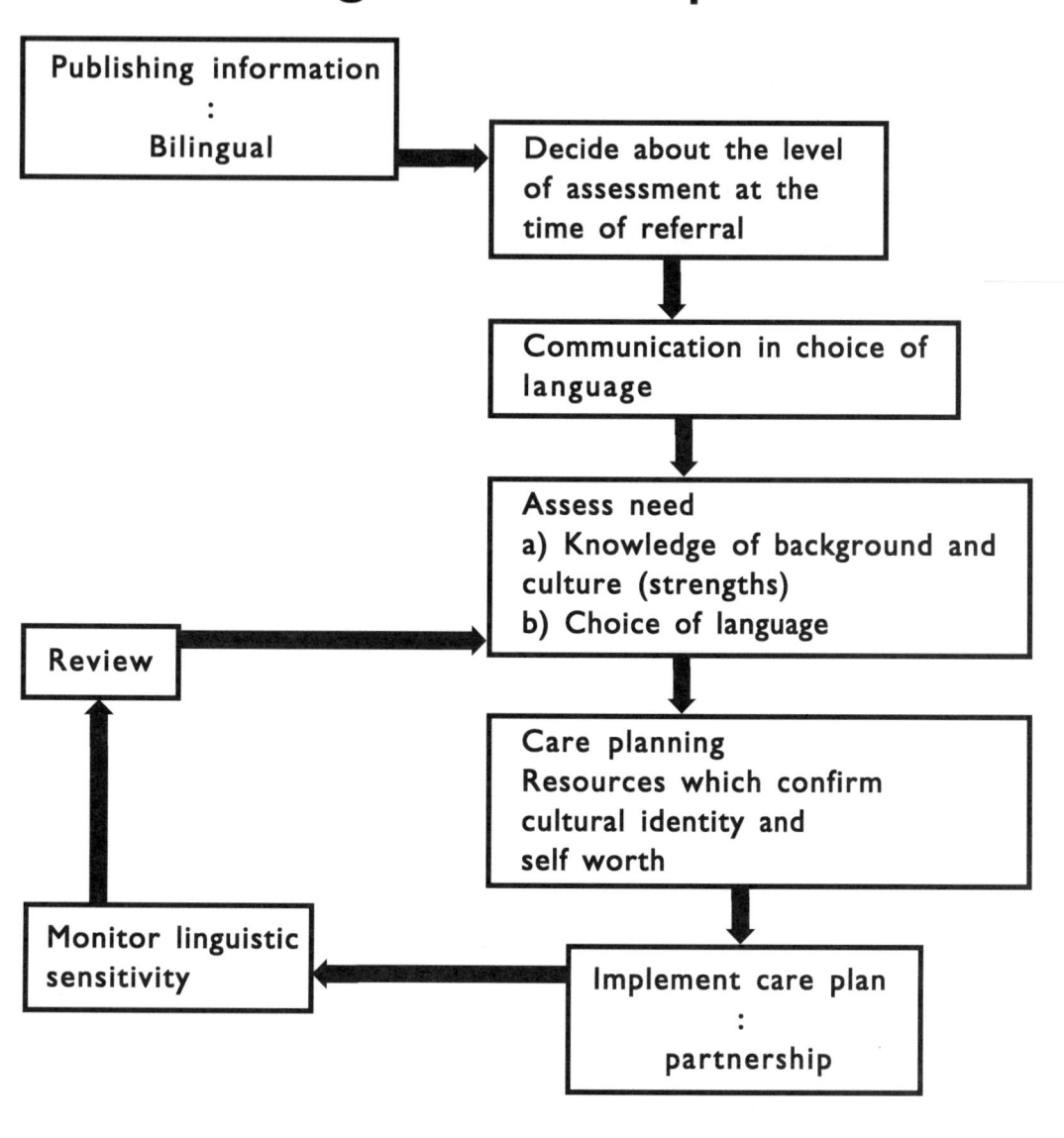

Bibliography

Thompson,N.(1993)   Anti-discriminatory practice. MacMillan,London, 31.

SSI (1991)   Care Management and Assessment: Practitioner's Guide.
                           9,10.

Smale,G.& Tuson,G. with   Empowerment, Assessment and the Skilled Worker.
Biehal,N. & Marsh,P. (1993) HMSO, London.

Mullender,A. and Ward,D. (1991) Self Directed Group Work: Users take action for
                                 Empowerment.Whiting and Birch,London.

Mental Health

Legislation and policy guidance relating to language and culture in Mental Health.

The Mental Health Act 1983 makes no explicit reference to the patient's language or cultural background. However, Section 13(2) requires that an Approved Social Worker should 'interview the patient in a 'suitable manner' when s/he is assessing whether the patient should be admitted to a mental hospital against his or her will.

A new Code of Practice on the Mental Health Act 1983 was published in 1993 (H.M.S.O 1993), which extends the guidance of the previous code on language and culture. The new code offers the following guidance on language and culture:

The guidance on ASSESSMENT

Those concerned should not only take into account the statutory criteria, but also

- the patient's wishes and view of his own needs;
- his social and family circumstances;
- the risk of making assumptions based on a person's sex, social and cultural background or ethnic origin

The guidance on Individual professional responsibility – the approved Social Worker

2.11 The Approved Social Worker must interview the patient in a 'suitable manner'

a. Where the patient and the A.S.W cannot understand each other's language sufficiently, wherever practicable recourse should be had to a trained interpreter who understands the terminology and conduct of a psychiatric interview (and if possible the patient's cultural background).

b. Where another A.S.W with an understanding of the patient's language is available, consideration should be given to requesting him to carry out the assessment or assist the A.S.W assigned to the assessment.

c. The A.S.W should bear in mind the potential disadvantages of a patient's relative being asked to interpret. Where possible, a trained interpreter should be used in preference to a relative neighbour or friend;

2.19 A proper medical examination requires :

- direct examination of a person's mental state , excluding any possible preconceptions based on the patient's sex, social and cultural background or ethnic origin;

  Where the patient and doctor cannot understand each other's language the doctor should , wherever practicable , have recourse to a trained interpreter; who understands the terminology and conduct of a psychiatric interview (and if possible the patient's cultural background).

Exercise

Read the information which relates to language from the Code of Practice (45 minutes)

Either individually or in a group consider:

1. What are the implications of the Code of Practice for practice which is linguistically sensitive? (15 minutes)
2. What may be the effect of interpreting in this context? (10 minutes)
3. What are the possible implications of interpretation/having an interpreter present? (10 minutes)
4. What may be the other options? (10 minutes)

Notes

The 1993 Code of Practice opens the way to linguistic sensitivity by acknowledging the key role of language and culture within Mental Health assessment. But is it pertinent to work in the Welsh context?

Obstacles could arise within the Welsh context from the phrase ' **where the patient and A.S.W cannot understand each other's language sufficiently'.** This requires an explicit acknowledgement on the part of both service user and professional that there is 'insufficient understanding'. For users this may underline and accentuate any feelings of weakness and lack of confidence. Professionals, who have been socialised and trained in a context where Welsh language has often been marginalised may believe that if a user can speak English there is no real issue. The power of images of Welsh and Welshness and the dynamics of bilingualism are pertinent in this context.

The process of translation is complex.(Wyn Siencyn,1995). However, the word used in the Code of Practice is not translation but interpretation. This adds a further dimension. There is a clear expectation that the interpreter has expertise in the field of mental health interviewing, but the rider 'if possible' is added to the desirable attribute ie. that the interpreter should have 'knowledge of the patient's cultural background'.

'The personal powerlessness experienced by those undergoing mental distress is compounded by a service which denies choice and dignity and is underpinned by the threat of compulsion

(Barker,1991)

Introduction

This case study deals with a young Welsh speaking adult who has been diagnosed as suffering from schizophrenia.

The study illustrates some of the difficulties over 'choice' of language - it prompts us to ask the question ' What is involved in facilitating realistic 'choice' of language and what are the implications for practice which empowers?'

Definition of schizophrenia - 'Schizophrenia is a medical term for people who through no fault of their own, have developed a serious problem in which their thoughts, feelings and behaviour have become very disturbed' (Smith and Birchwood,1985)

Case Study :   Gareth Jones aged 22 years.
Father :   Dafydd Jones aged 46 years.

The referral

Mr Dafydd Jones is telephoning the Community Mental Health Team about his son Gareth Jones aged 22 years. He is finding Gareth's behaviour difficult to handle. Gareth is refusing to take his medication, he is shutting himself in his room and refusing to come out. He is accusing his father of 'killing his mother' and Dafydd Jones is concerned that Gareth could become violent.

Gareth was diagnosed as suffering with schizophrenia when he was 18 years old - he had been admitted to hospital. Until recently Gareth's behaviour has been reasonably stable.

Dafydd Jones and his son Gareth have lived in a town in South Wales for just over a year. They moved from a small village in West Wales to be near Mr Jones' parents, after his wife was killed in a car accident. They are in contact with their G.P, but have not had social work support.

Exercise 1 (30 minutes)

a) Consider the information in the referral (10 minutes)

b) What are the tasks facing a Mental Health Social Worker? (10 minutes)

c) What is the importance of determining language choice at this stage? (10 minutes)

You could consider :

- Components of effective communication

- Components of effective communication with someone for whom English is not their first language

- effective communication in mental health

- the importance of effective communication in sound assessment, particularly the assessment of risk and dangerousness.

Following discussion with the family's G.P it is decided to refer the case to a Mental Health Social Worker for assessment.

Exercise 2 - Interviewing in a suitable manner? (30 minutes)

Read the guidance on assessment and the requirement for interviewing from the Code of Practice.

a) What is meant by 'interview the patient in a suitable manner' with specific reference to Gareth's situation? (15 minutes)

b) Imagine that you are the worker and think about/discuss where you are starting from in terms of personal assumptions about Gareth and his family, including assumptions about the importance or otherwise of the Welsh language in this situation. (15 minutes)

Exercise 3 - The power of language. (20 minutes)

a) What are the power relationships here? (10 minutes)

b) How could they be influenced by linguistic considerations? (10 minutes)

You will need to consider

- the status connotations of language -

- the power relationships in the process of Assessment -

- the need to empower Gareth and Dafydd in the process of assessment. (Please refer to chapters 1 and 2 if necessary)

During your first visit you build up the following picture of Gareth and his family/situation.

Gareth was born and brought up in a small rural village in West Wales. Dafydd and his wife, Angela, had moved West because of Dafydd's job and they had decided to put down roots in the area. Gareth had attended local schools until he left school at 16 years. The language of the family, school, friends and life in general was Welsh.

Gareth was an only child and appeared to his father to behave like most teenagers. He was average at school and always had quite a lot of friends.

When he was 18 years old Gareth was admitted to the local psychiatric hospital for a period of assessment and was diagnosed as suffering from 'schizophrenia'. Mr and Mrs Jones had been shocked at the change which had occurred in Gareth - he was suspicious and complained of hearing voices. He was placed on medication and eventually returned home to his parents. After returning from hospital he had been lethargic and withdrawn. Mr and Mrs Jones had been anxious about him - they had little information and didn't know how to cope with the changes in Gareth.

Before his admission to hospital Gareth had been working as a clerk in a local firm, where Welsh was used extensively. Once he had stabilised the firm had agreed to take him back on a part time basis. His former employers described Gareth as 'somewhat lacking in motivation' but happy in his work. Gareth's main social life was following the local football club, on and off the field. His interest had continued to a lesser extent after he left hospital.

A few months before Dafydd and Gareth Jones moved to South Wales Mrs Jones had been killed in a car accident. After his wife's death Dafydd Jones had decided to move in order to be close to his parents who might help him to care for Gareth. He had worked with the local authority and had been able to find a similar post, but it did mean demotion and slightly less money.

Since moving Dafydd and Gareth have failed to make many relationships outside the immediate family. Gareth's behaviour has gradually deteriorated. For the past month he has flatly refused to take his medication. Dafydd Jones is finding that he is sometimes withdrawn and unwilling to communicate and at other times he has violent outbursts in which he throws things and accuses his father of 'killing his mother'. He had decided to phone Social Services when Gareth had physically attacked him. He is reaching the end of his tether. When his wife was alive she was the one who had most influence over Gareth.

The language which Dafydd always uses with Gareth is Welsh.

During the interview it was difficult to communicate with Gareth who was unkempt and withdrawn. The Social Worker did gauge that Gareth did not feel happy with the move and that he had ambivalent feelings about his father.

Exercise 4 - Explaining Gareth's behaviour. (30 minutes)

Read the information which has been gained from the visit and think about the different ways in which Gareth's behaviour could be explained.

What are the key issues which need to be addressed at this stage in assessing

a) The significance of Gareth's behaviour.

b) The sort of intervention which is required at this stage.

c) How is language important?

d) According to Erikson's theory, Gareth may be described as a young adult who is facing the crisis of 'intimacy versus isolation'. How may this be relevant?

Notes

The following models for understanding experience and needs which bring people into contact with social care agencies may be of use in considering Gareth's situation:

- Factors pertaining to the individual and his or her internal processes eg. physical ageing, a medical condition.

- Individual in his or her immediate environment - eg. relationships / occupational stress levels and interaction between them.

- Facts associated with the individual in the context of social groupings and her or his position within society's structure.

(Braye and Preston-Shoot, 1995)

The book 'Living After Mental Illness: Innovations in Service' (Patmore, ed., 1987) brings the findings of a number of research studies on mental illness together. The following factors are cited as important when considering schizophrenia and the potential for recovery after an initial or subsequent period of hospitalisation:

- The crucial role of a network of personal supports to help the person's recovery once he or she comes out of hospital.

  Research in America and Britain suggests that much of the loss of relationships and of social opportunities is a result of ' 'disruption to the person's social world which is incumbent upon the person's first breakdown ..... Networks decrease with admissions to hospital - family links are greater than other links but these also tend to shrink'.
  (Lipton, Cohen, Fischer and Katz, 1987)

  'Active intervention on both an individual level and a network level at the time of the first psychotic episode is essential in order to prevent network collapse and resultant social isolation'
  (Lipton, Cohen, Fischer and Katz, 1987)

- The importance of work and of a 'socially valued social role for recovery. (Warner,1985)

The work of Warner is important because it acknowledges 'cultural factors and economic factors' which may predict outcomes for those suffering from schizophrenia. He contrasts the pressures placed upon people in Western industrial societies with high levels of unemployment, with those in non Western 'peasant' societies where it is easier for people suffering from schizophrenia to return to a valued social role within the labour patterns of village communities. An associated factor is also the contribution of 'generally tolerant, non-critical, non-stigmatising attitudes on the part of the family, extended family and wider community in all but prolonged, violent, or socially disruptive manifestations of mental illness'.(Warner,1985)

- The importance of the family in helping the individual to recover from mental illness. Attitudes, expectations and behaviour within the family could influence outcomes (Barrowclough and Tarrier, 1987). A technique of measuring 'expressed emotion' (EE) was developed to assess the emotional atmosphere in families (Vaughan and Leff, 1976) and this has been linked to outcomes for patients. Poor outcomes for sufferers of schizophrenia have been associated with attitudes within families which are critical and judgemental or on the other hand overprotective.(McCarthy,1988)

Exercise 5 - The Mental Health assessment (15 minutes)

Consider/discuss the following:

What may be the problems about Gareth being assessed by a psychiatric team which doesn't include a Welsh speaker ?

Notes

The use of the 1983 Mental Health Act in this situation may lead to Gareth being deprived of his liberty.
The basic assessment consists of looking at:

- a patient's history;

- basic personality;

- examination of the current mental state;

(Please see the Social Assessment format in Social Work Practice in Mental Health in Huxley,P 1985)

This is a process which may be highly selective - the patient and others offer information, but the psychiatrist selects what is relevant. Communication may be limited by :

- the nature and type of information given by the patient and others;

- the way in which information is selected and used.

'The way that people describe disturbance to clinicians is strongly influenced by cultural norms and models of illness'

(McCarthy, B 1988)

This process will be strongly influenced by the psychiatric team in terms of :

- the beliefs of professionals about the influence of particular factors in specific illnesses;

- the perception held by professionals of the people giving the information;

- the way in which the professionals are viewed by the person being assessed.

'If the doctor's beliefs do not mesh with those of the family, both parties are likely to emerge from the interview dissatisfied and with a sense of not having been listened to'

(McCarthy, 1988).

The Northern Curriculum Development Team's publication in the anti racist practice series 'Improving Mental Health Practice' examines the process of diagnosis and assessment within psychiatry.

Assessment is not neutral but a process which is influenced by power relationships which are dominated by cultural views of behaviour.

'Besides listening to and observing the patient, the doctor had to be self aware:

What is my attitude?
Am I understanding the situation from the patient's point of view or from mine alone?

What is my reaction to his behaviour?'

In short the interview had to examine both the patient's and professionals' words and actions'.

(Armstrong quoted in Clarke, et al 1993)

Recent work in the Welsh context has demonstrated that where professionals are monolingual and the service user bilingual the potential for misunderstanding is greater eg.

Sian Wyn Siencyn refers to problems which can occur when a person who is fluent in Welsh is interacting with a worker who is unable to speak Welsh eg. a mother tells the worker that her younger son keeps 'pulling on his younger brother'. The Social Work report records that the child is violent towards his younger brother, when the mother is translating a Welsh idiom **'tynnu ar'** literally - the meaning is **'teasing, leg pulling, ribbing'**. This gives quite a different slant to the situation (Wyn Siencyn, 1995).

Following an assessment Gareth is admitted to the local psychiatric hospital on Section 2 of the Mental Health Act - an Assessment Order.

Exercise 6 -
Becoming a patient in a psychiatric hospital - Does Gareth have any rights as a Welsh speaker ? (30 minutes)

a) Either as an individual or as a group list aspects of life as a hospital inpatient from admission to discharge.

b) Isolate 'rights' issues and discuss how they are related to language and /or culture.

c) How can hospital staff behave in a way which is sensitive to the linguistic needs of Gareth Jones and his family during his stay in the hospital?

Notes

Your list should include, for example:

Admission

- Being admitted in a way which is sensitive to Gareth as a Welsh speaker
- Being offered written and verbal information about rights in Welsh

Treatment

- Gareth should have a properly recorded treatment plan, which ideally should be discussed with him and Dafydd, if Gareth consents, to ensure his contribution and to give him the opportunity to say whether he agrees with it. The basic principles relating to 'consent' may be found in chapter 15 of the 1993 Code of Practice.

Access to therapy and other forms of help

There is a danger that people like Gareth and Dafydd who speak Welsh as a first language may be treated in the same way as everyone else with no choice in terms of language. If linguistic issues are stressed it is possible that a patient and his family may become labelled as 'difficult and unreasonable.' Professionals have the 'regulator role' and are able to define 'deviance' (Green,1982). As in the case of members of other linguistic minority groups it is possible that:

- they will not be able to fully benefit from certain sorts of help eg. counselling because it is inappropriate in linguistic terms.
- some sorts of help eg. telephone help lines or support groups for relatives may not make provision for Welsh speakers

Exercise 7 (15 minutes)

Make a list of help lines and support groups which are available in Welsh - locally and nationally.

Exercise 8 - Challenging decisions (45 minutes).

Gareth appeals to The Mental Health Review Tribunal against his involuntary detention in hospital.

a) Brainstorm all the words which you associate with **Mental Health Tribunal.** (10 minutes)

b) Isolate all the words which are connected with

Language, communication and power (5 minutes).

In a group role play or discuss a Mental Health Tribunal. How can the Tribunal situation be made less threatening for service users/carers from a linguistic minority group, in this instance people who speak Welsh as a first language? (30 minutes)

The roles are as follows:

- Gareth

- Dafydd (his nearest relative)

- Social worker

- A solicitor to represent Gareth (should he wish to have one)

- The Chairperson (who will be from a legal background)

- A psychiatrist

- A lay person (who will usually be someone with a Social Work background or someone who has worked in the voluntary sector).

Notes

> 'Ein hegwyddor arweiniol, ym mhob mater sy'n ymwneud â gwaith y Tribiwnlys, yw cynnig yr amddiffyniad mwyaf i hawliau'r unigolyn, a bod yn rhaid iddi barhau felly, ac wrth gwrs, yn hynny o beth delir bod yr hawl i ddefnyddio iaith gyntaf eich dewis yn sylfaenol'
>
> (Ymateb i ymholiad gan aelod o'r cyhoedd 1995)

' It is a guiding principle, in every matter which relates to the work of the Tribunal, to offer the greatest protection to the rights of the individual, and it should remain this way, and of course, this means that the right to use the language of your choice is fundamental'.

(Reply to an enquiry by a member of the general public 1995)

Exercise 9 - Practice which empowers (30 minutes)
Community Support Services

Gareth has now been in hospital for four months. You have been his Social Worker during that time. You have made visits to the hospital to see Gareth and home visits to Dafydd.

Dafydd wants Gareth to come home, but during his time in hospital Gareth has decided that he does not want to come home but would like to move into accommodation of his own. He is asking about the possibility of attending a Day Care Centre, where he could keep contact with the young people he has met in hospital, or of getting some sort of sheltered employment.
Gareth seems to be distancing himself from Dafydd. Dafydd is particularly upset by the fact that Gareth will not converse with him in Welsh any more.

a) What are the key roles of social work and of Community Mental Health services with Gareth and Dafydd at this stage?

b) Why is it important to understand Gareth's stand on language and Dafydd's response to it?

c) Consider the life stage of both Gareth and Dafydd.

Notes

a) The aim of social work with Gareth will be to help him to make realistic plans for his future and to enable him to put those into action. The role of Community services will be

- to support Gareth once he leaves hospital;

- to plan a programme of intervention.

Dafydd has needs in his own right. The information available suggests that he has been suffering from depression and that he has not been given the space to work with his own bereavement and loss following his wife's death. In addition to this he is also Gareth's closest relative and the few studies which exist suggest that **'perhaps a third of relatives have been found to need help with psychiatric symptoms incurred by the supportive role.' (Creer et al., 1982, Fadden et al., 1987 referred to in McCarthy, 1988).** Assessment of relative's own needs is essential.

Research demonstrates that the continued interest and support of family may be vital:

'Families are a major resource for long lasting social relationships'

But, families of people with long term mental illness may require structured help if they are to help the person to reach optimum functioning (Barrowclough and Tarrier, 1987)

Effective help will take into account life stages and what this may mean for social work intervention. For Gareth as a young adult a reasonable expectation would be that he is at the stage where he would be considering moving away from his family and forging different types of relationships. The reality for Gareth is that his illness has forced him into a situation of dependency.

Dafydd's life stage is one where he would perhaps be taking on more responsibility in the workplace or in the community. The reality for Dafydd is that he is a carer and that this has inevitably involved a reduction of career prospects and restriction of life outside the home.

b) A programme of intervention with Gareth's family will need to include awareness of the dynamic of language and the potential meanings of Gareth's ambivalence towards using Welsh with his father. For Dafydd language is obviously highly significant as a symbol and vehicle of:

- closeness between himself and Gareth;
- the cultural heritage which they share;
- understanding between himself and Gareth.

For Gareth refusal to use Welsh with Dafydd may mean:

- that he is distancing himself from his father;
- that he is punishing his father;
- that he is asserting his need for independence;
- that he is trying to break his link with the past;
- that using Welsh with his father is difficult for him to handle, he is afraid of the high level of emotion which could be expressed.

It may of course be simply that Gareth is accommodating himself to a new set of circumstances in which it is easier, and more culturally acceptable to speak English rather than Welsh.

Exercise 10 -
How can Welsh speaking service users and carers be empowered?
(30 minutes)

a) What is the essence of anti-oppressive practice with Gareth and Dafydd?   (15 minutes)

b) Why is acknowledgement of language and culture at every stage of work with users of mental health services central to practice which empowers? (15 minutes).

Notes

a) Mental health practice is a field in which rights based issues are high on the agenda. Practice which empowers will enable Gareth and Dafydd:

- to be heard;
- to define their own situation;
- to choose;
- It will acknowledge and work with the inequalities which they may experience as members of a linguistic minority group within mental health systems;
- work with their strengths.

b) Acknowledgement of the Welsh language :

- helps to address the power imbalance;
- offers greater possibility of equality and partnership;
- offers greater control by the service user and carer;
- facilitates understanding;
- makes services more appropriate;
- enhances the possibility of a positive outcome.

How can it be ensured that mental health practice respects the circumstances of service users and their families?

Bibliography

Armstrong, D. (1983)   Political Anatomy of the body: Medical knowledge in Britain in the twentieth century. Cambridge University Press, 64-72.

Barker, I. (1991)   Power Games, Pavilion, Hove, quoted on page 48 of Braye, S.& Preston Shoot,M. (1995) Empowering Practice in Social Care.

Barrowclough, C. and   'Recovering from Mental Illness : Following it through
Tarrier, N. (1987)   with a Family'in Patmore,C(Ed) Living After Mental Illness. Croom Helm, London, 37.

Braye, S. and   Empowering Practice in Social Care. Open University
Preston Shoot, M. (1995)   Press, 50, 51.

Bellin, W. (1994)   'Proffesiynau Gofal a Chymry Cymraeg : Persbectif o Safbwynt Iaith a Seicoleg Cymdeithasol'/ 'Caring Professions and Welsh Speakers: A Perspective from Language and Social Psychology', in Huws Williams, Rh., Williams,H.& Davies, E.(gol) Gwaith Cymdeithasol a'r Iaith Gymraeg/ Social Work and the Welsh Language. Gwasg Prifysgol Cymru,Caerdydd.

Clarke, P., Harrison, M.,Patel, Improving Mental Health Practice.CCETSW, Leeds.
K., Shah, M., Varley., M and
Zack-Williams, T. (1993)

Creer, C., Sturt, E., &   'The role of relatives' J.K.Wing (ed) Long Term
Wykes, T.(1982)   Community Care: Experience in a London Borough. Psychological Medicine Monograph, Supplement 2.

Davies, E. (1994)   They All Speak English Anyway, Open University/ CCETSW Cymru.

Department of Health and Code of Practice Mental Health Act 1983. HMSO.
Welsh Office (1993)

Erikson, E. (1963)   Childhood and Society. Norton, New York.

Fadden, G., Bebbington, P., & 'Caring and its burdens: a study of the spouses of
Kuipers, L., (1987)   depressed patients, British Journal of Psychiatry, 151, 660-7.

Green,J.W. (1982)   Cultural Awareness in the human services Englewood Cliffs N.J. : Prentice-Hall.

Huxley,P. (1985)   Social Work Practice in Mental Health, Gower
                                          Community Care Practice handbooks.

Lavender,A.&   Community Care in Practice: Services for the Continuing
Holloway,F. (Eds) (1988)   Care Client. John Wiley and sons, Chichester.

Lipton,F., Cohen,C., Fischer,E. &   'Schizophrenia: a network crisis ' Schizophrenia Bulletin,
Katz,S.   Volume 7, 1981, Issue number 1.

McCarthy,B. (1988)   'The Role of Relatives' in Lavender et al (ed) Community
                                          Care in Practice: Services for the Continuing Care Client,
                                          207-224.

Patmore,C. (Ed)(1987)   Living after Mental Illness, Croom Helm,London.

Smith,J. & Birchwood,M. (1985)   What is Schizophrenia? Family Centre for Advice,
                                          Resources and Education Department of Clinical
                                          Psychology, West Birmingham Health Authority.

Warner,R. (1985)   Recovery from Schizophrenia. Routledge and Kegan Paul,
                                          London.

Vaughan,C.E., and Leff,J.P (1976)   The measurement of expressed emotion in families of
                                          psychiatric patients. British Journal of Social and Clinical
                                          Psychology, 15, 157-165.

Wyn Siencyn,S. (1995)   Sain Deall / A Sound Understanding, CCETSW Cymru, 36.

Recommended reading

Improving Mental Health Practice :   A Training Manual (1993) Clarke,P., Harrison,M., Patel,K.,
                                          Shah,M., Varley,M. & Zack-Williams,T Northern
                                          Curriculum Development Group,CCETSW Leeds.

Learning Disabilities

'Different identities are forged between the 'self' and the person's immediate environment - particularly his/her family life. Parents continue to mould and reflect identity long after they have died'.

(Atkinson and Williams,1990)

Introduction

This case study illustrates the position of a middle aged man with moderate learning disabilities within the broad context of care in the community. Evan Watkins is to all intents and purposes a monoglot Welsh speaker, with a few phrases of Engl... lives in a traditionally Welsh area, but one where there are many incomers from Engla...

The aim of this study is to

- encourage consideration of the role of langua... ...ling a person with learning disabilities to cope with a period of transition;

- to look at the implications of language for mobilizing the strengths of a) the service user and b) the community;

- to think about linguistic needs within a framework of normalisation and the principles of the All Wales Strategy

    The main principles of The All Wales Strategy can be summed up as :

    - The right to normal patterns of life within the community;

    - The right to be treated as an individual;

    - The right to ask for additional support from the   communities within which you live and from professional services in order to allow you the opportunity to develop your maximum potential as individuals.

    (All Wales Advisory Panel 1991)

Service user: Evan Watkins 46 years old.
Carer :   Mr Watkins 80 years old.

HISTORY

Evan Watkins has had learning difficulties and epilepsy since childhood. He has lived in a Welsh village all his life. He lived with his parents until they died 6 years ago.

Evan had no formal education. He went to a Junior Training Centre run by the Health Department and then to an Adult Training Centre (Social Activity Centre) approximately 20 miles from home. Evan was not particularly happy in the Social Activity Centre and spent more time at home with his family than at the centre.

Following the death of his parents Evan lived on his own with domiciliary support. This broke down after a year and Evan went to live with a close uncle, who was elderly and disabled, in Council accommodation. During this time a Social Worker arranged for Evan to go to a local Day Centre, and for a Home carer, a non Welsh speaker, to help Evan and his uncle in the home.

Recently Evan's uncle has been ill. After a period in hospital he moved into residential care. Evan has continued to live on his own, with domiciliary support. However, his two married sisters are not happy about him living alone indefinitely as they believe that it poses too m███ risks to his safety. His sisters are asking for Evan to be reassessed ███████ him moving to Social Services accommodation ab██ ███████ his home.

The social work role is ██████ e Individual Care Plan and to help Evan to make decisions about the fu███

Exercise 1 : Preparing for involvement.
Understanding Evan's world/ understanding Evan (40 minutes).

You are a social worker preparing to work with Evan.
Read the information and consider/discuss the following:

1. What do you need to consider in terms of:

   - Evan himself;

   - Evan's situation; (10 minutes)

2. A guiding principle for work with people with learning disabilities is the normalisation principle.

   'Normalisation implies, as much as possible the use of culturally valued means in order to enable, establish and or/maintain valued social roles for people'(Wolfensburger and Tullman,1989).

   What do you think this means for work in Wales and for work with Evan as a Welsh speaker? (20 minutes)

3. What issues are there for you personally as you prepare to work with Evan ?
   (10 minutes)

Evan is a middle aged man with learning disabilities who is going through a period of change. For his first 40 years he lived with his parents. During the past 6 years he has experienced the loss of his parents, the breakdown of his attempts to live alone with support, and now he is facing a further period of uncertainty in which decisions will need to be made about his future. Review of Evan's situation will require knowledge of the following:

1. Any assessment should start with an understanding of Evan himself, which takes into account his abilities, his life experience and stage of development. What are the issues and concerns for Evan? What would be Evan's choice of personal goals and ways of achieving them?

2. The theory and practice implications of 'normalisation'.

In Evan's case this should mean:

- the degree of autonomy and choice which would normally be available to non disabled members in society;

- access to the valued experiences and resources of an open society as much as would be the case for a typical citizen;

- leading a life style that is at least accessible to the majority of other people of the same age.

(Wolfensburger and Tullman, 1989)

In practice the concept of normalisation can mean different things to different people. Among its major criticisms is that the practical outworking of the normalisation principle often means that people with learning disabilities are expected to adapt to the norms and behaviour, including the roles, of dominant groups. It can therefore put great pressure on people with learning disabilities to fit in to gain acceptance.

The connection which is made between 'normalisation' and 'citizenship' is also open to criticism :

> **'There is always a danger with equal rights arguments that existing material, psychological and cultural inequalities are overlooked'**
> **(Ryan and Thomas, 1993)**

3. Knowledge of the local community and resources for supporting Evan, particularly those resources which are sensitive to linguistic issues.

4. Awareness of self, particularly of personal stereotypes of people with learning disabilities, and of their families.

Exercise 2:
'Trying to build positive identity in a world which effectively denies one' (30 minutes)

1. Individually or in a group think about/discuss the main things which have made you the sort of person you are. Consider how the things which are important in your life may have changed as your life has progressed. (10 minutes)

2. Now consider Evan Watkins. From the information which you have about Evan, think about /discuss what are likely to have been the main influences on Evan's life. Which of these may have helped him to feel valued as a person? (10 minutes)

3. What may be the particular problems for an adult who is also the speaker of a minority language in maintaining a positive identity/maintaining dignity? (10 minutes)

Notes

1. Some constants have probably been identified, eg. your family, your friends, your school, where you were brought up, particular experiences, your national identity, your career. Emphases will have shifted and what is most important to you will vary according to your own life stage and pattern of life.

2. Recent writing on adults with learning difficulties has indicated the strong influence of some constants on the identity of adults with learning disabilities (Atkinson and Williams, 1990) namely:

 - families

 - cultures

 - pasts

 - roots

These are of particular importance to consideration of the experience of adults with learning disabilities as it is so often their experience that they are barred from activities in life - eg. employment, getting married or being in a stable relationship, having children, being actively involved in social, cultural or political activities. This can be associated with a tendency to see people with learning disabilities as 'stuck' or deviant in terms of their development. This influences views of the roles which can be assigned to people with learning disabilities - eg. among the roles assigned to people with learning disabilities are 'the sick role' the 'holy innocent', the 'eternal child' (Baxter,1989).

3. In Evan's case experience of his family, culture, past and his roots will have been mediated through the Welsh language. However, Evan is a Welsh speaker in a service culture which may be dominated by English rather than Welsh.

The history of the language in Wales reflects a situation where the Welsh language itself has been associated with holding people back educationally and with inferior mental condition (Report of the Commissioners of Enquiry into the state of Education in Wales, 1847).

Parents of people with learning disabilities may have been advised to speak English to their children (Please see Case study on childhood and disability in chapter 4). A quote from the Ceredigion evaluation of the 'All Wales Strategy' may be indicative of an approach which equates the Welsh language with problems :

> ' N. is extremely passive and involved with no-one. He hardly leaves
> the ward. Perhaps he's Welsh speaking'.
>
> (quoted in Evans, Beyer, and Todd,1987)

Erikson's theory of life stages would suggest that at 46 years Evan is in the stage of life which is characterised by 'generativity versus stagnation', when mature adults will be engaged in activities which contribute to the life of the community. But, it is often the situation of people with learning disabilities that they are seen as passive recipients rather than people who can contribute - dependent upon their families and others for support, rather than engaged in socially valued activities and roles.

One of the basic tenets of a project which has grown up on Welsh soil and within a Welsh speaking community, Antur Waunfawr, has embraced the basic philosophy:

> 'Mai trwy wasanaethu eraill y mae unigolyn yn cael ei dderbyn ac mai dyna
> sy'n rhoi urddas iddo.'
>
> ' That an individual is accepted and given dignity through providing a
> service for others.'
>
> (Antur Waunfawr,1995)

This project is one which offers value to language and culture as part of the every day needs of people, and which enables individuals to move into more appropriate adult roles within that community.

However, such projects are not the norm, and the information on Evan suggests that even a basic service such as home care is not sensitive to language issues, thus reinforcing his dependence.

Exercise 3: Expressing sadness (20 munud)

Evan has experienced loss several times in his life - loss of his parents e.g. and he has now effectively 'lost' his uncle.

Discuss : How best can Evan be helped to cope with his Uncle's move into residential care?
What may be some of the problems for Evan in expressing loss or sadness?
(20 minutes).

People with learning disabilities may suffer oppression in many areas of their lives - from stereotyping, from labelling, denial of opportunities, expressions of power by others which keep them in their place. One common form of oppression is the way in which people with learning disabilities may be effectively barred from expressing their thoughts and feelings about difficult areas of human experience eg. grief and loss, sexuality. This may be done in the name of paternalism - 'We're doing it in his/her own best interests'. It may be because professionals feel uncomfortable about their own skills/abilities in helping the person. People with learning disabilities are sometimes viewed as eternal children, and discussion of illness and death are topics reserved for adults.

Workers will require skills in encouraging Evan to express himself in a way which is most appropriate for him, taking into account:

- Evan's level of understanding;

- Evan's linguistic ability eg. he may understand more than he is able to express verbally;

- restraints which may arise from the culture eg. about expression of emotion.

Evan may also need help to keep in touch with his uncle eg.is he able to use public transport, or will he require a helper ?

Exercise 4:
Enabling Evan to participate / facilitating involvement in individual planning. Barriers and strategies to overcome them. (60 minutes).

● Individually or in a group draft what might be involved in an individual plan for Evan - include all the areas of life which you think could be important in the life of a 45 year old man, for example housing, money, work, leisure activities, relationships, health .... (30 minutes)

● Convert these into concrete goals eg. ' I would like to stay in my own home' and then consider ways of achieving this (10 minutes).

● What may be some of the problems of working with Evan in :

a) Helping him to express choice

b) Realising any plan. (20 minutes).

Facilitating choice is a basic principle of normalisation, based on the realisation that people with learning disabilities frequently have minimal control over their daily lives. In order to make realistic choices Evan will need :

- Appropriate information about the options available to him;

- Help to understand any risks;

- Encouragement to express choice;

Good communication skills are essential - these will be based on establishing a good relationship with Evan and an understanding of his level of functioning in this area. This will include:

- a consideration of how Evan operates in different situations;

- his awareness of what options may be available to him;

- his level of confidence and ability to express his wishes.

Evan's level of confidence in expressing what he wants and needs may depend substantially on whether his prior experience is of people taking the time to listen to his ideas or of being in situations where he has been controlled by others.

It is still the experience of many people with learning disabilities that many of the decisions of everyday living eg. choice of clothes, choice of activities may have been decided by someone else. Areas of choice which belong to adult life, eg. choices about relationships, living arrangements, may be even more problematic as they may create conflict between the person and significant others such as family and staff.

Exercise 5: Nervous and bored versus positive and involved. Disempowered or Empowered. (20 minutes)

Consider/Discuss (in a group)

Should it be decided to have a planning meeting for Evan to help him to achieve his individual plan, what are the factors which could lead to him being either nervous and bored or positive and involved ?

Notes

In evaluations of the All Wales Strategy the difficulties of establishing 'participation' are noted, but even in an area like North Wales language is not noted as a possible contributory factor. ('Consumer Involvement and The All Wales Strategy' October 1991).

In one study of the ' All Wales Strategy' which looks at the tool of 'Individual Planning' in relation to 23 service users in one Welsh county.

'What emerged .... was a very clear picture of the consumers as passive and often confused participants in a process that happened to them'

The following specific questions/comments were made:

- How was a person's presence in a meeting translated into action? ie. How was the person enabled to truly participate?

- Individuals made only 'one in ten recorded contributions in spite of obvious efforts to include them'.

- Feelings - individuals were 'more likely to be nervous/bored than confident and involved'.

('Consumer Involvement and The All Wales Strategy 1991)

It is clear that what sets out to be an empowering activity, based on a philosophy of 'partnership' and involvement can decline into a disempowering experience for the service user.

Considerations of:

- - language;

- - communication;

- - and the professional culture of meetings;

need to be taken into account.

Exercise 6: Levelling the playing field (30 minutes).

In chapter 1 Llinos Dafis and Sian Wyn Siencyn outline the features of 'Strong and Weak linguistic situations'.

Either as an individual or as a group write down the features of strong situations and weak situations and use this as a framework for developing a strategy for involving Evan and other service users with learning disabilities in planning meetings.(15 minutes)

Consider how you can minimise the power differential and level the playing field between yourself as a professional and Evan as a service user. (15 minutes).

Notes

The features of weak situations may be summed up as being unprepared, lacking experience, lacking authority, being in a situation which is emotionally complex, not being in control, and having to use a second language.

An evaluation of involvement of consumers in the All Wales Strategy makes recommendations of what helps to facilitate service user involvement in individual planning systems. These have been translated into principles for encouraging effective involvement:

- providing clearly and simply written explanatory pamphlets and leaflets about individual planning arrangements for people with learning disabilities and their parents;

- providing opportunities before meetings for one to one explanations about the purpose and procedures of individual planning;

- offering some control over who is invited;

- enabling people with learning disabilities to have some experience of the choices which are available;

- establishing preferences before meetings, not during them;

- giving control, or a say in where the meeting is held;

- limiting numbers of professionals;

- using aids, e.g. photos, slides, video to increase understanding;

- avoidance of use of professional jargon;

- making sure that someone is responsible for checking out the understanding of decisions;

There is no mention of linguistic preference in spite of the fact that all of the above points are essentially about issues of language and communication. Meetings are one of the areas covered in Canllawiau Drafft ynghylch Ffurf a Chynnwys Cynlluniau Iaith/ Draft Guidelines on the Form and Contents of Language Plans (Bwrdd yr Iaith Cymraeg/ The Welsh Language Board, 1993). Several alternatives are suggested to organisations, among them the following two options which would be appropriate in a situation such as Evan's:

- offering to make provision for Welsh speakers every time a meeting is arranged;

- offering to make provision for a bilingual meeting when it is thought likely that a person attending may wish to speak in Welsh;

Exercise 7: Helping Evan to move forward : the role of Advocacy.
(20 minutes)

This exercise will first of all give Evan's point of view:

Evan : " **Beth licwn i yw aros yma a gofalu am fy hun. Licwn i fwy o ffrindiau ac i weithio....**"
/ " **I'd like to stay here and to look after myself. I'd like more friends and to work ...**"

Joan (older sister) **'I don't think that it's a good idea for Evan to go on living on his own.'**

Margaret (younger sister) **'I agree. Evan, don't you think you would be better off in the hostel in Trefach ? What if you had a fit in the night?'**

Either individually or in a small group think about/ discuss what may be the role of 'advocate' in Evan's situation.(20 minutes).

Notes

The basic skills of listening and understanding are crucial to the activity of advocacy - the main aim being to enable and support a person in expressing his/her own needs. There needs to be a clear understanding of the power relationships which may be accentuated in work with a person with learning disabilities, eg. the power of family members, members of the community, professionals who may be paternalistic in their attitudes towards an adult with learning disabilities. This may be further emphasised in situations where there may be a tradition of caring for one's own.

Exercise 8: Ripples of care that flow from a circle of friends.
(30 minutes).

This final exercise will be built around thinking about Evan in the context of his local community. The Individual Planning meeting has agreed :

- Evan should remain in his own home;

- Evan will be helped to join in some local activities eg. going to the pub;

- Evan will join a work experience scheme.

● What sort of resources will be required to support these goals?

● What are the implications for the work of Agencies?

'Mae'r ymdrech yn yr Antur wedi ei chanolbwyntio ar roi'r unigolyn mewn sefyllfa lle mae ei hyder ynddo ei hun yn cael ei atgyfnerthu'

' Antur's efforts have been aimed at placing individuals in a position where their self confidence has been strengthened'.

The above quotation is from 'Stori Antur Waunfawr' - a bilingual account of the first ten years of a community project for adults with learning disabilities in North Wales. (Stori Antur Waunfawr, 1995)

This can be translated into a principle for work with Evan, namely that any work should be based on helping Evan to succeed. Any Individual Care package for Evan will need to offer support to Evan in developing his own skills eg. of self care; it will need to look at ways of minimising risk while creating opportunities. In this way Evan will be given the possibility of moving forward in terms of his own development.

This will present a challenge to agencies in organising help, such as self help programmes, from staff who speak Welsh. It will mean recruiting and training staff and volunteers from the Welsh speaking community - an activity which will mean knowledge of local culture and resources.

Again the Antur Waunfawr experience is a significant one within the Welsh context as individuals are defined in relation to others - as a part of a wider society within which rights and responsibilities are inter-related. This initiative demonstrates an approach which considers people with learning disabilities within an overall framework of the needs and resources of a local area. In so doing it realises the three guiding principles of 'The All Wales Strategy'.

Bibliography

Atkinson,D. & Williams,F.(1990)   Know Me as I Am. Open University Press,13.

Baxter,C. (1989)   'Parallels between the social role perceptions of people with learning difficulties and black and ethnic minority people',in Brechin,A. & Walmsley,J.(ed) Making Connections, The Open University, 237 -246.

Consumer Involvement and   Report from the All Wales Advisory Panel; The Consumer
The All Wales Strategy   Involvement Sub Group (October 1991),12.

Evans,G., Beyer,S., Todd,S. (1987)   A Report on the findings of a preliminary survey of people with a Mental handicap in the Ceredigion District, Mental Handicap in Wales Applied Research Unit, Cardiff, 45.

Report of the Commissioners of Enquiry into the State of Education in Wales, 1847.

Ryan,J. and Thomas,F. (1993)   'Concepts of Normalisation' in Bornat,J. et al (ed), Community Care a Reader,MacMillan, 245.

'Stori Antur Waunfawr'/ 'The Story of Antur Waunfawr'
Antur Waunfawr a Gwasg Carreg Gwalch, 1995, 23, 25.

Whittaker, A. (1993)   'Involving People With Learning Difficulties in Meetings' in Bornat,J.,Pereira,C.,Pilgrim,D.,Williams,F,(ed) Community Care A Reader, MacMillan Press, 308-316.

Wolfensberger,W. and   'Our Common Humanity', Brechin,A. and Walmsley,J. (ed)
Tullman,S. (1989)   (1989) Making Connections, The Open University, 211, 218.

Further reading

Care Management and Assessment : A Practitioner's Guide (1991) D.O.H

Oswin,M. (1991)   Am I allowed to cry? Human Horizon series, Souvenir Press.

Older People

'The forms of plural societies in which families lived in island like communities, surrounded and supported by others of similar ethnic or class background are no longer typical. In our daily lives we have become increasingly dependent on public services and on co-operation with others who may not share our culture'.

(Cook and Cook Gumpertz 1988)

Introduction

This case study is of an elderly woman who is showing signs of dementia.

The central question here is:

- How do social workers perceive what is said to them by older people whom they are assessing?

- Do they interpret meanings correctly?

- What may be the implications for the use of language and the effects on personal identity and development?

An article by D.Barrett in the journal 'Elders' entitled ' 'Community Care Assessments: language and older people - hearing is not always understanding' (Barrett,1993) considers the findings of research into language, meanings and older people. The crucial point is made that in order to understand the social system you have to understand the crucial part language plays in this. He suggests that within the context of assessment of older people for community care this is a particularly important consideration. For example, two older people may tell a worker that they are 'managing' financially. In one case this may mean that they are barely coping, while in another it may mean that they are managing substantial resources effectively.

Workers cannot assume shared meanings, even when they speak the same language. The situation is more complex when more than one language and culture are involved. It is important that workers become alert to factors such as life experience, class background, gender and personal value systems which impact on the process of work with service users and those who care for them.

User: Mrs Megan Williams aged 83 years.
Carer :   Mrs Carys Lewis (niece) aged 62 years.

The referral

Mrs Lewis has phoned to ask for a visit to her aunt, Mrs Megan Williams. Mrs Lewis has been caring for her Aunt for the last two years, as she has been getting frail and has problems with moving around the house. Mrs Williams' husband, a

headteacher, died 4 years ago. Mr and Mrs Williams lived in England but moved back to the Amman valley when Mr Williams retired 25 years ago. Mrs Lewis lives about a mile from her aunt and caring has not been too much of a problem until recently. Mrs Lewis' husband is now ill and, she has found that her Aunt has suddenly become "demanding and difficult to cope with". Mrs Williams has started to forget things eg. she is leaving the electric rings on, she can't remember where her money is, and has started to accuse her niece of stealing money.

The Duty Social worker asks whether Mrs Williams is a Welsh speaker, and her niece says:

'Yes, she does speak Welsh, but usually only with us in the family. When the doctor or the District nurse calls she's happier talking with them in English'.

Exercise 1 - Preparing for involvement (20 minutes).

Consider/or in a group discuss:

a) Why it is important for linguistic preference to be checked at the point of referral.

b) What might you deduce from Mrs Lewis' statement about her Aunt's use of the Welsh language?

You might like to consider what this says about :
  - the Welsh language itself
  - Mrs Williams' use of the language
  - the way that professional relationships are constructed
  - Mrs Jones' interpretation of the situation.

Notes

a) Although the 1990 National Health Service and Community Care Act does not specifically mention language, questions of **communication** are fundamental to the whole process of assessment and care management. Subsequent guidelines have stressed that practitioners and managers should be aware of :
  - linguistic and cultural difference
  - the complexities of communication across cultural andother boundaries

'The complexities of communication across cultural and other boundaries, such as race, ethnicity as defined by professionals, ... tend to be underestimated or even ignored' (Smale, Tuson, Biehal and Marsh, 1993)

- Under the Welsh Language Act,1993, Welsh and English should be treated on the basis of equality whilst providing services to the public in Wales.

- Social Services Departments must develop Language Schemes to demonstrate how this principle will be translated into policy and day to day practice with service users.

- Provision of a good service to a bilingual service user is inextricably bound up with linguistic sensitivity.

- Dementia poses specific problems for communication.

b) The following are useful in starting to understand Mrs Jones' response to the question about linguistic preference:

- The idea of 'domains' - ie. Welsh is traditionally the language of the home and the hearth and of intimate relationships but not of more formal public transactions.

- The fact that people who speak Welsh sometimes play down their own linguistic ability.

- Deference to professionals. Some older people are still overtly deferential to helping professionals.

- Asking to speak Welsh may be seen as a weakness.

- Asking for help may also be seen as a stigmatising experience by older people in Wales. Workers need to be particularly aware of this in some contexts eg.discussion of welfare rights issues.

- Clear bilingual information may not be available.

Exercise 2 - Preparing to assess (15 minutes).

- Does it matter whether Mrs Williams' case is allocated to an English speaking or a bilingual worker?

- Give reasons for your answer.

Notes

- using the language with which the person feels more at home will :
    - facilitate the relationship with the worker
    - help the person to express feelings and needs
    - facilitate a shared understanding

- assessment is about the whole person - assessment of Mrs Williams using one of her languages is unlikely to give a full picture (Bellin,1994).

- the assessment process in community care looks at various   aspects of the person including family and social networks, medical history, level of functioning - physically and mentally. Older people who are bilingual may feel more at ease discussing some aspects in English and some in Welsh.

- assessment is about a person's strengths as well as his/her weaknesses. It is also about the person's life history, and experiences at different points in Mrs Williams' life may be language specific.

- the idea of 'linguistic control' (Green, quoted in Bellin,1994).

David Green refers to the concept of 'control' when a language is 'selected'. 'Control' in this context means 'paying attention'. If an elderly person who is bilingual has to concentrate on just one language in an interaction with a professional, then the attention required in suppressing the other 'activated language' will take more effort. Therefore,

- being allowed to use both of their languages will be of positive benefit in any kind of interaction (Bellin,1994);

- the choice of language is a way of empowering the service user and of strengthening the activity of assessment;

- language is an important factor in developing and maintaining social networks (Morris,1989).

> Consider :
>
> What may be the specific issues for Welsh speaking/English speaking workers ? (30 minutes)

Pitfalls for Welsh speaking workers

Welsh speaking students/ workers need to be aware of linguistic and cultural variations within Wales, and the impact of class, age, gender, differences in racial background upon the activity of assessment. For example, a young male student who has been educated bilingually in Cardiff but who comes from a middle class English speaking background will need to understand cultural and linguistic differences when working with older people from a working class background in rural areas of North or West Wales or the former mining valleys of the South. For example, the apparently proud older person who resists accepting practical help may still be associating 'welfare' with demeaning experiences during the Depression. Working with people with dementia is difficult even when the worker and service user use the same language.

Pitfalls for non Welsh speaking workers

English speaking students/workers need to be aware of the limitations imposed by language in assessing a person whose first language is Welsh. A knowledge of local history and culture is important as this may aid the understanding of the situation of the older person. It is also important that there is open recognition of issues of language and that the worker acknowledges any deficits there may be. In some cases it may be important to transfer the case to a colleague who is Welsh speaking, but in the absence of social work colleagues who are Welsh speaking the implications should be noted and brought to the attention of the line manager.

Exercise 3 -
The Comprehensive Assessment - Promoting dignity and individuality. (20 minutes).

The Practitioners Guide to Care Management and Assessment suggests that one of the underpinning values of Care Management and Assessment should be

'an understanding of the dignity and individuality of each user and carer'.

Evaluate the following in terms of the above principle.

The worker carries out the care assessment with Mrs Williams and her niece, using the agency's Care Management Assessment forms. The comprehensive assessment is aimed at giving a holistic view of the older person and his/her situation. It covers physical and mental capabilities and disabilities, level of dependency, carers needs, person's history, including links with the community.

During the assessment he finds that Mrs Williams is sometimes lucid, but at other times she wanders and appears confused. Mrs Williams' niece, Carys is very vociferous about her own problems and about her inability - and that of other members of the family to cope. She believes that her aunt would be better off in residential care.

S.Worker :   Mrs Williams, I have to ask you some questions about how you are managing at home now.
Can you manage to get out of bed by yourself or do you need help from some one else?
Mrs Williams - Yes
S.Worker :   Good
What about making yourself a meal?
Mrs Williams - Carys brings me dinner every day
S.W :   Can you go to the toilet by yourself?
Mrs Williams - Of course I can.
Carys :   But Auntie Megan you know that you are having a lot of little accidents now, you wet yourself just before the gentleman arrived and I had to mop it up again ....

S.W: Does your Aunt have incontinence aids from the Health
authority?
Mrs Williams :   It used to be so good when Idris was alive - we used to
              have such lovely times together. When we lived in Luton
              we used to do everything together ...
              I don't want to trouble Carys and the others - if only
              Idris was still here. Carys - What did you do with my
              money, I can't find my purse - she's a naughty girl you
              know, she's always taking my money.

Notes

This developmental stage, according to Erikson; is characterised by integrity versus despair.
Central to this is a sense of being able to look back over life and feel satisfaction and
completeness. In order to help Mrs Williams to maintain her sense of dignity, and to help her
feel that she is valued as an individual social workers should keep the following in mind:

- older people who require assessment for services are in vulnerable and dependent
  situations;

- there is a danger that Mrs Williams is being seen by others, and that she will see
  herself as a 'problem', a burden to other people;

- the process of applying and being assessed for services is potentially an intrusive
  one;

- the person is being asked to answer the questions of a stranger about intensely
  personal matters eg. continence, ability to look after themselves, financial status.

Mrs Lewis is at the stage of life characterised by generativity versus stagnation. It is important to
note that Mrs Lewis is locked into two caring roles - caring for her husband and caring for her
elderly aunt. Mrs Lewis is also in a vulnerable situation - as a woman and a carer it is possible
that she may feel used and undervalued. After all she is doing what any other woman in her
position would do, isn't she?

Atkins and Twigg (1995) suggest that there is a tendency among professionals to see carers as
'ancillary' to the person being cared for rather than as people in their own right.
Within the Welsh context the tradition of networks of care may at the same time be a source
of strength and strain. Caring for one's own is still a strong theme in some parts of Wales
(Wenger,1994) but this may have the negative effect of service providers relying too heavily
on carers without offering adequate support.

Exercise 4:
What are the features of Assessment which empowers?
(30 minutes)

a) List what you think are the features of assessment and care management which
   are empowering to Mrs Williams and Mrs Lewis.

b) What are the implications for social work practice?

There are various models of care management and assessment (Please see bibliography), some of which are professional or procedural led and others which are based on ideals of partnership between professionals and the key people in the situation ie. the older person, the carer/s, local networks and resources.

In the Exchange model developed by Smale (Smale 1991) two or more people come together and arrive at a mutual understanding of the nature of the problem, its solution or management, through the interaction between them. Communication is the main aspect of the process. This model is viewed as the converse of the 'questioning model' in which the assessment process is a procedural or administrative process in which the worker asks a range of questions, usually based on a form, in order to determine the level and nature of needs and then develops the care plan.

Mrs Williams is dependent upon her niece, but there may be basic conflicts of interests. It should be noted that Mrs Lewis is not saying that she and other family members are unwilling to care for her aunt, rather that they feel unable to go on caring. Residential care is being proposed as a solution but the alternatives have not been explored and the consequences of Mrs Williams being removed to residential care may be disruptive to Mrs Williams and leave Mrs Lewis with a feeling of guilt.

The second key objective of Caring for People (D.O.H 1989) is to "ensure that service providers make practical support for carers a high priority". The research of Enid Levin says that

'It is essential that the providers of services have a clear understanding of: who cares for whom, why and in what circumstances; their experience of caring and its consequences and the kinds of services required'.

Research into the care of older people suggests that :

- The difficulties of maintaining an older person in the community are greater if dementia is present;

- Caring relatives are more likely to favour residential care if they do not feel close to the older person;

- The attitudes of carers towards residential care are very important in predicting an older person's admission to residential care;

(Levin, Sinclair, and Gorback,1989)

Within Wales there is a strong tradition of caring, particularly by female relatives - usually daughters, but in the case of childless older people by the extended family, and within certain very cohesive communities by non relatives. (Wenger,1994).

Exercise 5: Care Planning (30 minutes)

On a second visit the worker, who does not speak Welsh, broaches the subject of how Mrs Williams would feel about leaving her home and going into residential care. At this point Mrs Williams starts to express , what appear to him to be quite strong feelings to her niece in Welsh. The niece translates into English for his benefit.

a) Do you think that effective communication has taken place?

b) What do you think may be the reasons for Mrs Williams' switch from English to Welsh?

Notes

a) The key to whether or not effective communication has occurred lies in Mrs Williams' response.

b) There are several possible explanations of Mrs Williams' language use at this stage. Understanding whether any, some, or all apply to Mrs Williams will involve skills of listening and understanding. The worker in a situation like this will need to be alert to clues offered by non-verbal communication.

- This could be Mrs Williams' way of coping with what is a complex situation emotionally;
- It could be Mrs Williams' way of making a statement about her closeness to her niece, and of keeping the worker at arms length;
- It could be a way of keeping formality and distancing herself from the situation;
- The linguistic facade she had built had been dispelled.

Consider:

- Should Mrs Williams be left alone with her niece at this stage?

- The dynamics of translation - translation by a relative could lead to manipulation of the situation, with relatives in a position of power.

Exercise 6: Implementation of Care Plan (30 minutes).

1. Please read the following which have been identified as features of practice which empowers, in the field of work with older people with dementia and with their carers. (Chapman, 1993)

   - the need to take into account factors which help an individual to cope with a problem;
   - recognise people's capacity and ability to make their own decisions and to act on their own behalf;
   - link with support networks in a collaborative way;
   - empowerment is collaborative therefore imbalances of power must be exposed;
   - secure and use resources to foster a sense of control and promote individual ability;
   - adopt a person valued approach;
   - focus on what people can do for themselves.

2. Now consider/discuss how these can be used to develop and implement a care plan for Mrs Williams which:

   - affirms cultural identity and self worth
   - takes into account the needs of Mrs Williams and her niece.

Exercise 7:
Monitoring and Review (30 minutes)
Establishing an ongoing dialogue with service users and carers.

Any package of care will require regular review to ensure that the person's needs are still being met. Needs constantly change, particularly in a situation like that of Mrs Williams where there will inevitably be deterioration. If she is supported to stay in her own home initially, residential care may need to be considered in the longer term.

a) Develop some criteria for monitoring and reviewing the quality of provision. You will need to think about issues such as risk and control.

b) How can cultural and linguistic considerations be incorporated into the reviewing of care packages?
   You will need to consider staffing issues, training, etc

The process of monitoring and review is crucial to effective care planning and assessment in Community Care, especially in situations where the circumstances of the service user and carers are apt to change in a comparatively short period of time. Processes of monitoring and review are also an essential tool for ensuring the ongoing appropriateness and quality of services.

Summing up

- Communication is at the heart of the process of care management and assessment in Community Care if the principles of adapting services to needs and dealing with individuals as a whole are to be realised.

- Effective communication requires a progressive readjustment of roles and relationships within which professional dominance of the process of assessment and management of care gives way to active listening and working in partnership. Cultural and linguistic considerations are crucial if shared meanings are to be established.

Bibliography

Atkins,J. & Twigg,K.(1994)   Carers Perceived, Open University Press.

Barrett,D. (1993)   'Community Care Assessments: Language and Older People - hearing is not always understanding'. Elders Volume 2 number 3 August 1993,PEPAR Publications Birmingham, 5 - 10

Bellin, W. (1994)   Professiynau Gofal a Siaradwyr Cymraeg: Perspectif o Safbwynt Iaith a Seicoleg Cymdeithasol'/ 'Caring Professions and Welsh Speakers: a Perspective from Language and Social Psychology' in Williams,Rh.H.,Williams,H & Davies,E. (ed) Gwaith Cymdeithasol a'r Iaith Gymraeg / Social Work and the Welsh Language, CCETSW/Gwasg Prifysgol Cymru, 116.

Green,D.W. (1986),   'Control, activation and resource: a framework and a model for the control of speech in bilinguals', Brain and Language, 27, 210 - 23.

Chapman,A. & Marshall,M.(Ed) (1993)   Dementia: New Skills for Social Workers. Jessica Kingsley Publishers, 113.

Cook & Cook Gumpertz (1988)   'Language and the Communication of Social Identity' Language and Literacy, Volume 1 Mercer,N (ed). PEPAR Publications Ltd, Birmingham.

Levin,E.(1991)   Carers - Problems,Strains and Services. National Institute for Social Work, London, 1.

Morris,D. and Williams,G. (1994)   'Iaith ac Ymarfer Gwaith Cymdeithasol : Achos y Gymraeg' / 'Language and Social Work Practice: the Welsh Case',in Williams,Rh.H et al (ed); Gwaith Cymdeithasol a'r Iaith Gymraeg / Social Work and the Welsh Language CCETSW/University of Wales Press, 149, 150.

Smale,G. (1991)   Developing models of Empowerment and Practice Theory. Unpublished discussion paper. Practice and Development Exchange: National Institute of Social Work.

Smale,G., Tuson.G., Biehal.N. & Marsh,P (1993)   Empowerment,Assessment, Care Management and the Skilled Worker, National Institute for Social Work Practice Development Exchange, HMSO, 9.

Wenger,G.Clare (1994)   'Old women in rural Wales: variations in adaptation' in Aaron,J.,Rees,T.,Betts,S, and Vincentelli,M (ed), Our Sisters' Land , University of Wales Press, Cardiff, 61 - 85.

SSI /SWSG (1991)   Care Management and Assessment : Practitioner's Guide HMSO, 23.